职业教育专业教学标准贯标教材·铁道运输系列
铁道运输服务、高速铁路乘务专业系列教材
产教融合校企合作开发教材

铁路客运社交礼仪与沟通技巧

主编 袁绍东 韩磊 卢敏

北京交通大学出版社
·北京·

内 容 简 介

本书对铁路客运社交礼仪与沟通技巧进行了系统介绍，共包括 10 个项目：铁路客运礼仪概述、铁路车站客运服务礼仪、乘务服务礼仪、铁路客运服务礼仪实务、走进“沟通”、积极进行“自我沟通”、精通“人际沟通”、善于客运服务组织“内部沟通”、做好客运服务组织“外部沟通”、熟练运用客运服务“沟通技巧”。本书内容精练，图文并茂，适合作为职业院校铁道运输服务、高速铁路乘务等专业的教学用书，也可作为企业培训教材。

图书在版编目（CIP）数据

铁路客运社交礼仪与沟通技巧 / 袁绍东，韩磊，卢敏主编. -- 北京 : 北京交通大学出版社，2025. 7. -- ISBN 978-7-5121-5632-6

Ⅰ. U293.3

中国国家版本馆 CIP 数据核字第 20254J7A07 号

铁路客运社交礼仪与沟通技巧

TIELU KEYUN SHEJIAO LIYI YU GOUTONG JIQIAO

策划编辑：刘　辉　　责任编辑：刘　辉

出版发行：北京交通大学出版社　　电话：010-51686414　　http://www.bjtup.com.cn

地　　址：北京市海淀区高梁桥斜街 44 号　　邮编：100044

印 刷 者：北京时代华都印刷有限公司

经　　销：全国新华书店

开　　本：185 mm×260 mm　　印张：14.25　　字数：372 千字

版 印 次：2025 年 7 月第 1 版　　2025 年 7 月第 1 次印刷

定　　价：49.80 元

本书如有质量问题，请向北京交通大学出版社质监组反映。对您的意见和批评，我们表示欢迎和感谢。

投诉电话：010-51686043，51686008；传真：010-62225406；E-mail：press@bjtu.edu.cn。

前言

2025年，教育部颁布了新修（制）订的职业学校专业教学标准，社交礼仪与沟通技巧成为铁道运输服务专业、高速铁路乘务专业的专业拓展课程，其重要性得到了广泛认同，为此我们结合铁路发展对高技能人才的需求，编写了这本体现最新教改精神的教材。

本书由袁绍东、韩磊、卢敏担任主编，具体编写分工如下：项目一、项目二、项目三由袁绍东编写，项目四、项目五、项目六、项目七由韩磊编写，项目八、项目九、项目十由卢敏编写。

由于编写人员的水平有限，本书不足之处在所难免，恳请广大读者批评指正。

反馈本书意见、建议，索取相关教学资源可与出版社编辑刘辉联系（邮箱：hliu3@bjtu.edu.cn；QQ：39116920）。

编　者

2025年7月

目 录

项目一

铁路客运礼仪概述

项目导语

礼仪是从事铁路客运工作的通行证。学习礼仪的概念、发展历程等基础知识是掌握铁路客运礼仪技能的基础。

知识点

（1）礼仪的起源；
（2）礼仪的不同发展阶段；
（3）礼仪的内涵和分类；
（4）铁路客运服务礼仪的含义；
（5）礼仪的作用；
（6）形象礼仪的重要性；
（7）仪容、仪表、仪态礼仪的具体要求；
（8）客运服务规范用语；
（9）服务理念；
（10）服务心理。

技能目标

（1）总结礼仪的起源和发展；
（2）明确礼仪的分类和适用范围；
（3）掌握铁路客运服务礼仪的含义；
（4）树立仪容美的意识；
（5）学会运用优美的站姿、坐姿、走姿、蹲姿、手势等礼仪为旅客服务；
（6）能够在不同情境下使用行业文明用语；
（7）在客运服务中做到语音适当、语气温和、语调适中；
（8）将客运服务理念融入工作中；
（9）在了解旅客心理的基础上，具备良好的客运服务心理素养。

项目结构框图

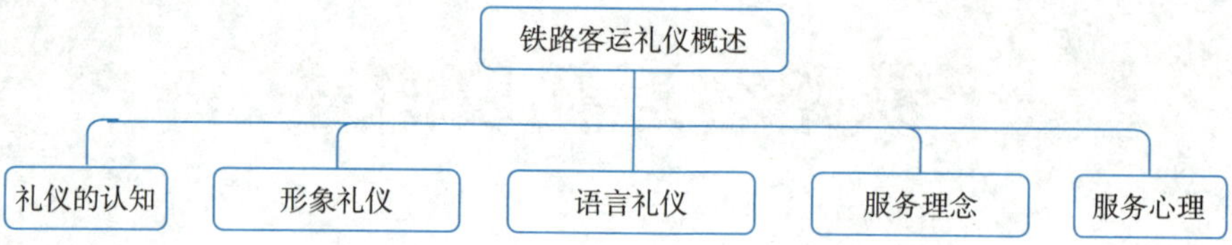

任务一　礼仪的认知

一、礼仪的起源与发展

1. 礼仪的起源

礼仪的起源，可以从理论和仪式两方面来论述。

从理论层面看，礼的产生，是人类协调主客观矛盾的需要，是维护正常的“人伦秩序”的需要。人类想要生存和发展，就必须与大自然抗争，需要以群居的形式相互依存，人类的群居性使得人与人之间既相互依赖又相互制约。在群体生活中，男女有别，老少有异，人们逐步积累和自然约定出一系列“秩序”，这些秩序既有人伦秩序，也包括被所有成员共同认定和维护的社会秩序，这些秩序形成了最初的礼。

从仪式层面看，礼产生于原始宗教的祭祀活动。礼最初以祭天、敬神为主要内容。这些祭祀活动逐步建立了相应的规范和制度，形成了祭祀礼仪。随着人类对自然与社会各种关系认识的逐步深入，仅以祭祀天地、鬼神、祖先为礼，已经不能满足人类日益发展的精神需要，也无法调节日益复杂的现实关系。人们开始将事神致福活动中的一系列行为，从内容到形式扩展到各种人际交往活动中，从最初的祭祀之礼扩展到社会各个领域的各种各样的礼仪。

2. 我国礼仪的发展历程

礼仪自产生以来不断发生着变革。相关学者研究认为我国礼仪的发展可以分为五个阶段。

1）礼仪的起源时期：夏朝以前

礼仪起源于原始社会。在原始社会中晚期出现了早期礼仪。整个原始社会是礼仪的萌芽时期，礼仪较为简单和虔诚，还不具有严格的阶级性。

这个阶段的礼仪的内容包括：明确血缘关系的婚嫁礼仪；区别部族内部尊卑的礼制；为祭天敬神而确定的一些祭典仪式；一些在人们的相互交往中表示礼节和表示恭敬的动作。

2）礼仪的形成时期：夏、商、西周

人类进入奴隶社会，统治阶级为了巩固自己的统治地位，把原始的礼仪发展成符合奴隶社会政治需要的礼制，礼被打上了阶级的烙印。

在这个阶段，我国第一次形成了比较完整的国家礼仪制度。一些影响深远的古代礼制典籍撰修于这一时期，如周代的《周礼》等，这些作品是我国最早的礼仪学专著。这些著作的出现标志着我国古代礼仪已初步进入了系统、完备的阶段，礼仪从单纯祭祀天地、鬼神、祖先的形式，发展为全面制约人们行为的社会规范体系。

3）礼仪的变革时期：春秋战国时期

春秋战国时期，我国思想界出现了百家争鸣的局面。以孔子、孟子、荀子为代表的诸子百家对礼仪进行了研究，系统阐述了礼仪的起源、本质和功能，第一次对社会等级秩序的划分及其意义在理论上进行了论述。

孔子对礼仪非常重视，他要求人们用礼的规范来约束自己的行为，要做到“非礼勿视，非礼勿听，非礼勿言，非礼勿动”。他把“礼”看成是治国、安邦、平定天下的基础。他认为“不学礼，无以立”“质胜文则野，文胜质则史。文质彬彬，然后君子”，强调人与人之间要有同情心，要相互关心，彼此尊重。

孟子把“礼”解释为对尊长和宾客的严肃而有礼貌，即“恭敬之心，人皆有之”，并把“礼”看作是人的“善性”的发端之一。

荀子把“礼”作为人生哲学思想的核心，把“礼”看作是做人的根本目的和最高理想，即“礼者，人道之极也”。他认为“礼”既是目标、理想，又是行为过程，强调“人无礼则不生，事无礼则不成，国家无礼则不宁”。

管仲把“礼”看作是人生的指导思想和维持国家的第一支柱，认为礼关系到国家的生死存亡。

4）礼仪的强化时期：秦汉到清末

在我国长达两千多年的封建社会里，尽管在不同的朝代，礼仪具有不同的政治、经济、文化特征，但却有一个共同点，这就是礼仪一直为统治阶级所利用，是维护封建社会等级秩序的工具。

这一时期，礼仪的重要特点是尊君抑臣、尊夫抑妇、尊父抑子、尊神抑人。纵观封建社会的礼仪，其内容大致涉及国家政治的礼制和家庭的伦理两类。这一时期的礼仪构成中华传统礼仪的主体。

5）现代礼仪的发展

辛亥革命以后，受西方资产阶级“自由、平等、民主、博爱”等思想的影响，我国的传统礼仪规范、制度受到强烈冲击。新文化运动对腐朽、落后的礼仪进行了抨击。符合时代要求的礼仪被继承、完善、流传，而那些繁文缛节逐渐被抛弃，同时我国接受了一些国际上通用的礼仪形式。新的礼仪标准、价值观念得到了推广和传播。新中国成立后，特别是改革开放以来，随着我国与世界的交往日趋频繁，西方一些现代的礼仪、礼节陆续传入我国，西方礼仪同我国的传统礼仪一起融入社会生活的各个方面，构成了我国现代礼仪的基本框架。当前，我国的许多礼仪从内容到形式都在不断变革，现代礼仪的发展进入了全新的发展阶段。

现代礼仪训练实景如图 1-1 所示。

图 1-1　现代礼仪训练实景

二、礼仪的内涵和分类

1. 礼仪的概念

礼仪是人们在社会交往中受历史传统、风俗习惯、宗教信仰、时代潮流等因素的影响而形成的，既为人们所认同，又为人们所遵守，是以建立和谐关系为目的的各种符合礼的精神及要求的行为准则和规范的总和。

礼仪经过不断发展，成为人类维系社会正常生活而共同遵守的道德规范并以风俗、习惯和传统等方式固定下来。对一个人来说，礼仪是一个人的思想道德水平、文化修养、交际能力的外在表现，对一个社会来说，礼仪是一个国家社会文明程度、道德风尚和生活习惯的反映。礼仪包括“礼”和“仪”两部分。

“礼”是最高的自然法则，是自然的总秩序、总规律。春秋时期著名政治家子产说：“夫礼，天之经也，地之义也，民之行也。”（《左传·昭公二十五年》）“礼”是中国文化之表征，与政治、法律、宗教、哲学、乃至文学、艺术等结为一个整体，是中国文化的根本特征与标志。“礼”也是在道德层面上对其他人的尊重，荀子曰：“礼者，敬人也。”

“仪”有两层含义，一是指容貌举止，如《诗经·大雅·烝民》中“令仪令色，小心翼翼”；二是指法度、标准，如《国语·周语下》中“度之于轨仪”，《淮南子·修务训》中“设仪立度，可以为法则”，这里的“仪”是指治理国家的法度。

英语“etiquette”（礼仪）一词源于法语，即“法庭上的通行证”，表示持证者进入法庭必须遵守相应的规矩和准则。后来被英语吸收后，词义有所变化，“礼仪”延伸成“人际交往的通行证”。随着社会生活的发展，“礼仪”一词逐渐专指礼节、礼貌和行为规范。

2. 礼仪的内涵

1）礼仪的定义

从广义上讲，礼仪是人们在社会交往活动中形成的行为规范与准则，是礼节、礼貌、仪表、仪式等的总称，其涉及社会、道德、习俗、宗教等方面，是个人道德、修养程度及社会整体文明的一种外在表现形式。

从狭义上讲，礼仪指的是国家、政府机构或人民团体、企业机构在正式活动和一定环境中采取的行为、语言等规范；是在较大或较隆重的正式场合，为表示对接待对象的尊重所举行的合乎社交规范和道德规范的仪式；是社会交往中在礼遇规格、礼宾次序等方面应遵循的礼貌、礼节要求，一般通过集体的规范仪式和程序行为来体现。

从内容上来看，礼仪是由主体、客体、媒体、环境四项基本要素所构成的。

礼仪的主体，指的是礼仪活动的组织和实施者。当礼仪活动规模较小、较为简单时，其主体通常是个人。当礼仪活动规模较大、较为复杂时，其主体通常是组织。没有礼仪主体，礼仪活动就不可能进行，礼仪也就无从谈起。

礼仪的客体，指的是礼仪的对象，即礼仪活动的指向者和承受者。礼仪的客体可以是人，也可以是物；可以是物质的，也可以是精神的；可以是具体的，也可以是抽象的；可以是有形的，也可以是无形的。礼仪的客体与礼仪的主体二者之间既对立，又依存，而且在一定条件下相互转化。

礼仪的媒体，指的是礼仪活动所依托的媒介。它实际上是礼仪内容与礼仪形式的统一。任何礼仪都必须具有礼仪媒体，没有媒体的礼仪是不可能存在的。礼仪的媒体，具体由人体礼仪媒体、物体礼仪媒体、事体礼仪媒体等构成。在具体的礼仪操作过程中，这些不同的礼仪媒体往往是交叉、配合使用的。

礼仪的环境，指的是礼仪活动得以进行的特定的时空条件。一般而言，礼仪的环境可以分为礼仪的自然环境与礼仪的社会环境。礼仪的环境，经常制约着礼仪的实施。不仅实施何种礼仪受到礼仪环境的影响，而且具体的礼仪实施方法也受到礼仪环境的影响。

2）礼仪的多角度定义

从不同的角度，我们还可以对礼仪做出多种不同的解释。

从个人修养上来讲，礼仪是个人素质的外在表现。也就是说，礼仪体现了一个人的内在修养，即教养。

从道德上来讲，礼仪可以被界定为包括做人、做事方面的行为规范或行为准则。

从交际上来讲，礼仪是人际交往中的一种行为艺术。

从民俗上来讲，礼仪既可以说是在人际交往中必须遵守的律己、敬人的习惯形式，也可以说是在人际交往中约定俗成的表示尊重、友好的习惯做法。

从传播上来讲，礼仪可以说是一种在人际交往中进行相互沟通的技巧。

从审美上来讲，礼仪可以说是一种形式美，它是人的心灵美的外化。

了解上述各种对礼仪的解释，可以进一步地加深对礼仪的理解，并且更为准确地把握礼仪的内涵。

礼仪既然是社会交往中表示尊重和友好的行为规范，那么在人们交往的时候就一定会用到礼仪。人们的社会交往行为非常复杂，为了便于认识与学习，我们可以根据不同性质的交往划分出各种礼仪。例如根据行业的不同，可以分为铁路客运礼仪、城市轨道交通客运礼仪、航空礼仪、邮轮礼仪、酒店礼仪、商务礼仪等；从交往的程序和过程来看，可以分为见面礼仪、沟通礼仪、宴请礼仪、送客礼仪等；如果从行为主体来分，又可以分为个人礼仪、家庭礼仪、团体礼仪、国家礼仪等。

不同的社会交往要求不同类型的礼仪行为，不能相互混淆，也不能不顾特点照搬一般的礼仪。例如同样是服务行业，酒店服务与铁路客运服务在服务过程中有很大差异，照搬酒店服务人员的培训方法培训铁路客运服务人员，实际上忽略了铁路客运工作的特点。

3. 礼仪的分类

礼仪存在于人们日常生活、工作中的各个方面，礼仪无处不在。根据礼仪的运用环境不同，可将礼仪分为以下几类。

1）个人礼仪

人是礼仪的行为主体，所以讲礼仪首先应该从个人礼仪开始。个人礼仪包括言谈举止、仪表服饰等多方面的礼仪要求。个人的形体礼仪、仪态礼仪、仪表礼仪、修养等均属于个人礼仪范畴。

形体礼仪训练场景如图 1–2 所示。

图 1–2　形体礼仪训练场景

2）生活礼仪

生活礼仪包括生活中的各类情况所须遵循的礼仪。例如：宴请礼仪、校园礼仪、聚会礼仪、饮食礼仪、送礼礼仪、探病礼仪、结婚礼仪、祝寿礼仪、节庆礼仪、殡葬礼仪等。

宴请座位图如图 1-3 所示。

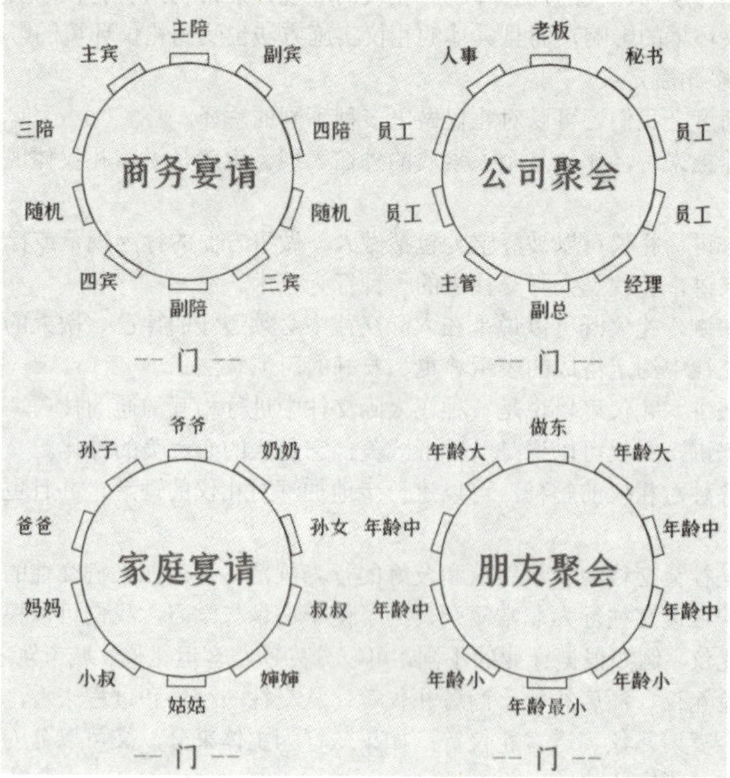

图 1-3　宴请座位图

3）社交礼仪

社交礼仪更为繁杂，通常包括见面与介绍礼仪，拜访与接待礼仪，交谈与交往礼仪，舞会与沙龙礼仪，等等。

舞会礼仪如图 1-4 所示。

图 1-4　舞会礼仪

4）服务礼仪

服务礼仪是指各类服务行业的从业人员，在自己的工作岗位上所应遵守的礼仪。如乘务服务礼仪、酒店服务礼仪等。

酒店服务礼仪如图 1–5 所示。

图 1–5 酒店服务礼仪

5）公务礼仪

公务礼仪是具体工作产生的礼仪，如办公室礼仪、交接礼仪、会议礼仪、公文礼仪、迎送礼仪等。

会议礼仪如图 1–6 所示。

图 1–6 会议礼仪

6）商务礼仪

商务礼仪是指商务活动中的礼仪，包括柜台待客礼仪、商业洽谈礼仪、推销礼仪、商务文书礼仪、公关礼仪等。

商务洽谈礼仪如图 1–7 所示。

图 1-7　商务洽谈礼仪

7）其他礼仪

其他礼仪如习俗礼仪、民族礼仪、宗教礼仪、涉外礼仪等。

不同的社会交往要求运用不同类型的礼仪行为，有些情况下，不同类型的礼仪行为可相互借鉴，但更多时候却要避免相互混淆。在礼仪的学习及运用过程中，要学会灵活掌握、因地制宜。例如，铁路客运服务人员与金融投资产品销售人员的服务礼仪，在面对服务对象提供相关服务的过程中，对礼仪运用的要求就相差甚远。

三、礼仪的功能

我国作为文明古国和礼仪之邦，礼仪的观念贯穿古今，礼仪在人们生活、工作、社交中始终起着至关重要的作用。礼仪的功能如下。

1. 礼仪具有教育功能

礼仪是人类社会进步的产物，是文化的重要组成部分。礼仪蕴含着丰富的文化内涵，体现着社会的要求与时代的精神。礼仪通过评价、劝阻、示范等教育形式纠正人们不正确的行为，指导人们按礼仪规范的要求去协调人际关系，维护社会正常秩序。有道德才能高尚，有礼仪才能文明，对国民进行礼仪教育，可以有效地促进国民综合素质的提高。

2. 礼仪具有沟通功能

礼仪行为是一种信息性很强的行为，每一种礼仪行为都表达一种甚至多种信息。在人际交往中，交往双方只有按照礼仪的要求，才能更有效地向交往对象表达自己的尊敬、善意和友好，人际交往才可以顺利地进行和延续。热情的问候、友善的目光、亲切的微笑、文雅的谈吐、得体的举止等，不仅能唤起人们的沟通欲望，建立起好感和信任，而且可以促成交流的成功，进而有助于事业的发展。

3. 礼仪具有协调功能

在人际交往中，不论体现的是何种关系，维系人际之间沟通与交往的礼仪，都承担着十分重要的“润滑剂”作用。礼仪的原则和规范，约束着人们的动机，指导着人们立身处世的行为方式。如果交往的双方都能够按照礼仪的规范约束自己的言行，不仅可以避免某些不必要的感情对立与矛盾冲突，还有助于建立和加强人与人之间相互尊重、友好合作的关系，使人际关系更加和谐，社会秩序更加有序。

4. 礼仪具有塑造功能

礼仪可以塑造形象，这种形象塑造包括个人形象塑造和组织形象塑造两方面。礼仪讲究和谐，重视内在美和外在美的统一。礼仪在行为美学方面指导着人们不断地充实和完善自我并潜移默化地熏陶着人们的心灵。礼仪让人们的谈吐变得越来越文明，人们的举止仪态变得越来越优雅并符合大众的审美原则，体现出时代的特色和精神风貌。

5. 礼仪具有维护功能

礼仪作为社会行为规范，对人们的行为有很强的约束力。在维护社会秩序方面，礼仪起着法律所起不到的作用。社会的发展与稳定，家庭的和谐与安宁，邻里的和谐，同事之间的信任与合作，都依赖于人们共同遵守礼仪的规范与要求。社会上讲礼仪的人越多，社会便会更加和谐与稳定。

四、现代礼仪的特征与应遵循的原则

现代礼仪是指人们在现代社会交往中共同遵守的行为准则和规范。它既可以单指表示敬意而隆重举行的某种仪式，又可以泛指人们在社会交往中的礼节、礼貌等。

随着社会的发展，礼仪已经由维护封建统治的古代礼仪，逐步演变为规范人们的行为、举止，强调人的尊严，强调人与人之间建设性的互助合作，强调公共领域与私人领域的边界，强调职业伦理对职业行为的规范等的现代礼仪。

1. 现代礼仪的特征

1）国际性

随着近代工业的迅速兴起，商品经济、交通、通信事业日益发达，人际交往日趋频繁，人们更需要用“礼节”来调节和增进彼此间的关系，礼仪成了人们社会生活中不可或缺的东西。讲究礼节、注意礼貌、遵守一定的礼仪规范，已成为现代社会生活的一项重要标志。现代社会已经在讲文明、懂礼貌、相互尊重原则的基础上形成了完善的礼节形式。

2）民族性

礼仪作为约定俗成的行为规范，有明显的民族差异性。无论从礼仪的起源还是从礼仪的内涵来看，不同的地域、不同的民族、不同的文化等都会造成礼仪的差异性，也就是礼仪的民族性。正是由于礼仪的民族性，才显示出各自民族不同的文化、不同的宗教观念、不同的习俗等，同时，也正是由于礼仪的民族性，才使得礼仪文化丰富多样、精彩纷呈。

3）继承性

礼仪一旦形成，通常会长期沿袭，经久不衰，这是由礼仪的性质决定的。礼仪不是凭空出现的，它是在不断继承旧的传统礼仪的基础上推陈出新的。旧礼仪中的精华会作为人类文明的结晶而传承下来。如西方礼仪中的很多礼节、礼貌一直延续到现在，成为现代礼仪不可缺少的部分。

4）时代性

礼仪不是一成不变的，它是随着时代的发展而发展的。礼仪是规范和约束人的社会行为的，这一特点决定了礼仪具有一定的滞后性。随着时代和社会的发展，人们必须对礼仪的滞后性进行修正，甚至摧毁，因此，礼仪会在传统观念的基础上不断更新，以适应时代的要求。

2. 现代礼仪应遵循的原则

在日常生活、工作中，要学习、使用礼仪，必须了解一些具有普遍性、共同性、指导性的礼仪原则。在日常生活、工作中，人们应当以现代礼仪为基础，掌握约定俗成的规则，任何胡作非为、我行我素的行为，都是违背现代礼仪要求的。现代礼仪是以平等、适度、自律为原则的。

1）平等原则

现代礼仪以平等原则为基础。平等原则通俗地说就是以礼待人，礼尚往来，既不盛气凌人，也不卑躬屈膝。

平等原则要求我们在处理人际关系时，尤其是在服务接待工作中，对服务对象，不论是外宾还是本国同胞，不论富有还是贫穷，不论年长还是年幼，都要满腔热情、一视同仁地对待，应本着“来者都是客”的真诚态度，以优质服务取得宾客的信任，使他们乘兴而来，满意而去。

2）适度原则

适度原则是指在礼仪交往中要把握分寸，即根据具体情境使用相应的礼仪。例如在与人交往时，既要彬彬有礼，又不能低三下四；既要热情大方，又不能轻浮阿谀；要自尊，不要自负；要坦诚，但不能粗鲁；要信人，但不要轻信；要活泼，但不能轻浮。

运用礼仪时，假如做得过了头，或者做得不到位，都不能正确地表达自己的律己、敬人之意。当然，运用礼仪要真正做到恰到好处、恰如其分，须勤学多练，积极实践，才能有良好的效果。

3）自律原则

礼仪作为行为的规范、处事的准则，反映了人们共同的利益要求。每个人都有责任、义务去维护它、遵守它。各种类型的人际交往，都应当自觉遵守现代社会早已达成共识的道德规范。在人际交往中，交往双方都希望得到对方的尊重，因此我们应该首先检查自己的行为是否符合礼仪的规范要求，主动做到严于律己，宽以待人。只有这样，才能在人际交往中塑造自身良好的形象并得到别人的尊重。

五、铁路客运服务礼仪

铁路客运服务礼仪是指铁路客运服务人员在车站、列车中向旅客表示敬意的仪式和礼节，是客运服务礼貌、规范的总称，是铁路客运服务人员必须遵循的服务规范和岗位要求。

铁路客运服务礼仪是客运服务工作中不可缺少的一部分，它渗透到客运工作的各个方面，贯穿于客运服务的始终。塑造现代客运服务礼仪风范，不仅是铁路客运服务人员的工作需要，也是塑造良好运输企业形象的需要。

铁路客运服务礼仪现场示例如图 1-8 所示。

（a）立岗迎客　　（b）指引方向

图 1-8　铁路客运服务礼仪现场示例

任务二 形象礼仪

仪容指人的容貌，它是由发型、面容及人体所有未被服饰遮掩的肌肤（如手部、颈部）等所构成的。仪表是容貌、服饰、姿态等多个方面的整体感觉，是一个人的静态形象，仪态则是一个人的动态形象。在交往过程中，仪表、仪态会引起交往对象的特别关注并影响到交往对象对自己的整体评价。

一、男性形象

大多数人认为，爱美是女性的天性，男性的外在形象不是十分重要。有些人甚至认为，男性大大咧咧、胡子拉碴、衣衫不整才有男性的魅力。殊不知一个头发杂乱、衣冠不整、眼神散漫的男性，是不会给人留下良好印象的。随着生活水平的不断提高，人们越来越关注自身的外在形象，无论男性还是女性，自身形象都显得越来越重要。男性爱美虽然不必像女性那般细致，但若不注意自身形象，也会妨碍个人职业的发展。

良好的男性仪容如图 1–9 所示。

1. 男性形象的重要性

许多人在自己的事业发展中都更看重自己的专业技能水平，而忽视了个人形象的重要性。他们相信业务能力、敬业精神和勤勉态度会让他们的事业发展得很好，但是，仅有这些条件是不够的。有很多优秀的人常年在一个位置上停留，并不是他们缺乏才智，也不是他们不够努力，而是他们没有在恰当的时机展示出他们的魅力，他们的外在形象让人感觉“他不适合更高的位置”。

图 1–9 良好的男性仪容

如果仔细观察我们所熟知的成功人士，例如马化腾、雷军、俞敏洪等，他们无不有着良好的个人形象。形象应该是我们发展的助推剂，而不是我们获得成功的附赠品。成功的形象并不等同于拥有漂亮的外表，也不是为了让交往对象感到赏心悦目，而是它可以展示出我们自身的品质：自信、尊严、力量、能力，等等，让我们浑身都散发出一个成功者的魅力。

2. 男性形象的基本要求

松下幸之助是日本松下集团的创始人，在其创业之初，发生了一件影响他一生的事情。一天，松下幸之助去理发，当理发师得知这位年轻人正在创办一个全新的企业时，他建议这位年轻人一定要到东京最好的理发店，找最好的理发师理发。理发师告诉年轻的松下幸之助：“您的形象就是企业的形象，所以您一定要以最好的形象展示给别人。”松下幸之助接受了理发师的忠告，从此以后非常注意自己的个人形象，不惜搭乘两小时的火车前往东京理发，可见个人形象对一个人的成功十分重要。

个人形象既包括职业形象，也包括社交形象、生活形象。下面是通常情况下男性对外公众形象的一般要求。

1）个人卫生

（1）头发要干净、自然。

男性的发型应简单朴素、稳重大方，不宜留鬓角，不宜染发、烫发，最好不要留中分发型。通常男性不留长发，男性头发合适的长度应该是前不覆额、侧不遮耳、后不及领。

男性在平时工作、生活中要保持头发整齐干净，不能给人油光发亮、头屑四散、发型怪异的感觉，每天洗头发可以有效防止头发出油、掉屑。

（2）面部要清洁、不留胡须。

首先，男性面部油腻不仅影响美观，还容易引起痤疮、皮炎、粉刺、毛孔粗大等皮肤问题。要改善面部过度出油的状况，须避免压力过大、工作劳累、夜间休息不好、烟酒过度等情况，还可以选用控油型的洁面产品，通过经常洁面使面部皮肤出油的情况得到改善。

其次，男性的胡须最容易影响面部的卫生与美观，所以要将胡须刮净。除从事艺术类工作的男性，从事其他工作的男性应避免留胡须，从事铁路客运服务工作的男性更应如此。

最后，男性的鼻毛、耳毛都要及时修剪，不能外露，否则会影响个人仪表的美观。

（3）口腔要清洁、卫生。

男性口腔要做到无异味、无异物，男性应时刻保持牙齿的清洁。牙齿发黄或有牙垢时，要去医院或专业机构进行洗牙。在上班前或出席会议、进行访问、参加集会之前，不要吃蒜、葱等带有刺激性气味的食物，也不要饮酒、吸烟，以做到口腔清洁、卫生。

（4）手部要清洁、卫生。

手是日常工作中活动最频繁的肢体，必须保持其洁净、卫生。尤其是从事铁路客运服务等服务性工作的人员更应时刻注意手部的卫生。不要留长指甲，指甲内也不应留有异物。

（5）鞋袜要清洁、卫生。

“脚下无礼，脸上无光”。穿鞋应注意：鞋面无尘、鞋底无泥、鞋内无味、鞋袜合适。工作场合，男性的皮鞋应以深色为主，如黑色、棕色或灰色，不要穿太陈旧的皮鞋，鞋跟不要太高。皮鞋最好有两双以上，可以换着穿。将穿过的鞋子放置在通风处，勤换袜子和鞋垫可以有效去除鞋内的异味。在袜子的选择上，应穿深色质地好的袜子，如棕色、深蓝色、黑色或灰色，不要穿浅色、透明的袜子。

（6）身上无异味。

男性的汗腺一般较发达，出汗后身上会产生一些异味，这些异味可能会使人感觉厌恶。刚出过大汗的男性应洗澡并换上干净的衣服，还可在腋下、胸前等易出汗的部位涂一点儿止汗香剂再前往公众场合。如不具备立即洗澡的条件，则须注意与他人保持一定的距离。吸烟的男性最好在与人交谈时停止吸烟并注意交往距离，不要过近地与他人面对面谈话，吸烟后最好能嚼点口香糖以去除异味。

图 1-10　新式男士铁路制服

2）衣着打扮

衣着打扮体现了我们的性格、职业、精神面貌，还体现着特定场合中的礼仪规范。男性铁路客运服务人员在着装时应注意以下细节。

（1）三一定律。

鞋子、腰带、公文包三处保持一种颜色。

（2）三大禁忌。

衬衫四边露在外，袜子颜色不搭配，帽子佩戴出问题。

配发制服的男性铁路客运服务人员在工作场合应穿制服。新式男士铁路制服如图 1-10 所示。

3）精神面貌、行为举止

男性形象与其精神面貌有很大的关系。乐观坚强、成熟稳重、幽默开朗的男性往往更受关注。如果仅有出众的外貌，但整日精神不振、目光呆滞、唉声叹气，这样的男性无法给人带来良好的印象。

良好的精神面貌可以有效地提升自身的职业形象，使人更具吸引力。在人际交往过程中，男性应特别注意自己行为举止，避免一些不礼貌、不雅观的姿态，应注意做到以下几点。

（1）呈坐姿时，要坐稳、坐正，不要有意无意地抖动双腿，或者让跷起的一条腿像钟摆一样晃动，这会给人以轻浮、不礼貌的印象。

（2）不能随意吐痰、打嗝、挖鼻孔，这样既不卫生，也会让旁人产生反感情绪。在吐痰、擤鼻涕时应该背对他人，用纸巾包裹后丢进垃圾箱，或是去洗手间内进行。

（3）吃东西时嘴巴不能发出“吧唧吧唧”的声音，避免产生餐具碰撞的声音，嘴里有食物时也不要与他人讲话。

（4）不要当众抓头发、挠耳朵、剪指甲、剔牙。

（5）不能当众打哈欠。在公众场合，打哈欠给对方的感觉是你已经不耐烦了，因此，打哈欠时要背对他人，或用手捂住嘴再打哈欠。

3. 男性的外在修饰

男性的服饰不如女性的服饰颜色丰富、款式多样，男性的装饰品种类也不如女性的丰富多样。男性的修饰主要在于数量不多的几个细节，衡量男性的形象、品位往往也是看这几个细节。

1）眼镜

有些男性会选择隐形眼镜，但是框架眼镜也可以体现男性斯文、睿智而温厚的形象，同时也不乏时尚气息。

佩戴眼镜要注意以下几点。

（1）眼镜要与脸形相配。

脸形决定着镜架的形状。选择镜架时，应该根据面部的情况反其道而行，例如，脸很圆的人就不宜再戴圆形的眼镜。

（2）合理选择眼镜的款式、风格。

传统的大边框眼镜是政务人士稳妥的选择；无镜框及小镜片眼镜是时尚款式，适合商务人士和年轻人；佩戴纤细镜框眼镜的男性显得细致、温文尔雅；佩戴粗重框架的眼镜则显得男性时尚且不失沉稳。

（3）镜架的颜色展露气质。

镜架的颜色应该与佩戴者的面色、发色、服装相协调。金、银色金属框架透露着高贵典雅的气质、谨慎的风格，尽显成功人士的智慧光彩；宝石蓝及茶、褐色边框，很受追求个性与创意的新潮人士的欢迎。

（4）慎重选择镜片的颜色。

略带一些色彩的镜片不会太引人注意，在室内使用也很舒适，可以为佩戴者增添一些个性特征。墨镜主要适合在阳光强烈的室外活动时佩戴，以防强烈阳光的照射和紫外线的伤害，室内不宜佩戴。铁路客运服务人员在岗工作时不能戴墨镜。

（5）镜片应擦拭干净。

工作再忙碌、时间再紧迫，都不要忘记经常擦拭镜片以保持镜片的干净。这不仅对保护

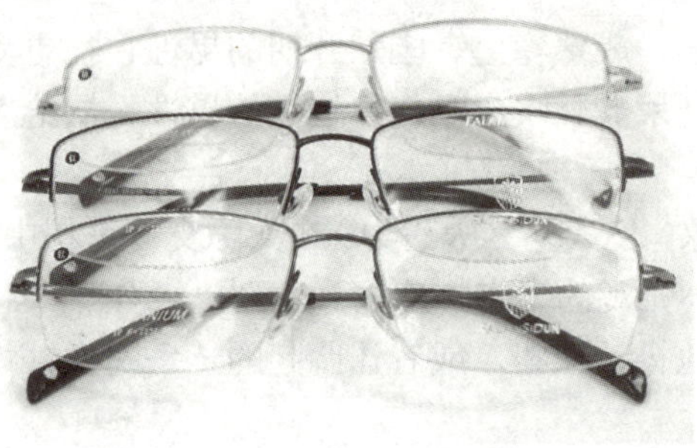
图 1-11 适合职业男性佩戴的眼镜

自己的视力有益，也会让人感到舒适。另外，切忌佩戴镜片或镜架残破的眼镜。

适合职业男性佩戴的眼镜如图 1-11 所示。

2）手表

手表既是指示时间的重要工具，也是品位与身份的象征。

职场人士多佩戴机械表，应尽量选择优质手表。优质手表外壳应光滑、表盖旋合处应吻合严密，没有划痕。表面玻璃的透明度及表盘和表针的镀层光洁度也应该加以留心。

男性在正式场合所戴的手表，在造型方面应当庄重、保守，避免怪异、新潮。造型新奇、颜色花哨的手表，如时装表、卡通表等，仅适于年轻女士及少年儿童。一般而言，正圆形、椭圆形、正方形、长方形手表，适用范围较广，特别适合在正式场合佩戴。

男性在正式场合所戴的手表，在色彩方面应避免繁杂凌乱，一般宜选择单色手表、双色手表，不应选择三色或三种颜色以上的手表。不论是单色手表还是双色手表，其色彩都要清晰，不能混杂。金色表、银色表、黑色表，即表盘、表壳、表带均为金色、银色、黑色的手表，是最理想的选择。

适合职业男性佩戴的手表如图 1-12。

图 1-12 适合职业男性佩戴的手表

3）皮带

随着近年来办公室服装休闲风格的兴起，皮带与领带一样，日益显得个性化，但铁路客运服务人员仍应使用传统的，以黑色及棕色为主的传统皮带。男性选择皮带时，应该注意以下几点。

（1）皮带的搭配。

皮带的颜色一般应比裤子的颜色略深，并且皮带的色泽与质地应与鞋子协调。一般来说，着装风格越显得休闲，可供选择的皮带范围就越宽。色泽较浅的皮带更适合于休闲风格的着装。

（2）皮带扣的风格。

一般而言，针扣比自动扣更显品位。金色的钩扣最能展现高贵的气质；铜质的钩扣则让人领略到男性的阳刚和力量。宽大的“回”形扣充分显露出男性的刚毅；椭圆形扣展示了男性的成熟；方形扣代表着男性的沉稳。有时，皮带扣的品牌亦是男性身份的象征。

（3）皮带的装重性。

工作场合，皮带上不能携挂物品。应避免使用带有珠宝或广告语的皮带。

（4）皮带的长度。

皮带的长度要合适，系好后的皮带，尾端应介于第一和第二裤襻之间。

（5）皮带的宽度。

皮带的宽度应保持在 3 cm 以上，太窄的皮带会减弱男性的阳刚之气，太宽的皮带则只适合搭配休闲裤、牛仔裤。

适合职业男性使用的皮带如图 1-13 所示。

4）公文包

图 1–13 适合职业男性使用的皮带

男性的公文包，被称为“移动式办公桌”。一些公文包的设计通过夹层、侧袋、内置小袋等方式，使得携带公文包外出工作犹如坐在办公桌前一样方便。

公文包的面料以真皮为宜，且以牛皮、羊皮为佳。黑色、棕色的公文包是最常见的选择。

男性公文包，以手提式的长方形公文包最为常见。公文包的大小以能够装下普通文件夹为宜。

使用公文包有以下四点基本要求。

（1）不宜多。

外出办事，可以携带公文包。手机、钥匙、名片、纸和笔都可以放入公文包内。但不宜同时携带多个公文包。

（2）不张扬。

使用公文包前，须先拆去所附真皮标志。不应在他人面前显示自己所用公文包的名贵和高档。选择公文包应与自己的职业、职位、办公环境相协调。

（3）不乱装。

将随身携带之物尽量分类装入公文包内的既定之处，这样取用方便。无用之物不要放在包内，尤其是不要让包“过度膨胀”，影响美观。

（4）不乱放。

进入办公室，应将公文包自觉放在自己就座之处，勿将公文包随便放在桌、椅之上。在公共场所，不要让公文包的摆放有碍于他人。

图 1–14 适合职业男性使用的公文包

适合职业男性使用的公文包如图 1–14 所示。

5）香水

男性用香水来装点自己早已被现代社交礼仪所允许，但是，如果香水使用不当，也会使男性显得不够优雅，下面介绍一些香水的使用常识。

（1）适用部位。

很多人误以为香水喷于腋下可以遮掩体味，其实不然。香气一旦混合腋下的味道，会产生一股怪味。香水的正确使用方法是将香水喷洒于耳后、颈部、胸部、手肘内侧、膝盖后、手腕、脚踝等处，这些部位因为有动脉跳动，香气会逐渐向周围扩散。

（2）使用量。

使用香水时不要一次喷得过多，少量而多处喷洒效果最佳。

（3）使用技巧。

①沐浴后身体湿气较重时，将香水喷于身上，香味会释放得更明显。

②若想制造似有似无的香气，可将香水先喷于空气中，然后在充满香水的空气中转圈，让香水均匀地落于身上。

③香水的类型不同，香气的持续时间也不同。要注意适时补洒香水，以使香气持久。

（4）使用禁忌。

①忌混合。一次使用多种香水或是香水味与烟味等气味混合，都会给人带来不适之感。尤其是在使用发胶等有香气的化妆品之后，应避免使用香水，否则诸香争宠，气味难辨。

②忌浓、忌多。一次不应喷洒过多的香水，否则会让人觉得是在刻意遮掩其他气味。浓重的香气也会让人嗅觉不适。尤其是在出席宴会时，应选择清淡香型的香水，否则会影响用餐时的味觉。

③男性忌用女性香水。男性宜选择纯净、淡雅、自然香型的香水，以显示男性成熟、高雅、大气的风格，而不宜选用女性香水。

④香水应避免喷洒在宝石或皮革上。香水通常具有化学成分，若碰到宝石或皮革会产生化学反应。

⑤皮肤敏感者应慎用香水，切忌将香水直接、大量喷洒于皮肤上，以避免皮肤变色、发痒。皮肤敏感者可将香水喷于内衣、手帕、衣角内侧。

二、女性仪容

虽然我们不提倡“以貌取人”，但保持良好的仪容是对他人的一种尊重。女性要提升形象，让自己拥有高雅的气质，须学习并掌握一些仪容的基本知识。

图 1–15　良好的女性仪容

良好的女性仪容如图 1–15 所示。

1. 美发

1）发型的选择

发型应该适合自己的脸形，下面从脸形的角度出发，介绍各种脸形所适合的发型。

（1）长形脸。

长形脸的女性可将头发留至下巴，留刘海，或将两颊头发剪短些，这样可以在视觉上减少脸的长度感而加强宽度感，也可将头发梳成饱满、柔和的形状，使脸有较圆的感觉，不宜留平直、中间分缝的头发，也不要留太短的头发或将头发全部往后梳。

（2）椭圆形脸。

椭圆形脸是女性最完美的脸形，采用长发型或短发型都可以。

（3）圆形脸。

圆形脸常会显得孩子气，所以发型不防设计得老成一点，头发可分缝且宜长，这样可使脸显得长一些。也可将头发侧分，头发较少的一边向内略遮脸颊，头发较多的一边可自额顶做外翘的波浪，这样可“拉长”脸形。

（4）方形脸。

方形脸的女性宜将头发向上梳，轮廓可蓬松些，目的是使脸变得稍长。也可在两侧留刘海，但不宜把头发剪得太短或压得太平整。前额可适当留一些长发，但不宜过长。

（5）心形脸。

心形脸的女性要确保头发遮住尖尖的下巴。

发型的选择还应该考虑与自己的气质、服饰、年龄相协调。例如，剪一个活泼顽皮的男孩头，却穿着一身职业女性的成熟套装，非但达不到提升形象的效果，反而透出滑稽之感。

发型的变换有时会比发型本身更为重要，女性改变自身形象、气质的有效方式不是服装，而是发型。发型一变，人的形象立刻会有明显改变。

2）发型的要求

（1）窗口岗位工作者，一般不宜将头发染成除黑色以外的颜色，不宜梳披肩发，头发不宜遮盖眼睛及眉毛，不能梳怪异的新潮发型。

（2）在工作中，发型要简洁、美观、大方，以中长发或短发为宜，戴帽时头发不宜外露。

（3）要保持头发的清洁，勤于梳洗。

（4）除必要的固定头发用的黑色发卡及统一配发的发饰外，不宜戴其他发饰。

3）头发的保养

衡量一个人是否健康，可以看他头发的质量，而衡量一个人的头发是否健康，一般要从头发的卫生、颜色、光泽、质地等方面进行判断。健康的头发应保持清洁、整齐，没有头垢、头皮屑；发黑柔润、有自然光泽、具有弹性；不粗不硬、不分叉、不打结；疏密适中、不枯萎；不因阳光灼晒、染发、烫发而使头发发生性状变化。

2. 护肤

护肤可以分为日常基础护理和专业护理两种。日常基础护理是我们每天都必须履行的护肤步骤，若皮肤出现问题，每日还要加强保养。专业护理又称特殊护理，是指定期进行磨砂、按摩、敷面膜等护理步骤，促进面部的血液循环，增加肌肤的弹性与光泽，供给肌肤水分和养分，让肌肤处于健康状况。

护肤重在保养皮肤，使得皮肤保持健康、延缓衰老。因此，要长期坚持护肤并须护理得法，切忌急于求成，期望迅速见效。

无论采用什么方式来保养皮肤，都有三大基本步骤要把握：洁肤、爽肤、润肤。

1）洁肤

（1）洁肤产品的选择。

市面上洁肤产品种类繁多，主要可分为洁面霜、洁面乳、洁面凝胶及最新的洁肤棉等。洁面霜多适合油性皮肤使用；洁面乳多适合干性皮肤使用；洁面凝胶多适合中性皮肤使用。洁肤棉适用于敏感皮肤和受损型皮肤使用，它是一种新的洁面产品，其特殊的纤维织布能温和地清洁脸部，去除老化角质并对脸部进行滋润与按摩。

选择适合自己的洁肤产品时，可依照是否有卸妆与清洁的双重需求、皮肤的类型及个人喜欢的洁面方式等来进行。在洁肤过程中不能对皮肤造成损伤，不能影响皮肤的正常生理功能。

（2）洗脸时水温的调节。

热水能溶解皮脂，松弛皮肤，扩张血管，开放汗腺口，促进代谢产物的排出，其去污作用较冷水强，所以油性皮肤的人宜用热水洗脸。但过多地使用热水洗脸又会使皮脂减少而使皮肤干燥。冷水能使血管收缩，促进汗腺口和毛孔闭合。交替用热水和冷水来洗脸，则可促进皮肤的血液循环，使皮肤富有光泽和弹性。只有毛孔畅通了，皮肤才能更好地吸收护肤品，进而达到事半功倍的护肤效果。

2）爽肤和润肤

对于干性皮肤，应在洗脸后使用化妆水来补充水分，再使用油分多及保湿性好的润肤品。对于混合性皮肤，应依照不同部位的不同需求来加以护理，可以选择化妆水补充干燥部位的水分，然后使用润肤品来润肤，润肤品使用的分量可依照干燥程度来调整，较油的部位减少用量，而干燥的两颊则可增加用量。

3. 美妆

化妆具有美化面容的作用，可以让女性看起来更加漂亮、光彩夺目，也使得女性在社交、工作中能够更好地展示自己的形象并增强人际交往的信心。

图 1-16　常用化妆品

常用化妆品如图 1-16 所示。

化妆，是对自己的爱护和尊重，同时也体现出对交往对象的尊重。对于从事服务性工作的人而言，化妆上岗是职业的基本要求。铁路客运服务人员的恰当装扮和修饰不仅令旅客赏心悦目，同时也是其热爱本职工作的一种表现。

1）化妆原则

（1）美化。

化妆时要注意适度矫正、修饰得法，达到扬长避短的效果。在化妆时不要自行其是，任意发挥，寻求新奇，有意无意地将自己老化、丑化、怪异化。

（2）自然。

化妆既要追求美化、生动、具有生命力，更要体现真实、自然。化妆的最高境界是“似无却有”，看不出人工美化的痕迹，切忌浓妆艳抹。

（3）得法。

化妆虽讲究个性化，但也要遵循仪容礼仪的一般原则。例如，职业妆宜淡，社交妆可以稍浓；口红与指甲油最好为同一色系，切不可颜色过于鲜艳，等等。

（4）协调。

高水平的化妆，强调的是整体效果，所以在化妆时，应努力使妆面与容貌、场合、身份相协调，以体现出大方优雅的气质。多种化妆品同时使用时，要尽量选择香型相近、色彩和谐的同一系列产品。

2）化妆禁忌

（1）忌离奇出众。

日常生活妆或职业妆应该与周围环境、本人气质相协调，从而起到提升个人形象和维护企业形象的作用。铁路客运服务人员在工作的过程中，切不可化另类、怪异的妆。

（2）忌技法用错。

即使不化妆，也比冒然化妆、错误化妆要好。不了解化妆方法而用错技法，不仅不会达到美化的目的，反而会起相反的效果。

（3）忌残妆示人。

适时化妆很重要，及时补妆亦重要。残妆，是指在出汗、用餐、休息之后，妆容出现了残缺。以残妆示人，既有损于自身形象，也是对别人的不尊重，因此，要注意及时地进行妆容检查和修补。

（4）忌当众化妆。

有些女性，对自己的形象过分在意，不论在什么场合，一有空闲，就会拿出化妆盒进行补妆，旁若无人。在公共场所，众目睽睽之下修饰面容是没有教养的行为。如果需要化妆或补妆，一定要到洗手间或较隐蔽的场所去完成，切莫当众化妆。

（5）忌随意评论他人妆容。

除了化妆品销售、推广人员可适当评论他人的妆容，其他人不宜对他人的妆容进行过多关注，更不能直接妄加评论和指点。这不仅是不礼貌的行为，更有可能伤害对方的自尊心。另外，冒然打听他人使用的化妆品品牌、价格和化妆的具体方法也是不合适的。

三、仪容礼仪

作为铁路客运服务人员，整洁、大方的仪容不仅有利于增强自信，更有利于在工作过程中获取别人的好感和认可。我们不能要求每个人都是美女帅哥，但是可以在现有的条件下首先保证外表的得体和整洁，再利用化妆等技巧来弥补容貌上的不足。铁路客运服务人员仪容如图 1-17 所示。

（a）女性仪容

（b）男性仪容

图 1-17 铁路客运服务人员仪容

总体来说，铁路客运服务人员仪容礼仪要注意以下几点。

1. 清洁

一个人可以不美丽，但是绝对不可以不清洁。清洁是个人素质的体现，也是尊重自己、尊重他人的体现。例如一位男性，西装很讲究，颜色搭配也很合适，可是头上头屑不断，这必然不会给人留下大方得体的印象。

1）头发的清洁

头发，处于人体的制高点，会给人留下十分深刻的印象。头发在工作时间必须保持健康、秀美、干净、清爽、卫生、整齐的状态。

洗头发可以清除头部皮屑和灰尘，还能促进头部的血液循环。清洁头发的时候注意不要把洗发水直接倾倒在头皮上，这样做很容易导致脱发。正确的做法是先把头发梳通，然后把洗发水倒在手心，揉出泡沫，轻轻用指腹按摩头皮，最后清洗干净。不要让洗发水或护发素残留在头发或头皮上。可在洗头之前先用橄榄油护理一下，有条件的可以一周做一次发膜。尽量少用有浓郁香味的头发定型用品。头发洗干净以后，自然风干，如果用吹风机，须保持适当距离以保护头发。头发未干，不要睡觉。一般来说，烟、酒及辛辣刺激之物，会有损于头发。保养头发，可多吃富含维生素 B 的食品，例如核桃、芝麻等。

2）面部的清洁

（1）眼睛。

眼睛是人际交往中被他人注视最多的部位之一。洗脸的时候一定要注意及时清除眼睛分泌物。另外若眼睛患有传染病，应自觉回避，以免传染他人。

如果感到自己的眉形刻板或不雅观，可以进行必要的修饰，但不允许剃去所有的眉毛。

近视的铁路客运服务人员可佩戴眼镜，戴眼镜时，不仅要求眼镜美观、舒适，而且还应定期对眼镜进行清洗和揩拭。在工作场合不应戴有色眼镜，以免给旅客带来拒人千里之外的感觉。

（2）耳朵。

耳朵虽位于面部两侧，但也是在他人视线范围之内的。在洗澡、洗头、洗脸时，应同时清洗一下耳朵，定时清除耳孔里的分泌物，但是不要在他人面前这么做。

（3）鼻子。

涉及个人形象的有关鼻子的问题，主要有两个。一是清洁鼻腔。不要让异物堵塞鼻孔，不要随意吸鼻子、擤鼻涕，不要在他人面前挖鼻孔。二是修剪鼻毛。上岗前，通过照镜子，检查一下鼻毛是否伸出鼻孔之外。人的鼻毛一旦伸出鼻孔，对形象的破坏非常之大，一旦出现鼻毛伸出鼻孔的情况，应及时修剪鼻毛，不要置之不理，也不要当众用手去拔，一来不雅观，二来可能会导致毛囊发炎。

（4）嘴巴。

要保证嘴唇和唇周干净，无异物。

牙齿洁白，口腔无味是嘴巴清洁的重要方面。要做到这些，一是要饭后漱口，就餐完毕应清洁口腔，去除口腔异味或异物，可以使用漱口水或口香糖，但切忌在他人面前嚼口香糖，尤其是和旅客交谈的时候，更不应嚼口香糖；二是要经常用牙线，洗牙等方式保护牙齿。作为铁路客运服务人员，接待旅客之前不要吃葱、姜、蒜、腐乳、韭菜、洋葱等有强烈刺激性气味的食物。

（5）胡须。

男性要养成每天剃胡须的良好习惯。若无特殊宗教信仰和民族习惯，最好不要蓄须，应经常剃去胡须。

（6）面容。

图 1-18　清洁面部

清洁面部可以去除新陈代谢产生的老化角质、污染物、化妆残留物质等，同时也可以保养皮肤。

使用洁肤产品的方法：将适量的洁肤产品放在手心揉搓起泡，泡沫越细越好，千万不能把洁肤产品直接涂在脸上。一般从皮脂分泌比较多的部位开始清洗，手指不要过分用力，轻轻地从内到外滑动。洗的时候要注意脖子、下颌、耳朵等部位的清洁。冲洗时要用流水充分去除泡沫，冲洗次数要适度。有条件时，可先用温水后用冷水清洗，温水可以避免毛孔紧闭影响清洗效果，冷水可以收缩毛孔。洗脸后用毛巾吸走脸上的水分，不要用力揉搓，以免伤害肌肤，正确的方法是把毛巾轻贴在脸上，让毛巾自然吸干水分。

清洁面部如图 1-18 所示。

3）身体的清洁

有异味的身体不仅是一种失礼，还可能惹人厌恶，因此定期沐浴十分必要。一般来说，在条件许可的情况下，每天沐浴对身体清洁和健康都很有好处。

2. 四肢与躯干仪容礼仪要点

1）手部

在正常情况下，手部是人际交往中使用最多的部位之一，而且手部动作还往往附加了多种多样的含义。有人说：手是人的第二张脸，可是大多数人往往仅注重对脸部的保养和护理而忽视对手部的保养和护理。试想某人有一张光彩照人的脸和健美的身材，可是伸出来的一双手，却是粗糙暗淡的，这必将影响其仪容的整体效果，因此，我们要重视手部的护理，防止手部皲裂、粗糙。

铁路客运服务人员的指甲尽量不要留长，长指甲没有过多的实用价值且不美观、不卫生、不方便。指甲的长度最好不要超过指尖。不能用牙齿啃指甲，不要在指甲上涂彩色的指甲油。在工作场合修剪指甲是不文明、不雅观且违反劳动纪律的行为。

2）肩部

在工作场合中，肩部不应裸露在衣服外面。

3）体毛

因个人生理情况不同，每个人手臂上的汗毛生长浓稀也不同，一般情况下无伤大雅，但如果汗毛特别浓密，有碍观瞻时，可以采取适当的方式进行脱毛。在他人面前，尤其是在异性面前，腋毛不应为对方所见。

4）脚部

人的两只脚承载着人体的全部重量，因此每个人要善待自己的双脚。脚部不适将直接影响一个人行走姿势的美观。

社交场合，对于脚部一般要注意以下两点。

（1）在工作场合不允许裸露脚趾，不允许光脚穿鞋子。一些有可能暴露脚部的鞋子，比如拖鞋、部分款式的凉鞋、镂空鞋是禁止在工作场合穿着的。

（2）保持脚部卫生。鞋子、袜子要经常洗、经常换，不要穿残破、有异味的鞋子和袜子。如有必要，随身准备一双备用袜子，以备不时之需。严禁在他人面前脱鞋、脱袜、抠脚。

3. 护理

皮肤在保持清洁的同时，还要注意保养。这样不仅有利于保持皮肤的健康，也可以减少岁月留下的痕迹。一般皮肤保养可以分为内部保养和外部保养。外部保养又可以分为基础护肤和美容护肤。基础护肤简单易行，应早晚各进行一次。在完成肌肤清洁之后，基础护肤的过程如下。

1）使用化妆水

将适量的化妆水倒于手心轻拍面部，使化妆水被脸部皮肤吸收，也可以用喷雾器将化妆水喷洒在脸部，这对缓解皮肤缺水有较好的效果。

2）使用眼霜

人的眼部皮肤只占脸部皮肤的很小一部分，并且很薄，所以要注意眼霜的选择。眼霜一般分啫喱和霜状两种类型，一般用啫喱补水就可以了，霜状眼霜所含的营养元素更多，可在需要时使用。涂抹眼霜的正确方法是从眼睛上部由里往外按摩，眼睛下部由外往里按摩。用无名指轻点眼部肌肤，才不会揉出细纹。如条件允许，一周做一至两次眼膜效果更好。涂乳液、晚霜之类的脸部护肤品时，要注意避开眼睛周围，以免产生脂肪粒。

3）使用面霜及护肤精华

一般来说，白天用乳液或日霜，晚上用晚霜。晚上 10 点至凌晨 2 点是皮肤新陈代谢最活跃的时候，这期间使用护肤精华效果最佳。

4）护理脖颈

脖颈和头部相连，属于面容的自然延伸部分。护理脖颈可防止脖颈皮肤过早老化，以免和面容产生较大反差。

4. 发型

人们选择发型受到多种因素的制约，不可以一味地追求个性。制约发型选择的因素有性别因素、身高因素、年龄因素、职业因素等。

以女性留长发为例，头发长度应和身高成正比。一位矮个的女性如果长发过腰，会使自己显得更矮，这显然是不明智的。职业对头发长度的影响也很大，例如，野战军战士为了作战和负伤后抢救方便，通常选择短发。

对于铁路客运服务人员来说，发型的修饰要注意整洁、规范、长度适中，款式适合。男性要注意“三不”——前不遮眉，侧不掩耳，后不触颈。女性在工作场合不要随便让头发随风飘扬，长发不宜过肩，如果留长发，上班的时候要把长发束起来，用发卡整理好。图 1–19 所示为正确的束发。除非患有特殊的疾病，铁路客运服务人员不得剃光头。

不管采用何种发型，在工作岗位上不允许在头发上滥加装饰物，不宜使用彩色发胶、发膏。男性不宜使用任何发饰，女性在有必要使用发卡、发带、发箍的时候，应使用蓝、灰、棕、黑等颜色且不带任何装饰图案的发饰，绝不能在工作岗位上佩戴混合色和带有卡通动物、花卉等图案的发饰。

在工作岗位上不允许戴工作制帽以外的帽子。

正确地佩戴工作制帽如图 1–20 所示。

图 1–19　正确的束发

图 1–20　正确地佩戴工作制帽

5. 化妆

化妆是通过使用美容产品，修饰自己的仪容，美化自我形象的行为。对一般人而言，化妆最实际的作用是对自己容貌上的某些缺陷加以弥补，扬长避短，使自己更加光彩照人。经过化妆后，人们可以拥有良好的自我感觉，身心愉快，精神振奋，在人际交往中表现得更加自信和潇洒自如。

在正式场合，女性不化妆会被认为是不礼貌的。对职场人士来说，化妆能使从业人员提高自信，还能表达对他人的尊重并能维护组织的良好形象。

1）化妆的原则

（1）美化的原则。

美化的原则是从化妆效果的角度来说的。要使化妆达到美的效果，首先必须了解自己脸部各部位的特点，对自己容貌上的优缺点要心中有数；其次要清楚怎样化妆和矫正才能扬长避短，变拙陋为俏丽，使容貌更迷人。要在把握脸部个性特征和正确审美观的前提下进行化妆。

（2）自然的原则。

自然是化妆的生命，它能使化妆后的脸看起来真实、生动，而不是一张呆板、生硬的面具。化妆失去了自然的效果，那就是假，假的东西就无生命力和美可言。

化妆是一种美化自身的行为，但是一定要明白，美在含蓄，美在自然，正所谓“清水出芙蓉，天然去雕饰”。

（3）协调的原则。

美在于和谐，化妆者一定要懂得一些能产生和谐效果的搭配技巧，如颜色协调技巧、比例协调技巧、深浅协调技巧等。

（4）避人的原则。

避人的原则即化妆时要回避他人，不要在他人面前化妆，这是化妆中非常重要的一个原则。

2）职业妆的化妆技巧

就头发而言，中国人一头乌黑的头发是自己的民族特色，因此一般情况下不允许铁路客运服务人员把头发染成其他颜色。女性可适当染成偏黑的棕色，严禁染成紫色、绿色等颜色。

不管是男性还是女性，都有眉形的烦恼。有一些人，眉毛过分高扬，看上去十分凶狠；有的人天生八字眉，看上去城府很深。必要时，可对眉毛进行修剪或补描。一般来说，男性的眉毛尽量不要描画，女性可以描眉，但最好不要文眉，不要因为修眉或描眉不当，使自己看起来很妖艳或刁钻。

对眼部化妆通常只限于女性，一般的步骤为上眼线、涂眼影、涂睫毛膏。女性铁路客运服务人员的眼线不能画得过于浓重；不用蓝色、绿色眼影，应使用棕色眼影，棕色眼影可使眼睛有神、有立体感；睫毛膏只能使用黑色。化职业妆时要避免化成时尚流行的妆容，比如烟熏妆等。

男性可以用润唇膏。女性选择唇膏颜色的时候，优先选择和肤色接近的棕色、橙色、深红色，避免使用鲜红色。化工作妆时，选择唇膏要以淡色为主，这样做的目的在于不过分突出职场人士的性别特征，不过分引人注意。

外在的修饰无法掩饰精神的真实状态，良好的精神状态能使人容光焕发。三流的化妆是单纯脸部的化妆，二流的化妆是整体外表的化妆，一流的化妆是精神的化妆。精神永远是外表的灵魂。铁路客运服务人员应加强自身素质的培养，拥有健康的精神世界。

铁路客运服务人员化妆场景如图 1–21 所示。

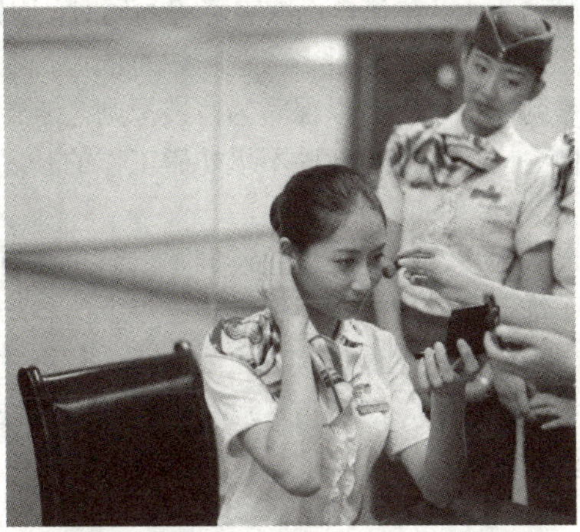

图 1–21 铁路客运服务人员化妆场景

四、仪表礼仪

仪表是指人的静态外表，包括人的容貌、服饰、体态、风度等多个方面。仪表是一个人的精神面貌、内在素质的外在表现。

随着社会文明程度的提高，追求仪表美越来越成为人们的一种共识。人们通常用仪表端庄、容貌俊秀等来赞扬一个人的仪表美。那么怎样才算仪表美呢？

仪表美是一个综合概念，它应当包括以下三个层次的含义。

（1）仪表美指人的容貌、形体、体态等的协调。体格健美匀称、五官端正秀丽，这些生理因素是仪表美的基本条件。

（2）仪表美指经过修饰打扮及后天环境的影响形成的美。天生丽质这种幸运并不是每个人都能够有的，而仪表美却是每个人都可以去追求和创造的。即使天生丽质，也要用一定的形式去表现。无论一个人的先天条件如何，都可以通过化妆、服饰、外形设计等方式使自己拥有仪表美。

（3）仪表美是一个人美好高尚的内心世界和蓬勃旺盛的生命活力的外在体现，这是仪表美的本质。真正的仪表美是内在美与外在美的和谐统一，慧于中才能秀于外。

本任务的一、二、三点已介绍了仪容知识，内在美可通过提升个人素养来进行强化，下面重点介绍仪表礼仪中服饰环节的相关知识。

1. 穿着的 TPO 原则

TPO 是西方人提出的服饰穿戴原则，是英文时间（time）、地点（place）、场合（occasion）三个单词的缩写。穿着的 TPO 原则，要求人们在着装时将时间、地点、场合三项因素综合进行考虑。

1）时间

时间既指每一天的早、中、晚三个时间段，也指每年春夏秋冬的季节更替，以及人生的不同年龄阶段。着装时要考虑时间因素，做到随“时”更衣。

人们在家中或进行户外活动时，例如在家中休息或外出健身，着装应方便、随意，可选择运动服、便装、休闲服。工作时间的着装，应根据工作特点和性质，以服务于工作、庄重大方为原则。晚间参加宴请、舞会、音乐会之类的活动，须穿着较正式的服装。

服饰应当随着一年四季的变化而变换，不宜标新立异、打破常规。夏季以凉爽、轻柔、简洁为主，在使自己凉爽舒服的同时，服饰色彩与款式会带给他人视觉和心理上的良好感受，相反，层叠皱褶过多、色彩浓重的服饰不仅使他人感觉不适，而且穿着者本人也会感觉闷热难耐。冬季则应以保暖为着装原则，避免“要风度不要温度”，为形体美观而着装太过单薄，但也应尽量避免臃肿不堪妨碍工作的开展。

2）地点

地方、场所、位置不同，着装也应有所区别，特定的环境应配以与之相适应、相协调的服饰，才能使人获得视觉和心理上的和谐美感。

例如，穿着只有在正式的工作环境才合适的职业正装去娱乐、购物、休闲、观光，或者穿着牛仔服、网球裙、运动衣、休闲服进入办公场所和正式社交场地，都是着装与环境不和谐的表现。

3）场合

不同的场合有不同的着装要求，着装只有与特定场合的气氛相一致、相融洽，才能产生和谐的审美效果，实现人景相融的最佳效应。

正式场合应严格遵循穿着规范。比如，男性穿西装一定要系领带；西装里面有马甲的话，应将领带放在马甲里面；西服应熨得平整，裤子要熨出裤线，衣领袖口要干净，皮鞋要擦得锃亮等。女性不宜赤脚穿凉鞋，如果穿长筒袜子，袜口不要露在衣裙外面。

在结婚典礼、生日宴会、联欢晚会等喜庆场合，服饰可以鲜艳明快、潇洒时尚一些。一般来说，男性服装以深色为宜，单色、条纹、方格图案都可以；在游览、度假、运动会等场合，也可以选择色彩明快的服装。女性在休闲场合，可以选择适合自己穿着的色彩鲜艳的服装。

如图 1–22 所示，铁路客运服务人员在工作场合应穿着统一配发的制服。

图 1–22　铁路客运服务人员穿着制服图

2. 西服

西服原本是欧美国家的一种传统服装，随着国际交往的日益频繁，西服逐步发展成为一种国际性的服装款式。它典雅大方，富有魅力，深受各界人士的喜爱。

1）西服着装的一般要求

西服必须合身，领子应紧贴衬衫领口，并且应低于衬衫领口 1～2 cm；上衣的长度与手臂垂下时的虎口处平齐，袖口与手腕平齐，衬衫袖口应露出西服袖口 1～2 cm；肥瘦以西服内可以穿一件羊毛衫为宜，上衣的下摆应与地面平行。双排扣的西服上装不管在什么场合都应把纽扣全部扣上，单排两粒扣的西服上装只系上面一粒纽扣，单排三粒扣的西服上装可系中间一粒纽扣。

2）男性西服

男性西服有两件套、三件套之分，正式的场合应该穿西服套装，颜色以深色为佳。穿西装时应穿单色衬衫，以白色为佳。三件套西服在正式场合不能脱下外衣。西服背心如果是 6 粒纽扣，一般不系最下面的一颗纽扣，如果是 5 粒纽扣则应全部系上。西服背心应贴身合体。西服左上外侧口袋专门用于插装饰型手帕，手帕应插入口袋 1/3 处。上衣内袋用于存放证件等物品。穿西服时不要穿白色袜子，这样会破坏整体的稳重感，把人们的视线吸引到脚上。

男士穿着西服如图 1–23 所示。

3）女性西服

女性西服有西服套装和西服套裙之分，两者均可作为正式服装，其色彩款式要稳重大方，以素雅单色和简单的条格面料为主。女性西装颜色要与衬衫色彩相协调。

女士穿着西服如图 1–24 所示。

4）西服着装程序

西服穿着有一定的程序，正常的程序是：穿衬衫—穿西裤—穿皮鞋—系领带—穿上装。

图 1-23　男士穿着西服

图 1-24　女士穿着西服

3. 领带

领带被称为西服的灵魂。通常所说的领带是指直式领带，还有一种横式领带，即领结。

1）直式领带

直式领带简称“领带”。领带最好选用丝制的，系领带不宜过长或过短。站立时，以领带下端触及腰带为宜。

在正式、庄重的场合以深色领带为宜；在非正式场合以浅色、艳丽领带为宜。黑色领带几乎可与任何颜色的西服进行搭配。

领带配色的方法有三种。

（1）领带与西服同色。

（2）领带与西服同是暗色，但色彩形成对比，如黑西服配暗红色领带。

（3）单色的西服配花色领带。花色领带上的主色尽可能与西服的颜色相同或相近。

领带打结有多种方法，如温莎结、平结等。在非正式场合穿西服可以不戴领带，此时衬衫领扣必须解开，衬衫下摆应放在裤子里面。

图 1-25　领带

领带如图 1-25 所示。

2）领结

领结可分为小领花和蝴蝶结。小领花的颜色有黑色、白色。一般白领花只适合搭配燕尾服，黑领花适合搭配小礼服。

领结如图 1-26 所示。

3）领带夹

现在有许多人选择戴领带夹来固定领带。领带夹的位置应在衬衫的第四粒到第五粒纽扣之间（从上往下数），西服上衣系上扣子后，领带夹不能外露。

领带夹如图 1-27 所示。

图 1-26　领结

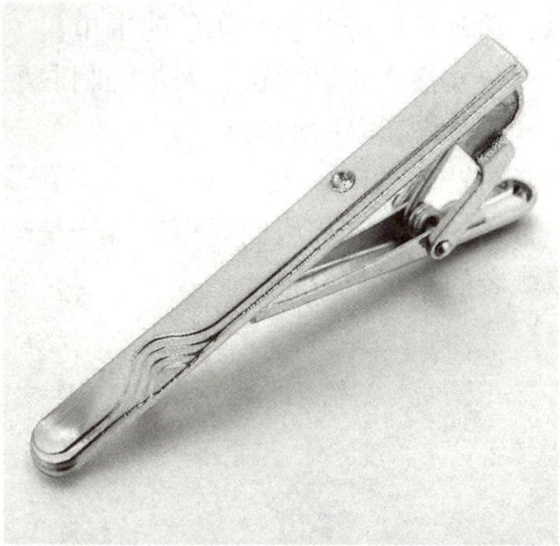

图 1-27　领带夹

4. 饰物

在服饰构成中，装饰用品既可作为服装的辅助用品，又可区别于服装而独立存在。装饰用品和服装一同构成了服饰。

1）帽子

帽子的花色品种很多，它不仅能起到抗寒防晒的作用，也是服饰搭配的一个重要环节。帽子的选用，应考虑到人的脸形、年龄、身份及其与其他服饰之间的配套关系。铁路客运服务人员工作时应戴制帽。

女性铁路客运服务人员工作制帽如图 1-28 所示。男性铁路客运服务人员工作制帽如图 1-29 所示。

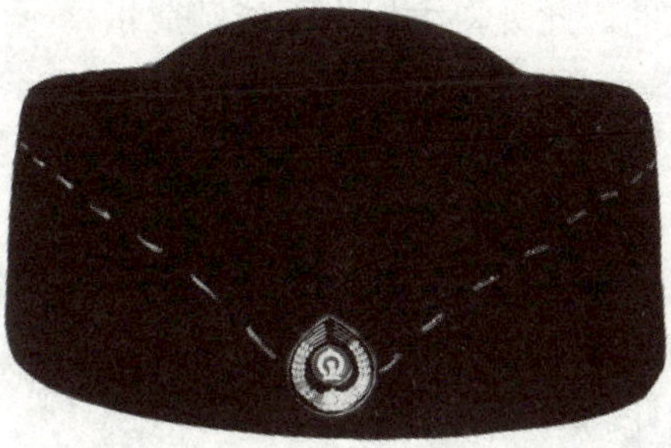

图 1-28　女性铁路客运服务人员工作制帽

图 1-29　男性铁路客运服务人员工作制帽

2）手帕

手帕可分为两种：一种是装饰用手帕，另一种是普通手帕。装饰用手帕是以各种单色手帕折叠而成的，可放在礼服或西服上衣左胸口袋。手帕折叠的形式多种多样，常见的有一山形、二山形、三山形。

普通手帕可用来擦汗、擦手、擦嘴，切不可使用不洁净或皱皱巴巴的手帕。目前，纸巾有取代普通手帕的趋势。

手帕如图 1-30 所示。

3）围巾（丝巾）

女性铁路客运服务人员在工作时可戴丝巾，如果天气寒冷，可选用深色的围巾，如灰色、黑色、深蓝色、绛紫色等颜色的围巾。

部分女性铁路客运服务人员的制服配有统一款式的丝巾，应按规定的要求佩戴。

丝巾如图 1-31 所示。

4）首饰

首饰的佩戴有相应的规矩。首饰是一种沉默的语言，既可向他人暗示某种含义，又能显示佩戴者的气质与修养。

图 1-30　手帕

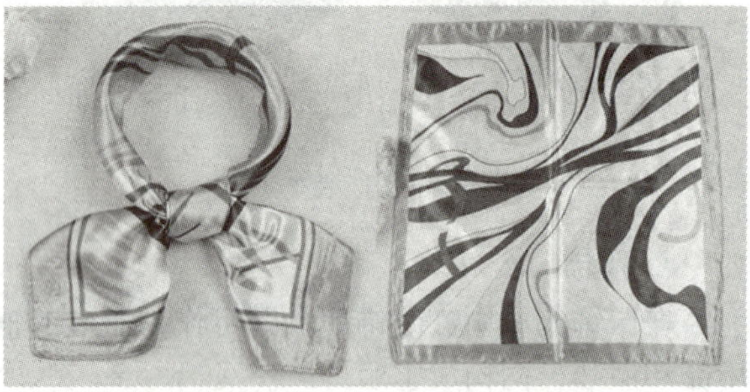

图 1-31　丝巾

（1）戒指。

铁路客运服务人员若佩戴戒指，应注意造型的选择。女性的戒指要纤细，男性的戒指要宽厚。戒指通常应戴在左手上。把戒指戴在食指上，表示无偶而求爱；把戒指戴在中指上，表示正处在恋爱之中；把戒指戴在无名指上表示已定婚或结婚；把戒指戴在小手指上则表示自己是一位独身者。也有不少西方国家的未婚女性将戒指戴在右手上。一般情况下，一只手上只戴一枚戒指，戴两枚或两枚以上戒指是不适宜的，此外，大拇指不能戴戒指。

（2）项链。

项链可分为金银项链、珠宝项链等。佩戴项链应因人而异。脖子短粗的人可选择细长的项链；脖子细长的人可选用短粗的项链。

一般青年女性可选择细型、花色丰富的项链，而中老年人则适宜选用粗型、设计传统的项链。各种珠宝有着不同的象征意义和情感，如钻石象征着勇敢和永恒，珍珠象征着美丽和高贵，红宝石象征着爱情和热情，蓝宝石象征着安详和宁静。

（3）耳环。

佩戴耳环应首先考虑佩戴者的脸形。圆脸形的人适宜戴各种款式的长耳环或垂坠耳环；瓜子脸形的人适宜戴各种造型的耳环，配以扇形耳坠、水滴型耳坠则更显秀丽妩媚；方脸形的人可选择小耳环或耳坠。在各种比较正规的社交场合，如宴会、婚礼或庆典仪式，应选用高档的耳环。男性铁路客运服务人员不能佩戴耳环，女性铁路客运服务人员可以佩戴素雅、款式简单的耳环。

（4）手镯和手链。

由于铁路客运服务人员要进行大量客运作业，因此不宜佩戴手镯和手链。

5）其他

笔、手表等也是铁路客运服务人员常用的配饰。部分铁路客运服务人员制服设计有插笔处，以方便存放工作用笔。铁路客运服务人员在工作期间应戴传统款式的机械表或石英表，勿戴卡通及时装表。

五、仪态礼仪

仪态，就是一个人动作姿势和态度的综合表现。俗话说："坐有坐相，站有站相。"铁路客运服务人员姿势端庄，态度和蔼，会使旅客产生愉悦和亲切的感受；行为粗鲁，态度消极，不但失礼，而且会让旅客反感。优美、协调的仪态对展现铁路客运服务人员的形象、气质、风度是非常重要的。

1. 面部仪态

1）目光

人们在进行信息的交流时，总是以目光交流为起点。目光接触提供了重要的情感信息。这种情感的流露比语言更加真实、直接、有效。客运服务过程中，若能善于运用目光，可以使自己变得更加友善和亲切，更容易得到旅客的信任。如图 1–32 所示，铁路客运服务人员将目光集中在所要服务的对象身上，注视的目光显示出乘务人员的服务态度。

图 1–32　铁路客运服务人员的目光

目光注视某一较小范围超过 5 秒，我们称之为凝视。根据交往对象和交往场合的不同，目光凝视区域也不同，一般划分为以下三种情况。

（1）公务凝视区域：以对方两眼为底线，额中为顶角形成的正三角区域。这种凝视会显得严肃认真。对方也会觉得你有诚意。

（2）社交凝视区域：以对方两眼为上线、下巴为顶角所形成的倒三角区域。这种凝视能给人一种平等、轻松感，从而创造出一种良好的社交气氛。

（3）亲密凝视区域：对方双眼到胸部之间的方形区域。凝视这一区域往往带有亲昵、爱恋的感情色彩，在亲人、恋人、家庭成员之间较为常见，所以非亲密关系的人不应凝视对方的这一区域，以免引起误解。

2）视线

铁路客运服务人员要注意目光注视的角度。视线角度可以分为三种。

（1）平视。

观察物与眼睛平齐时，视线水平送出，即为平视。与人交谈时应当尽量做到平视对方，在服务工作中，平视是一种常规要求。平视表现出双方地位的平等，使铁路客运服务人员可以不卑不亢地投入工作。

（2）仰视。

抬起头朝上看容易表现出敬仰、高度重视的态度。低着头朝上看往往表现出羞涩、胆怯、谦虚、低调。铁路客运服务中仰视并不多用。

（3）俯视。

俯视他人往往带有自高自大、傲慢不屑的意味，服务中应该避免使用这种视线。如果对方的位置低于自己的眼睛，例如旅客坐着，铁路客运人员站着时，则应当轻微俯身，尽量减小俯视角度。

3）目光运用技巧

（1）正视对方。

目光属于表情范围。眼睛是心灵的窗口，与人打招呼、交谈、致谢、道歉时，如果能够用眼睛看着对方，会使人感到你的真诚、友善、信任、尊重。交谈中，还要注意在目光注视对方的同时，应使身体伴随对方的移动而适当转动，尽量使自己面朝对方、注视对方，这是一种基本礼貌，斜眼看人、扭头视人或者偷偷看人，都难以表达出尊重他人的意思。

（2）注视对方。

与人交谈时，不要不停眨眼，不要眼神飘忽，不要目光呆滞。这些都会使对方产生不信任感，与人交谈应始终保持目光接触，表示对对方的尊敬，如果目光左顾右盼、东张西望，对方会感到你是心不在焉，缺乏诚意的。注视中应当正确把握视域，非亲人之间，注视对方的头顶、胸部、腹部、臀部或大腿，都是失礼的表现。特别是与异性交谈中，更要注意控制视域。

（3）避免盯视、扫视。

服务工作中忌目光闪烁，盯住对方或斜视、瞟视。如果一直盯着对方看，会给对方形成心理压力，让对方感到紧张，因此，目光的运用应该“散点柔视”，即让目光均匀地洒在对方身上。如果谈话中出现短暂的沉默，应当将视线暂时从对方脸上移开，恢复交谈时再看着对方。

4）微笑

铁路客运服务人员要给旅客以亲切、真诚的微笑。在铁路客运服务人员面部仪态中，应当把真诚、甜美的微笑放在首位，养成微笑服务的意识。微笑是铁路客运服务人员工作的职责所在。

铁路客运服务人员微笑如图 1–33 所示。

图 1–33　铁路客运服务人员微笑

（1）基本要求。

笑与神、情、气质相结合，与语言相结合，与仪表和其他仪态相结合，会取得良好的效果。铁路客运服务人员应练就主动微笑、自然大方地微笑的本领并掌握微笑的最佳时机和微笑的原则。

（2）七大微笑原则。

① 主动。作为一名训练有素的铁路客运服务人员，在与旅客目光接触的同时，首先应向对方微笑，然后再开口说话表示欢迎，这会给人以彬彬有礼、热情周到的印象，主动创造出一个友好、热情并对双方都有利的交流气氛和场景，也会因此赢得对方的信任。

② 自然大方。微笑时要目光有神，神态自然，热情适度，这样才显得亲切、真诚、温暖、大方，使旅客心情放松，有“宾至如归”的感觉，千万不可表演色彩过浓、故作姿态和生硬应付。

③ 眼中含笑。一个人是不是开心、真诚地笑，从其眼神中就能找到答案，所以，作为铁路客运服务人员，要眼中含笑，让旅客感受到你是在用心地微笑。

④ 真诚。铁路客运服务人员对旅客的微笑，应该是发自内心的。微笑既是对旅客表示欢迎，又是对自己形象礼仪的展示，因此，真诚地微笑、真实地展现自己，才能让旅客和自己都得到快乐，都感觉到舒适。在旅途中，旅客有愉快的心情，才会积极地配合铁路客运服务人员的工作。

⑤ 健康。微笑应该是健康的、爽朗的，自身状况不佳时，即使露出笑脸，也会给人不自然的感觉。铁路客运服务人员在工作之余，要注意保持个人身体健康、心情舒畅。

⑥ 最佳时机。铁路客运服务人员在目光与客人接触的瞬间，就要启动微笑，此时铁路客运服务人员应目光平视旅客、坦然自信，不可斜视旅客，也不要有羞涩之感，微笑的最佳时长以不超过 3 秒为宜，时间过长会给人假笑或不礼貌的感觉。

⑦ 天天微笑。对铁路客运服务人员来说，微笑应是自然的表情，为此应让自己保持天天微笑的习惯，不能高兴就微笑，不高兴就不微笑，要养成一到工作岗位，就能抛开一切个人的烦恼、不安、不快情绪，振奋精神，热情地为旅客服务。有了良好的微笑习惯，才能让微笑服务进入新的境界。

（3）标准微笑的培养方法。

铁路客运服务人员在练习微笑的时候要注意以下几点。

① 眉位提高，眼轮匝肌放松。

② 两侧颊肌和颧肌收缩，肌肉稍隆起。

③ 两面侧笑肌收缩，并略向下拉伸，口轮匝肌放松。

④ 嘴角含笑并微微上提，嘴角似闭非闭，以不露齿或仅露不到半牙为宜。

⑤ 面含笑意，但不能笑容过于显著，嘴角微微向上翘起时，让嘴唇略显弧形。

⑥ 注意不要牵动鼻子，不发出笑声。

⑦ 注意自己的口型、面部与其他部位的配合。要注意声情并茂，气质优雅，表现和谐，眉、眼、神情、姿势协调行动。微笑的同时目光柔和发亮，双眼略为睁大，眉头自然舒展，眉毛微微向上扬起。

（4）微笑的训练方法。

① 模拟微笑训练法。模拟微笑训练法的训练步骤如下：

a）轻合双唇；

b）两手食指伸出，其余四指向掌心内收拢，食指尖对接，放在嘴前 15～20 cm 处；

c）让两食指尖以缓慢的速度分别向左右移动，拉开 5～10 cm 的距离，同时嘴唇随两食指的移动速度而同步加大唇角的展开度，形成美丽的微笑，并让微笑停留数秒。

图 1-34　用含筷法进行微笑训练

② 含筷法。如图 1-34 所示，选用一根洁净、光滑的圆柱形筷子，横放在嘴中，用牙轻轻咬住（含住）以观察微笑状态。

③ 口型对照法。通过一些相似性的发音口型，找到适合自己的最美的微笑状态，如“一”“茄子”“呵”“哈”等。

（5）微笑的禁忌。

微笑要直率而不鲁莽，活泼而不轻佻，自然而不呆板，热情而不过分，轻松而不懒散，大方而不失措。

2. 静态仪态

1）站姿

铁路客运服务人员的站姿如图 1-35 所示。

（a）男性站姿　　（b）女性站姿

图 1-35　铁路客运服务人员的站姿

铁路客运服务人员站姿的动作要领如下。

（1）两脚跟相靠，两脚尖成 45°～60°角，身体重心位于前脚掌；

（2）两腿并拢立直，收腹，女性铁路客运服务人员右手轻握左手放于腹前（或腰后），男性铁路客运服务人员双手自然下垂；

（3）挺胸，肩往后展并保持放松，背部挺直；

（4）脖颈自然挺直；

（5）下颌微收，目光平视前方，面带微笑。

采用以上标准站姿动作，显得自然大方，分寸得当。切记站立时，不可探脖、塌腰、耸肩、双腿弯曲或抖动，手不可以插兜。

2）坐姿

铁路客运服务人员的坐姿如图 1–36 所示。

图 1–36 铁路客运服务人员的坐姿

铁路客运服务人员坐姿的动作要领如下。

（1）入座时，要轻、要稳。

（2）男性双膝可分开，脚尖朝前方，双手五指伸直或轻握拳放在腿上；女性入座时双膝小腿自然并拢，双手虎口交叉（右手在上），放在腿上，也可采用一腿交叉于另一腿之上，两小腿并拢与地面成 70°～80° 角的双腿交叉式坐姿。

（3）双肩平展，挺胸直腰，收腹。

（4）目光平视，下颌微收，面带微笑。

（5）谈话时，可以侧坐转身，面向对方，切忌转头不转身。

男性铁路客运服务人员采用良好的坐姿能展现男性的阳刚之美；女性铁路客运服务人员采用良好的坐姿能展现女性的典雅之美。坐下后切记不可抖腿、跷二郎腿、双腿直伸、托腮、趴伏及头部仰靠椅背。

女性铁路客运服务人员双腿交叉式坐姿如图 1–37 所示。

图 1–37 女性铁路客运服务人员双腿交叉式坐姿

3. 动态仪态

1）行姿

铁路客运服务人员的行姿如图 1–38 所示。

（a）男性行姿

（b）女性行姿

图 1-38　铁路客运服务人员的行姿

古人云：站如松，坐如钟，行如风。铁路客运服务人员在行走时应做到以下几点。

（1）上身挺直，两肩平稳，目光平视，下颌微收，面带微笑；

（2）手臂伸直放松，手指自然弯曲，摆动时以肩关节为轴，上臂带动前臂，走路时两臂自然摆动；

（3）脚尖稍微抬起，脚跟先接触地面，依靠后腿将身体重心推送到前脚掌，使身体前移；

（4）步幅适当，注意调节步速；

（5）行走路线要成一条直线。

行走不能弯腰驼背、歪肩晃膀，手臂不可大幅摆动，不要双腿过于弯曲、不成直线，不可步子太大或太小，不能上下颤动、扭腰晃臀，不要脚蹭地面。

上台阶时，前腿屈膝抬起，后腿微屈支撑，两脚交替踏上。两臂前后自然摆动，上体稍向前倾，头摆正，目视前方，用余光注意前下方；下台阶时，前腿脚踏楼梯，微微屈膝缓冲，脚尖略偏向外侧，两眼注视前下方，其他动作要领同上台阶。

铁路客运服务人员出勤行姿如图 1-39 所示。

（a）行进

（b）登车

图 1-39　铁路客运服务人员出勤行姿

2）蹲姿

蹲姿是日常生活、工作中不可避免的一种姿态。在公共场所，为了避免弯上身和翘臀部，拿取低处的物品或拾起落在地上的东西时，需要使用下蹲和屈膝动作。特别是女士穿裙装时，如不注意使用正确的蹲姿，背后的上衣就会上提，露出臀部皮肤和内衣，很不雅观，即使穿着长裤，两腿展开平衡下蹲，撅起臀部的姿态也不美观。

图 1-40 铁路客运服务人员的蹲姿

铁路客运服务人员的蹲姿如图 1-40 所示。

铁路客运服务人员应尽量少使用蹲姿，允许使用蹲姿的情况如下。

（1）整理着装。

使用蹲姿整理自己的鞋袜等。

（2）给予帮助。

使用蹲姿与儿童旅客交谈，或协助运送物品等。

（3）提供服务。

使用蹲姿打扫卫生，摆放行李物品等。

（4）捡拾物品。

使用蹲姿捡拾物品。如果站在物品的左方，下蹲时左脚在前，右脚稍后（不重叠），两腿靠紧，反之亦然。

3）鞠躬

鞠躬也称为弯腰行礼，主要起“弯身行礼，以示恭敬”的作用，是表示对他人敬重的一种郑重礼节。鞠躬不仅是我国的传统礼仪之一，也是很多国家常用的礼仪，尤其在韩国、日本等国家，人们经常行鞠躬礼。鞠躬一般是下级对上级或同级之间、学生向老师、晚辈向长辈、铁路客运服务人员向旅客表达由衷敬意的一种礼节。

行鞠躬礼时，应采取立正姿势，脱帽，双目注视受礼者，面带微笑，以腰部为轴，整个肩部向前倾 15° 以上（具体视行礼者对受礼者的尊敬程度及行礼情境而定），目光也随之自然下垂，表现出一种谦恭的态度。行礼时，可以同时问候“您好”“早上好”“欢迎光临”等。鞠躬礼毕，直起身时，双目还应有礼貌地注视对方，使人感到鞠躬动作的诚心诚意。鞠躬时，脖子不可伸得太长，不可挺出下颌；下身保持正确的站立姿势，两腿并拢；双目注视对方的胸部，视线随着身体向下。切不可随便弯一下腰或只往前探一下脑袋当作行礼，这是对受礼者的不尊重。生活中应该避免一面鞠躬一面抬起眼睛看着对方。

男性在鞠躬时，双手自然下垂，贴放于身体两侧裤线处，女性则将双手轻搭在腹前。长辈、上级、老师、宾客等受礼者还礼可不鞠躬，而用欠身、点头、微笑致意以示还礼，其他人应以鞠躬礼相还。

不同的鞠躬角度表达出不同的意味。

（1） 15° 鞠躬礼，在对旅客进行礼貌性问候及打招呼时使用；

（2）向旅客表示感谢时，可行 30° 鞠躬礼；

（3）当向旅客表达歉意时，可行 45° 鞠躬礼。

铁路客运服务人员行 15° 鞠躬礼如图 1-41 所示。

图 1-41　铁路客运服务人员行 15° 鞠躬礼

铁路客运服务人员行 30° 鞠躬礼如图 1-42 所示。

图 1-42　铁路客运服务人员行 30° 鞠躬礼

4）手势

在当今社会，各种形式多样的手势已经成为人们交流沟通时不可缺少的形式，手势包含着丰富的礼仪含义。在与人交往中恰当地运用手势来表情达意，能够起到良好的沟通作用，也会使自己更显优雅。

（1）递接物品。

递接物品时以双手为宜，不方便双手并用时，也要采用右手，用左手递接物品通常被视为无礼的表现，将有文字的物品递交他人时，须使文字正面朝向对方递上；将带尖、带刃或其他易于伤人的物品递于他人时，切勿以尖、刃直指对方。

铁路客运服务人员递接物品如图 1-43 所示。

（2）展示物品。

将物品举至高于双眼之处，适用于向众人展示物品；将物品举至上不过眼部，下不过胸部的区域，适用于让他人看清展示之物。

图 1-43　铁路客运服务人员递接物品

（3）指示方位。

① 横摆式手势，手臂向外侧横向摆动，指尖指向要指示的方向，适用于指示方向。

② 直臂式手势，手臂向外侧横向摆动，指尖指向要指示的方向，手臂抬至肩高，适用于指示物品所在位置。

③ 曲臂式手势，手臂弯曲，由体侧向体前摆动，手臂高度在胸以下，适用于请人进门或先行。

④ 斜臂式手势，手臂由上向下斜伸摆动，适用于请人入座。

以上四种指示方位的手势，都仅用一只手臂，另一只手臂可垂在身体一侧或放于身后，女性也可将另一只手臂放于腹前。

曲臂式手势如图 1-44 所示。

斜臂式手势如图 1-45 所示。

图 1-44　曲臂式手势

图 1-45　斜臂式手势

（4）握手。

行握手礼时，要遵循“尊者优先”原则，即地位高者、年长者、女士等先伸手，地位低者、年轻者、男士等后伸手；要注意用力大小，握手时，握紧对方的手，力量应当适中；要注意时间长短，握手时，一般三至五秒即可；要注意相握方式，应先走近对方，右手伸出，掌心向里，握住对方的手掌，双手相握后，应目视对方双眼，将手上下晃动两三下。握手时应伸出右手，不能伸出左手与人相握。

握手如图 1-46 所示。

图 1-46　握手

（5）常见的错误手部动作。

① 指指点点。勾动食指或除拇指外的其他四指招呼别人，以及用手指指点他人，都是失敬于人的手势。食指指点他人，即伸出一只手臂，食指指向他人，其余四指握拢这一手势，因有指责、教训之意，尤为失礼。

② 随意摆手。铁路客运服务人员在工作中，不要随意向对方摆手，即不要将一只手臂伸出，手指向上，掌心向外，左右摆动；也不要掌心向内，手臂由内向外地摆动。这些手势都有抵触、拒绝、不耐烦之意。

③ 双臂交叉于胸前。这种姿势往往有傲慢、气愤的味道，或带有置身事外、旁观他人、观看笑话之意，铁路客运服务人员在工作中应特别注意避免使用这种手势。

④ 摆弄手指。一些男性喜欢挤压自己的手指，发出关节的响声，或是反复做握拳后再松拳的动作，这些动作都会让旁人感到厌恶。

⑤ 手插口袋。手插口袋容易给人懒散、随意的感觉，铁路客运服务人员在工作中应避免使用这种手势。

⑥ 伸懒腰。伸懒腰是劳累、困倦的表现，铁路客运服务人员在工作时打哈欠、伸懒腰，会给人懒散、懈怠之感。

任务三　语言礼仪

语言是人们表达意思、交流思想的工具。语言表达是一种技能，也是一门艺术。语言不仅能衡量一个人的业务能力水平，而且可以反映一个人的思想、道德、修养水平。铁路客运服务人员必须重视语言礼仪，不断提升个人的语言礼仪修养。

语言是人们交流信息、表达情感、建立良好人际关系的工具。俗话说“良言一句三冬暖，恶语伤人六月寒”，可见语言对人际交往效果的影响特别大。铁路客运服务人员能否掌握语言艺术和应用语言技巧，将直接影响旅客的心理反应。一句不中听的话，往往会刺激对方，导致争吵或对骂，进而影响到运输部门的声誉。优雅的举止、文明的语言、和蔼的态度能使旅客心情舒畅、愉快，即使出现分歧，通过温和、文雅、彬彬有礼的语言，也可以避免冲突的发生，显示运输企业员工良好的教养和素质，从而树立运输部门良好的企业形象。旅客在列车上得到热情的、周到的服务也是他们的合理权益。

只有在尊重的基础上才能做到语言和气、文雅、有礼貌。语言礼仪是以尊重为基础的。如果你对别人不尊重，就不会由衷地说出文明礼貌的话语。文明礼貌的谈吐，会让对方产生受到尊重、礼让的感受。反之，说话大大咧咧，满不在乎，脏话、粗话、怪话连篇，只能给旅客留下没有教养的坏印象。

对铁路客运服务人员来说，掌握良好的语言礼仪是实现优质服务的必备条件之一。铁路客运服务人员说话的水平，直接影响到服务的水平和运输部门的声誉，所以，在客运服务中，讲究语言艺术是非常重要的，这不仅是工作的要求，同时也是衡量一个人涵养和能力的重要尺度。铁路客运服务人员对旅客说话必须注意语言的规范性、礼节性、完整性、准确性、逻辑性、策略性，说话的声调要温和、亲切、谦逊，切不可说脏话、粗话、怪话，更不可用粗野庸俗的话语刺激、侮辱旅客。良好的语言表达能力是可以在生活实践和工作实践中培养、锻炼出来的。

语言礼仪中的沟通技巧将在本书之后的项目中进行具体介绍。

任务四 服务理念

服务理念是指人们从事服务活动的主导思想意识和对服务活动的理性认识。服务理念是在一定的经济、文化环境的影响下，在实践中逐渐形成的。

铁路客运服务人员在工作中要贯彻“旅客至上”“人性化”“无干扰”的服务理念。

一、贯彻“旅客至上”的服务理念

客运服务的对象是旅客，为旅客服务是旅客运输的中心工作。旅客是运输企业的衣食父母，必须把他们摆在“至上”的位置，此理念即“旅客至上”理念。这种服务理念是在人们生活水平提高、文化水平提高，以及市场竞争加剧的形势下逐渐形成的。“旅客至上”四个字，内涵丰富，要落实这个理念，须有正确的服务态度并将其贯彻到服务过程的始终。例如，××次列车曾经发生这样一件事，几位旅客到餐车用餐，为其中一位旅客庆祝生日，准备点燃生日蜡烛。列车乘务员发现此情况，考虑到列车安全，立即上前劝阻说：“列车在山区运行，摆动大，平稳性不好，蜡烛容易倒在桌上，引燃塑料台布并引起火情，十分危险。”然而旅客并不理睬列车乘务员的劝阻。此时，列车长到列车广播室为过生日的旅客点播了一首生日歌曲，随着音乐的响起，乘务员送上一碗长寿面并亲自道了一声“生日快乐”，旅客非常感动，满意地笑了，自觉地熄灭了蜡烛。铁路客运服务人员在严格执行规章制度的前提下，遵循“旅客至上”的服务理念，满足旅客的愿望，就能取得旅客的理解与支持。

“旅客至上”的理念是每个铁路客运服务人员必须遵循的。在工作过程中，要将全心全意服务旅客作为工作的重要前提，运输企业离不开旅客，旅客是我们服务的对象，旅客的到来，不是对我们的打扰，而是要享受我们的服务。旅客的合理需求应该得到满足，只有感受到热情周到的服务，旅客才会满意。铁路客运服务人员应真诚地体谅旅客、理解旅客，当旅客对服务提出意见时，应站在旅客的角度多检讨自己，纠正不足，更好地为旅客服务。

二、贯彻“人性化”的服务理念

旅客在旅行中的需求是运输企业提供服务的前提。旅客需求具有丰富的内容和层次，旅客出门旅行是一种有目的的活动，他们的情绪、愿望随时都会表现出来并带有强烈的个性心理特征。从服务与被服务的关系看，所谓人性化服务，就是铁路客运服务人员有针对性地满足旅客旅行个性化需求的服务。从心理学角度分析，人的需求分为生理需求、安全需求、社会需求、尊重需求和自我实现需求等。

就运输而言，基本需求主要指旅客在旅行过程中的基本生理需求，例如安全、准时地到达目的地，提供容身空间、吃饭、喝水、上厕所等便利条件。对所有旅客的基本需求均须满足，客运服务工作首先要解决旅客的基本需求问题，基本需求不解决，谈不上满足高层次的需求。

在满足旅客的基本需求之后，服务的重点在于满足不同层次旅客的高层次需求。如可重点介绍沿途的名胜、旅游的安全注意事项等；遇节假日可为旅客赠送节日礼品，开联欢晚会；为旅客过生日、为新婚青年开庆祝会等。通过这些活动，丰富旅客的旅行生活，使旅行成为一种享受，这些都是满足旅客高层次需求的表现。

要让旅客不仅“走得了”，更要“走得好”。例如过去运输企业总是把春运、暑运看作是负担，把“走得了”作为运输旅客运输的工作目标。随着经营理念的改善，运输部门已经把“走得了”与“走得好”结合起来。以整洁的环境、完善的设施、高附加值的优质服务让广大旅客高高兴兴地到达目的地。“人性化”的服务理念将大幅度提升运输企业的竞争力。

例如，对单独乘车、行动不便的老年旅客、孕妇旅客，全程照顾服务；对残疾、重病旅客，提供轮椅、担架和“120”陪护服务；对 VIP 贵宾，提供安全、有序、顺畅的等候服务。人们能感受到运输部门对旅客的人性关怀，这便是贯彻“人性化”服务理念的表现。

三、贯彻“无干扰”的服务理念

标准化服务是铁路客运服务的特色，“无干扰”服务是旅客的需要。为了保证旅客运输的服务质量，运输部门长期执行的是标准化作业，铁路客运服务人员严格按作业标准为旅客提供服务。随着“人性化”服务理念的贯彻，开展“无干扰”服务的时机已经成熟。推行“四轻、三动”的无干扰服务法，“四轻”为说话轻、走路轻、关门轻、动作轻；“三动”为旅客坐我勤动，旅客静我少动，旅客睡我轻动。

“无干扰”服务理念在做到“无需求无打扰”的同时，更要注意做到在旅客有需求时，及时提供相应的服务。旅客需要的部分服务如表 1-1 所示。

表 1-1　旅客需要的部分服务

序号	项目	需要的服务	提供服务的单位
1	计划旅行	获得各种详细的信息，如时刻表、车票、目的地旅馆、市内交通等信息	铁路运输部门及相关单位
2	订车票	多种便捷的售票、订票服务	铁路运输部门及代理机构
3	托运行李	能方便地托运行李并能委托相应机构进行门到门服务	铁路运输部门及相关单位

续表

序号	项目	需要的服务	提供服务的单位
4	等候	舒适、安全的等候环境；便捷、安全的行李寄存服务；购物、就餐等商业活动	铁路运输部门及商业机构
5	上车	通过明确的指示标志，顺利登乘交通工具	铁路运输部门
6	途中	舒适、安全的环境；正晚点信息；娱乐、餐饮、办公等环境	铁路运输部门及餐饮机构
7	下车	准确的到达、停留信息；换乘信息；目的地天气、旅馆信息	铁路运输部门及相关单位
8	离开站场	通过明确的指示标志，顺利离开站场	铁路运输部门
9	转乘市内交通	市内交通信息	相关单位
10	旅游或其他事宜	旅游信息或其他相关信息	相关单位

旅行中，旅客需要的服务很多，其中很多项目不是运输部门一家能完全提供的，但对旅客来说，只要他能以最便捷的方式得到高质量的服务，他不在乎这项服务由谁提供。例如，旅客到达目的地后需要去旅游，如果旅客在交通工具或站场的代理点办理旅游登记能够享受到同等质量的旅游服务，对其而言，也是一种便捷的选择。为了提供全方位、全过程的客运服务，铁路企业必须与一些相关单位如民航、公路、邮政、零售商业机构进行合作，方便旅客的同时，也增强了铁路企业的竞争力。

任务五　服务心理

一、旅客心理

1. 旅客旅行的心理活动

人的心理决定着人的行为。人的心理是人参与各项活动的内在动力。不同的旅客有着不同的心理。旅客选择交通工具出行的心理与在其他场合的心理是不一样的，有其特殊性。一个人从购票、进站场到到达目的地离开、验票出站场，其心理活动和行为往往会与平时的表现不同，安全、顺利、快捷、方便、经济、安静等的心理要求会比较突出。进站场能方便、舒适；乘坐时空间较大，空气清新，温度适宜；途中能消遣娱乐，听听新闻、看看文艺节目；希望能够提前通报到站站名，避免坐过站、下错站；出站时导引清楚，方便快捷，这些心理的满足是与其他场合不一样的，铁路客运服务人员必须了解这种特殊性，才能有针对性地做好服务工作，让旅客满意。

按照人类心理活动的规律性和层次性，可以把旅客旅行心理分为两大类：生理需求心理、精神需求心理。生理需求，也称为物质需求，包括吃、住、用等方面，其要求安全、舒适、方便、卫生。人们出门在外，首先顾虑的就是身体的安全和健康，只有在安全的前提下，才能顺利进行旅行活动并到达目的地。人们离开家门时，亲人、朋友都会预祝其“一路顺风”，意思就是平平安安到达目的地。这充分表明了人们把安全需求放在头等重要的地位。如果安全的需求得不到满足，这将是无法忍受的，会导致不良情绪的产生，使旅客烦闷、焦躁不安。

精神需求，是除了生理需求之外的其他需求，精神需求要求得到别人的关心、尊重、理解。铁路客运服务人员的关心、理解、尊重对旅客的旅行至关重要。旅客在交通站场及交通工具上难免产生寂寞感和孤独感，需要同别人接触交谈，需要相处和谐、愉快，希望欣赏歌曲、文娱节目。特别是老年旅客、行动不方便的旅客、带小孩的旅客更需要铁路客运服务人员给予特别的关心和照顾。

2. 旅客的心理活动分类

1）按自然构成分类

旅客的自然构成是指旅客性别、年龄的自然状况，如旅客按性别分男旅客、女旅客；按年龄分老年旅客、中年旅客、青年旅客、少年旅客、儿童旅客等。不同性别、不同年龄的旅客，其旅行目的、旅行需求、心理活动的表现方式等都是有区别的，应针对不同的对象，采取不同的服务方式。

2）按社会构成分类

旅客的社会构成是指旅客在职业、种族、国籍等不同的社会因素上的差异。不同的文化素养，从事不同的职业，不同的经历和经济收入，其心理需求便不一样，心理活动的表现形式也是不一样的。铁路客运服务人员应按旅客的社会构成来差异性地满足旅客的不同心理需求。

3. 旅客职业心理分析与服务

在社会生活中，由于职业的不同、经济收入的不同，形成不同的心理活动和需求是很正常的，因此，应根据不同职业旅客的心理活动，提供有针对性的服务。下面对工人、农民、公务员三种职业的旅客的心理进行分析。

工人旅客组织性、纪律性较强，经济收入不高，能体谅铁路客运服务人员工作的辛苦，能较自觉地遵守规章，协助和支持客运服务工作。

农民旅客出门打工谋生，他们往往是成群结队出行，携带的物品比较多，由于人数众多，又爱集中出行，容易形成客流高峰。如果是第一次出门，缺乏乘坐交通工具的常识，不会使用自动售、检票机，听不懂广播的内容，铁路客运服务人员对他们的询问要耐心给予解答。

公务员旅客有一定的文化修养，知识面广，希望有一个整洁卫生、安静舒适的环境。他们关心服务工作，很注意铁路客运服务人员的服务态度、服务作风、服务水平，常常提些意见和建议。因此为他们服务时尤其要注意做到文明礼貌、热情周到。

4. 旅客共性心理

旅客共性心理主要表现在要求人和物品快捷、安全到达目的地，环境舒适，人格受到尊重等方面。

1）要求方便快捷的心理

旅客选择交通工具出行，方便快捷是重要的考虑因素，铁路客运服务人员应竭尽全力满足旅客要求方便、快捷的心理。例如，高效稳妥地组织旅客上、下车及乘坐电梯，到达前，通告到站站名，等等，这些服务可以使旅客感到方便，心情舒畅。

2）要求安全的心理

所谓“一路平安”就是不发生任何旅客人身安全和财物安全的意外事故，这是大家的共同愿望。安全是旅客最核心的要求，运输企业必须保证旅客乘坐交通工具位移时，不发生运行、火灾、爆炸等事故，这就要求铁路客运服务人员将安全管理工作放在第一位，全力保证旅客的安全。

3）要求环境舒适的心理

随着人们生活水平的提高，旅客出门旅行的要求越来越高，对卫生环境的要求也越来越高。如果站车内是一个脏、乱、差、异味弥漫的环境，旅客自然心中不快；如果是一个清洁、卫生、舒适的环境则会使旅客心情愉快。

4）要求人格受到尊重的心理

尊重的需要包括自我尊重和得到别人的尊重。旅客不仅需要得到铁路客运服务人员的服务，更需要得到尊重，不能用不礼貌的语言和行为对待旅客，需要给予旅客包括国籍、民族、风俗习惯、兴趣爱好、年龄、性别、体态特征等方面的尊重。旅客在列车上，希望听到铁路客运服务人员对他们的尊称；希望铁路客运服务人员对他们热情而有礼貌，不说粗话、不讲脏话，说话态度和蔼。对经济收入不高的旅客，铁路客运服务人员不能流露出丝毫看不起的神态。对生理有缺陷的旅客，铁路客运服务人员不能有歧视的态度，要尽量提供方便，给予同情和照顾。有过错的旅客，也希望得到铁路客运服务人员的谅解和尊重，因此，铁路客运服务人员对旅客要一视同仁，平等待客，不以貌取人，不居高临下，不盛气凌人，坚持礼貌待客，微笑服务，做到旅客上车有迎声，问事求助有回声，工作失礼有歉声。

5）要求轻松愉快的心理

在交通工具上，人员集中，活动空间有限，空气不流通，容易使人心烦和困倦。为使旅客摆脱这种心理状态，可以通过播放旅游知识节目、文艺娱乐节目等形式增加旅行的情趣，旅客不仅可以增加一些见识，而且会感到轻松愉快。

二、铁路客运服务人员的服务心理

1. 铁路客运服务人员服务的基本原则

很多矛盾冲突往往是由于双方在交往过程中缺乏彼此的尊重所造成的，比如，铁路客运服务人员对于有意见的旅客反唇相讥，拿旅客的言行当谈资，以貌取人等，造成旅客对服务态度的投诉等。因此，铁路客运服务人员首先要学会尊重旅客，把握尊重旅客、理解旅客的服务内涵，学会从旅客的角度看待和处理问题。

1）热情待客

铁路客运服务人员在工作中不仅不能怠慢、排斥、挑剔旅客，而且还应积极、热情、主动地接近旅客，淡化彼此之间的戒备、抵触和对立情绪，将旅客当作自己家人看待。

2）重视旅客

铁路客运服务人员对旅客的尊重应表现为真诚对待旅客，主动关心旅客的需求和感受。

3）赞美旅客

铁路客运服务人员应善于发现旅客的优点并进行发自内心的赞美。从心理学的角度来讲，每个人都喜欢听赞美之词，所有人都希望自己能够得到别人的欣赏与肯定。

2. 铁路客运服务人员的角色定位

（1）铁路客运服务人员是旅客的秘书，许多旅客对运输设备、设施和服务内容都不够了解，铁路客运服务人员应该向旅客进行耐心解释和热情服务，消除旅客的疑惑，为旅客提供满意的服务。

（2）旅客是运输企业及铁路客运服务人员的衣食父母，铁路客运服务人员的工作职责就是为旅客提供满意的服务，让旅客感觉到“宾至如归”，想旅客之所想、急旅客之所急，这样才能提升旅客的满意度和信任度。决不能对旅客不理不睬，置若罔闻。

（3）铁路客运服务人员还应根据运输行业的特点，在服务内涵方面进行准确定位，按照社会对自己所扮演的角色的常规要求、限制和看法，来对自己的形象进行设计。

3. 铁路客运服务人员的服务意识

（1）服务意识是满足旅客潜在需求的服务能力。铁路客运服务人员要能及时、准确地发现旅客的潜在需求，主动关心旅客，学会察言观色，主动与旅客沟通，通过旅客的言行举止来发掘旅客的潜在需求，尽可能地满足旅客的要求。

（2）积极主动地为旅客着想。铁路客运服务人员身负为旅客服务的责任，应该积极主动地想旅客之所想，急旅客之所急，为旅客排忧解难。

（3）耐心周到地为旅客服务。铁路客运服务人员应该根据不同旅客的性格特点，耐心地为旅客办理业务、解答咨询，用心为旅客服务。

4. 铁路客运服务人员的服务心态

很多铁路客运服务人员在服务的过程中受到旅客情绪波动的影响或由于工作中不顺心的事情而影响了为旅客服务时的态度和质量，牢骚满腹，甚至将不高兴的情绪传染给所服务的旅客，这必然会对旅客的心情产生影响，导致旅客对服务工作不满意。我们应清醒地认识到为旅客服务是每一位铁路客运服务人员的基本职责，不应该把自己的情绪带到工作中来，不能影响运输企业对外的形象。如果不积极调整自己的情绪，没有大局观念，就会直接影响到旅客对服务工作的满意度和自己的职业发展。

三、良好的心理素质及其培养训练的方法

1. 铁路客运服务人员良好心理素质的表现

1）情绪控制能力

情绪控制能力包含准确认识和表达自身情绪的能力、有效调节和管理情绪的能力两个方面的内容。

当客流量大的时候，情绪控制能力较强的铁路客运服务人员，能保持不急不躁、不慌不忙、镇定自若、沉稳冷静的情绪进行正常工作；情绪控制能力较弱的铁路客运服务人员，则表现为惊慌失措、思绪混乱、顾此失彼、额头和掌心冒汗、语调失控。当客流量小的时候，情绪控制能力较强的铁路客运服务人员能保持良好的精神面貌；情绪控制力较弱的铁路客运服务人员又呈现精力难以集中、心不在焉、掉以轻心的状态。因此，铁路客运服务人员拥有良好的情绪控制能力是非常重要的。

2）沟通协调能力

性格内向、孤僻、冷漠、敏感的铁路客运服务人员在沟通协调能力方面往往比开朗、大度、坦诚、友善的铁路客运服务人员要差得多。

3）语言表达能力

语言表达能力对于铁路客运服务人员来说极其重要，语言是和旅客进行沟通的关键所在。有良好的语言表达能力才能为旅客更好地服务。因此，具备良好的语言表达能力是每位铁路客运服务人员必备的素质。

4）良好的意志品质

（1）自我激励。

无论身处怎样的境地，都应具有将自己的热情、能力调动起来形成强大动力的思想意识，只有具备这样的思想意识，才能始终保持乐观自信、积极进取的心态。

（2）对学习、工作有浓厚兴趣。

无论是谁，如果他对自己所做的事情没有兴趣，他是不会主动积极地去完成这件事情的，即使有外在的压力迫使，让他不得不去做，他也不会心甘情愿地去完成任务。相反，一个人从事自己所喜欢、感兴趣的工作，即使面临再大的困难，他也会积极地想办法去解决困难，完成任务。铁路客运服务人员要对自己从事的客运服务事业保持浓厚的兴趣，用积极的心态去工作。

2. 良好心理素质的培养训练方法

心理素质主要体现在人的情绪、意志品质、气质和性格等多个方面。其实，对于铁路客运服务人员来说，坚忍的品质是心理素质中最为重要的素质之一，什么是坚忍？即坚持加忍耐。具体来说就是不受自己情绪的干扰，不受外界眼光及言论的影响，冷静从容地做自己该做的事。不祈求奇迹、不依赖他人、不满足现状、不放弃诚信，把改变现状、达成目标的责任承担起来。培养良好的心理素质要做到以下几点。

1）学会控制情绪

铁路客运服务人员在为旅客进行服务的时候可能会遇到一些刁蛮、说话粗鲁或是“动手动脚”的旅客，这时一定要控制好自己的情绪，一定要心平气和地对待每一位旅客。

2）要正确地认识、肯定自己

一个人不自信主要表现在：一是缺乏成功的体验；二是缺乏客观公正地进行自我评估的能力。要抛弃自卑，就要战胜自我，战胜自我的前提是必须客观地了解自己，所谓“知彼知己，百战不殆”。铁路客运服务人员要为自己树立一个目标，要有坚定的信念，相信通过自己的努力能够实现这个目标，同时也要对自己有一个科学、合理的评估。

3）克服惰性思想

一个人的惰性对于工作的消极作用是非常可怕的。无论什么样的技巧或方法，一定要付诸实践，不能纸上谈兵。我们必须克服惰性思想，要积极地去面对每一项工作。

4）认真审视自己

要正确地审视自己的缺点，不断地提升、锻炼自己。

（1）具有充分的适应力。

（2）不脱离现实环境。

（3）善于从经验中学习。

（4）能保持良好的人际关系。

（5）能适度地发泄情绪和控制情绪。

5）学会与人沟通，习惯与陌生人交往

有些人害怕和陌生人接触、交往，这就是心理素质欠缺的体现。我们应该打开心扉去接受这个世界的未知，锻炼出良好的交际沟通能力和面对陌生环境的良好适应能力。旅客对于铁路客运服务人员来讲，绝大多数是陌生人，只有我们把他们当作自己的家人或朋友，为旅客服务时才不会有紧张感，才能够自然而然地满足每一位旅客的需求，才不会因自己的紧张或其他原因而造成工作上的失误。

良好的心理素质是其他礼仪的基础，是每一位铁路客运服务人员必须掌握的基本服务素养。铁路客运服务人员要在日常工作、生活中通过训练来培养自己良好的心理素质。

项目二
铁路车站客运服务礼仪

项目导语

铁路车站是连接旅客与运输企业的窗口，旅客在车站要完成购票、托运行李、等候、检票、出站场等多个事项，车站服务是否到位直接影响着旅客的出行体验。铁路客运服务人员必须严格执行旅客运输服务质量规范，在服务过程中有礼有节，既要熟练运用铁路行业的服务技能，又要具备良好的客运礼仪风范。

知识点

（1）铁路车站客运人员的岗位分工；

（2）铁路车站窗口售票员、检票口客运员、站台客运员、出站口客运员、问讯处客运员、贵宾室客运员、安检客运员（安检引导员、安检值机员、安检身检员、安检处置员）的服务质量标准；

（3）铁路车站现金售票、银行卡售票作业流程，互联网购票的取票作业流程，电话订票的取票作业流程；

（4）铁路车站安检引导员、安检值机员、安检身检员、安检处置员相互配合的作业流程；

（5）铁路车站始发列车站台组织流程，终到列车站台组织流程；

（6）铁路车站出站口验票流程；

（7）铁路车站贵宾室接待服务流程；

（8）铁路车站问讯处帮助重点旅客服务流程；

（9）高铁站各岗位服务礼仪规范。

技能目标

（1）掌握铁路车站不同岗位的职责及服务质量标准；

（2）熟悉各岗位作业流程；

（3）掌握各种情况下的售票作业流程；

（4）提高团队的协作能力，各客运岗位相互配合，满足旅客在车站的多种需求；

（5）掌握安检、站台、出站口、问讯处、贵宾室等岗位的作业流程；

（6）熟悉不同岗位的服务礼仪要求；

（7）能够将客运服务礼仪运用于作业的全过程。

项目结构框图

- 铁路车站客运服务礼仪
  - 客运岗位的分工及要求
  - 铁路车站客运服务流程
  - 铁路车站服务礼仪规范

任务一 客运岗位的分工及要求

铁路车站客运工作岗位包括站长、车间主任、值班主任、客运值班员和车站客运员，其中直接为旅客提供服务的工作人员为车站客运员。通常在大中型铁路车站，与旅客直接有正面接触的客运部门有售票车间、客运车间和安检车间，直接接触旅客的岗位主要有：窗口售票员、检票口客运员、站台客运员、出站口客运员、问讯处客运员、贵宾室客运员、安检客运员。安检客运员又可分为：安检引导员、安检值机员、安检身检员和安检处置员。

一、窗口售票员

窗口售票员如图 2-1 所示。

图 2-1 窗口售票员

窗口售票员服务质量标准如表 2-1 所示。

表 2-1 窗口售票员服务质量标准

岗位职责	服务质量标准
参加点名会： （1）检查着装和仪容仪表； （2）接受班前业务试问； （3）摘抄文电、命令	（1）穿着规定制式服装，不混搭混穿，仪容仪表整洁，女性窗口售票员化淡妆上岗，职务标志齐全完整； （2）接受业务试问，按要求回答； （3）明确文电、命令指示的重点事项，工作预想到位
请领找零基金	找零基金当面清点，清点正确后在找零基金登记簿上签字确认

续表

岗位职责	服务质量标准
对岗接班	列队上岗，走姿端正，经指定线路进入售票厅。做到票据交接正确，设备使用状态良好，备品齐全，环境卫生清洁
填写客货票据和进款交接班登记簿	在客货票据和进款交接班登记簿上正确填写本窗口各种票据名称、起止号、数量。字迹清楚、不潦草、不省略。新请领的票据要及时登记。客货票据和进款交接班登记簿如有书写错误，及时用红笔画双杠加盖人名章，在相应栏内的上二分之一处书写正确内容
解答旅客询问	解答旅客询问时，要面向旅客、面带微笑。使用文明用语，态度和蔼、音调适宜。仔细查询、有问必答
正确发售车票	执行“问、输、收、做、核、交”六字售票法工作流程。做到无误售，认真核对，唱收，唱付，票款相符
正确办理退票	执行“看、输、核、盖、交”五字退票法工作流程。退票做到不退过期失效票，不退开车后 2 小时改签车票。银行卡购买的车票退票时，退票款退到原购票银行卡中，POS 机退款凭条商户联按时间顺序粘贴。注意识别伪票，加盖戳记，唱付清楚，退款正确，妥善保管票据不丢失
暂停作业	暂停售票前要提前向旅客做好解释工作，摆放“暂停售票”牌；售票页面切换到暂停界面；现金、票据、凭条加锁，万元现金锁入金柜。离岗超过 15 分钟以上时，退出售票程序，将窗口 LED 显示屏显示的内容更改为“停止售票”
作业纪律	执行相关规章制度和作业标准，不违章作业
结账作业	现金清点正确，凭条累计准确，准确输入金额，做到先交款后结账，结账时不准代交，交款时必须当面点清，账款相符后方可离开
班后总结	根据本班工作进行自我讲评，事实求是，有问题不隐瞒，总结经验教训

二、检票口客运员

检票口客运员如图 2-2 所示。

图 2-2 检票口客运员

检票口客运员服务质量标准如表 2–2 所示。

表 2–2 检票口客运员服务质量标准

岗位职责	服务质量标准
参加点名会： （1）检查着装和仪容仪表； （2）接受班前业务试问； （3）摘抄文电、命令	（1）穿着规定制式服装，不混搭混穿，仪容仪表整洁，女性检票口客运员化淡妆上岗，职务标志齐全完整； （2）接受业务试问，按要求回答； （3）明确文电、命令指示的重点事项，工作预想到位
对岗接班	（1）听从客运值班员安排，列队上岗，排列有序，走姿端正； （2）对岗交接：交清列车运行情况、设备情况、重点旅客情况、服务备品情况及其他重点要求，交接不清，接者负责
检票前准备作业	（1）票剪、钥匙、扩音器、对讲机佩戴齐全； （2）开车前 20 分钟到岗，对检票闸机、自动感应门、扶梯等设备设施运行情况，以及检票显示屏显示内容是否正确进行检查，确保设备设施状态良好，发现问题及时上报； （3）组织持磁介质、软质车票旅客分别在检票闸机口和人工检票口排队，客流较大时对旅客所持的软质车票进行预剪； （4）向旅客介绍检票闸机的使用方法，语言规范、清晰准确
组织旅客检票作业	（1）列车开车前 15 分钟开始检票，组织持磁介质车票的旅客正确使用检票闸机进站，做好监控、防护工作； （2）对持软质车票的旅客进行"票、证、人"核对，核对无误后加剪软质车票； （3）维持检票秩序，严格执行开车前 3 分钟停检制度，确保旅客乘降安全和列车正点运行； （4）引导当日当次未上车旅客办理改签并做好解释工作
解答旅客询问，向重点旅客提供服务	（1）解答旅客询问时，面向旅客，站立回答，做到有问必答，答必正确，实行"首问首诉"负责制； （2）清楚重点旅客情况，与站台客运员提前联系，共同配合，重点交接，保证重点旅客安全乘车
非正常情况下，实施应急处置预案，将突发情况进行上报	按规定程序进行应急处置； 信息上报及时准确
（1）清理所在工区的环境卫生； （2）物品定位摆放	（1）负责所在工区的环境卫生工作，确保桌椅、地面无灰尘，杂物、垃圾清倒及时； （2）桌椅摆放整齐，工具、备品定位摆放
参加班后总结会，按照上级要求落实学习培训计划	（1）按规定参加班后总结会，总结班中工作的不足，及时整改； （2）按规定参加培训及业务考试，禁止迟到、早退、无故不参加； （3）积极参加各项业务竞赛活动

三、站台客运员

站台客运员如图 2–3 所示。

图 2-3　站台客运员

站台客运员服务质量标准如表 2-3 所示。

表 2-3　站台客运员服务质量标准

岗位职责	服务质量标准
参加点名会： （1）检查着装和仪容仪表； （2）接受班前业务试问； （3）摘抄文电、命令	（1）穿着规定制式服装，不混搭混穿，仪容仪表整洁，女性站台客运员化淡妆上岗，职务标志齐全完整； （2）接受业务试问，按要求回答； （3）明确文电、命令指示的重点事项，工作预想到位
对岗接班	（1）听从客运值班员安排，列队上岗，排列有序，走姿端正； （2）对岗交接：交清列车运行情况、设备情况、重点旅客情况、服务备品情况及其他重点要求，交接不清，接者负责
检查巡视作业区域	（1）始发列车提前 20 分钟出场，终到列车提前 10 分钟出场，确保携带对讲机、扩音器、口笛； （2）巡视站台、线路、扶梯、台阶、出站自动感应门等关键处所，核对站台显示屏显示的内容，确保显示内容准确； （3）发生问题及时上报，采取相应措施，保证正常运输秩序
接送列车： （1）组织旅客乘降； （2）站车交接； （3）清理站台	（1）在规定的位置接发列车并与列车长办理业务交接； （2）组织旅客有序乘降，引导旅客到指定车厢上车，引导出站旅客经出站流线出站，并向旅客宣传扶梯、台阶的安全注意事项； （3）用对讲机将列车进、出站信息通知综控室值班员，旅客乘降完毕后用对讲机通知出站口客运员； （4）列车开出后及时清理站台滞留人员，维持好站内安全秩序； （5）通知保洁人员清理站台卫生，将卫生不达标、清理不及时等情况通知客运值班员
解答旅客询问，向重点旅客提供服务	（1）解答旅客询问时，面向旅客，站立回答，做到有问必答，答必正确，实行“首问首诉”负责制； （2）清楚重点旅客情况，与其他岗位密切配合，为重点旅客提供相应的服务设备，必要时将重点旅客送上车、送出站

续表

岗位职责	服务质量标准
按规定程序上报非正常情况，协助客运值班员（值班主任）对突发情况进行应急处置	按规定程序进行应急处置；信息上报及时准确
（1）清理所在工区的环境卫生； （2）物品定位摆放	（1）负责所在工区的环境卫生工作，确保桌椅、地面无灰尘，杂物、垃圾清倒及时； （2）桌椅摆放整齐，工具、备品定位摆放
参加班后总结会，按照上级要求落实学习培训计划	（1）按规定参加班后总结会，总结班中工作的不足，及时整改； （2）按规定参加培训及业务考试，禁止迟到、早退、无故不参加； （3）积极参加各项业务竞赛活动

四、出站口客运员

出站口客运员如图 2-4 所示。

图 2-4 出站口客运员

出站口客运员服务质量标准如表 2-4 所示。

表 2-4 出站口客运员服务质量标准

岗位职责	服务质量标准
参加点名会： （1）检查着装和仪容仪表； （2）接受班前业务试问； （3）摘抄文电、命令	（1）穿着规定制式服装，不混搭混穿，仪容仪表整洁，女性出站口客运员化淡妆上岗，职务标志齐全完整； （2）接受业务试问，按要求回答； （3）明确文电、命令指示的重点事项，工作预想到位
对岗接班	（1）听从客运值班员安排，列队上岗，排列有序，走姿端正； （2）对岗交接：交清列车运行情况、设备情况、重点旅客情况、服务备品情况及其他重点要求，交接不清，接者负责
检查巡视作业区域	（1）列车到站前 5 分钟出场，巡视检票闸机、自动感应门等设备设施的状况；核对出站口显示屏显示的内容，确保显示内容准确； （2）发现问题及时按程序上报，采取相应措施，保证正常运输秩序

续表

岗位职责	服务质量标准
组织旅客出站验票工作	（1）引导持磁介质车票的旅客正确使用检票闸机验票出站； （2）组织持软质车票的旅客经由人工检票口验票出站，详细确认票面到站、经由、日期、车次； （3）要求持废票、涂改票及证票不符的旅客按章补票
按规定进行补票、补费，执行票据交接、管理、请领规定	（1）办理补票、补费时要态度和蔼，使用文明用语； （2）票据交接认真仔细，钱柜及时加锁，票据现金账款相符，及时上缴，杜绝票据、现金丢失和溢赔现象，票据不足及时请领
解答旅客询问，向重点旅客提供服务	（1）解答旅客询问时，面向旅客，站立回答，做到有问必答，答必正确，实行“首问首诉”负责制； （2）清楚重点旅客情况，组织重点旅客安全出站
按规定程序上报非正常情况，协助客运值班员（值班主任）对突发情况进行应急处置	按规定程序进行应急处置；信息上报及时准确
（1）清理所在工区的环境卫生； （2）物品定位摆放	（1）负责所在工区的环境卫生工作，确保桌椅、地面无灰尘，杂物、垃圾清倒及时； （2）桌椅摆放整齐，工具、备品定位摆放
参加班后总结会，按照上级要求落实学习培训计划	（1）按规定参加班后总结会，总结班中工作的不足，及时整改； （2）按规定参加培训及业务考试，禁止迟到、早退、无故不参加； （3）积极参加各项业务竞赛活动

五、问讯处客运员

问讯处客运员如图 2-5 所示。

图 2-5　问讯处客运员

问讯处客运员服务质量标准如表 2-5 所示。

表 2-5 问讯处客运员服务质量标准

岗位职责	服务质量标准
参加点名会，对岗接班： （1）检查着装和仪容仪表； （2）接受班前业务试问； （3）摘抄文电、命令； （4）对岗接班	（1）参加点名会，着装整齐规范，明确文电、命令指示的重点事项； （2）接受业务试问，按要求问答； （3）列队上岗，对岗交接：交清列车运行情况、设备情况、重点旅客情况、服务备品情况及其他重点要求，交接不清，接者负责
解答旅客询问、受理旅客诉求，进行信息上报	（1）耐心、准确解答旅客询问，热情主动为旅客提供乘车信息，寻人、寻物启事等服务； （2）做到提供服务有记载，信息反馈及时； （3）解答旅客询问时，面向旅客，站立回答，做到有问必答，答必正确，实行"首问首诉"负责制
对服务备品的使用情况、旅客遗失物品情况进行登记并与综控室值班员联系，利用广播发布失物招领启事	（1）认真、仔细对服务备品的使用情况进行登记，与综控室值班员及时联系，正确传达信息； （2）对遗失物品进行登记保存，贵重物品及时上报，重点交接； （3）与失主办理物品交接时，信息核对准确，做到不误领、错领
向重点旅客提供服务	清楚重点旅客情况，与其他岗位密切配合，为重点旅客提供相应的服务设备，必要时将重点旅客送进站台，送上车
负责客运设备设施的故障报修	接到客运设备设施故障通知后，及时通知整备车间修理并进行登记、上报
参加班后总结会，按照上级要求落实学习培训计划	（1）按规定参加班后总结会，总结班中工作的不足，及时整改； （2）按规定参加培训及业务考试，禁止迟到、早退、无故不参加； （3）积极参加各项业务竞赛活动

六、贵宾室客运员

铁路车站贵宾室如图 2-6 所示。

图 2-6 铁路车站贵宾室

贵宾室客运员服务质量标准如表 2–6 所示。

表 2–6 贵宾室客运员服务质量标准

岗位职责	服务质量标准
参加点名会，对岗接班： （1）检查着装和仪容仪表； （2）接受班前业务试问； （3）摘抄文电、命令； （4）对岗接班	（1）参加点名会，着装整齐规范，明确文电、命令指示的重点事项； （2）接受业务试问，按要求回答； （3）列队上岗，对岗交接：交清列车运行情况、设备情况、重点旅客情况、服务备品情况及其他重点要求，交接不清，接者负责
接班检查	（1）进入贵宾室检查备品、环境卫生及设备设施情况； （2）卫生检查范围：贵宾室的沙发、电视、小桌、桌垫、消毒柜、时钟、温度计、花盆、吧台椅、地面、窗台、茶杯、茶壶、咖啡壶、咖啡杯、水杯、湿巾盘、水果盘、纸巾盒、垃圾桶、微波炉等
掌握重点任务情况，做好服务接待准备	（1）掌握相关列车运行、股道、客流、接待人员、贵宾等情况； （2）严格执行保密制度
执行服务接待工作	（1）坚守岗位，严守纪律； （2）在服务过程中遇到问题，必须请示报告，不得擅自处理
负责贵宾室环境卫生的保持、监督、清理；负责相关设备设施的操作及服务备品的请领；按要求开启、关闭贵宾室	（1）设备、备品定位摆放，确保设备状态良好，准备好足够的饮用水，摆放当日报纸、当月期刊，将水杯进行消毒； （2）确保贵宾室内整洁，空气清新； （3）贵宾室使用完毕，及时进行整理，发现贵宾遗留的物品及时与有关部门联系； （4）防止无关人员随意出入贵宾室
参加班后总结会，按照上级要求落实学习培训计划	（1）按规定参加班后总结会，总结班中工作的不足，及时整改； （2）按规定参加培训及业务考试，禁止迟到、早退、无故不参加； （3）积极参加各项业务竞赛活动

七、安检客运员

1. 安检引导员

安检引导员服务质量标准如表 2–7 所示。

表 2–7 安检引导员服务质量标准

岗位职责	服务质量标准
参加点名会： （1）检查着装和仪容仪表； （2）接受班前业务试问； （3）摘抄文电、命令	（1）穿着规定制式服装，不混搭混穿，仪容仪表整洁，职务标志齐全完整； （2）接受业务试问，按要求回答； （3）明确文电、命令指示的重点事项，工作预想到位
对岗接班	列队上岗，检查设备状态，不信用交接，交接不清，接者负责
实名制查验车票，核对进入站内作业人员证件	提示进站旅客出示车票和有效证件，做到“四不放行”即：车票、有效证件、本人不符不予放行，公免票区间不符、无签证不予放行，不是当日有效车票不予放行，未持规定有效站内作业证件或证件与本人不符不予放行

续表

岗位职责	服务质量标准
引导旅客接受安全检查	（1）提示进站人员接受安全检查，引导其将携带的包裹、物品放置在安全检查仪上； （2）合理组织进站人员有序通过安检通道，安检通道内同时接受安全检查的人数不超过两人
解答旅客询问，受理旅客投诉	（1）与旅客交谈时，站立面对对方，并保持一定距离，有问必答，回答准确，使用文明用语，实行“首问首诉”负责制； （2）积极妥当处理、解决旅客投诉，满足旅客合理诉求
实施非正常情况下的应急处置预案并按规定的时间和程序报告	（1）熟知非正常情况下本岗位的职责、应急处置程序及作业内容； （2）将非正常情况发生的时间、处所、影响范围等基本情况，在5分钟之内向客运值班员报告； （3）按要求对非正常情况进行记录

2. 安检值机员

安检值机员服务质量标准如表2-8所示。

表2-8　安检值机员服务质量标准

岗位职责	服务质量标准
参加点名会： （1）检查着装和仪容仪表； （2）接受班前业务试问； （3）摘抄文电、命令	（1）穿着规定制式服装，不混搭混穿，仪容仪表整洁，职务标志齐全完整； （2）接受业务试问，按要求回答； （3）明确文电、命令指示的重点事项，工作预想到位
对岗接班	列队上岗，检查设备状态，不信用交接，交接不清，接者负责
操作台式安检仪，通过物品成像特征辨别危险品	（1）熟练掌握各种危险品的成像特征； （2）甄别所有过机物品的图像，做到不遗漏、不误判； （3）对辨别不清的物品及包裹进行复查
对发现的疑似危险品通知相关岗位人员处置	（1）发现疑似爆炸品或起爆装置，立即使用停止按钮，将可疑包裹停留在安检仪内，通知安检引导员、安检身检员、安检处置员、客运值班员、公安人员组织疏散； （2）对其他疑似危险品，通知安检处置员进行处置
熟练掌握危险品的识别技能，检查设备运行情况，发现问题及时向客运值班员报告	严格按作业标准进行作业，及时将安检设备的故障或异常情况向客运值班员汇报
实施非正常情况下的应急处置预案并按规定的时间和程序报告	（1）熟知非正常情况下本岗位的职责、应急处置程序及作业内容； （2）将非正常情况发生的时间、处所、影响范围等基本情况，在5分钟之内向客运值班员报告； （3）按要求对非正常情况进行记录

3. 安检身检员

安检身检员服务质量标准如表2-9所示。

表 2-9　安检身检员服务质量标准

岗位职责	服务质量标准
参加点名会： （1）检查着装和仪容仪表； （2）接受班前业务试问； （3）摘抄文电、命令	（1）穿着规定制式服装，不混搭混穿，仪容仪表整洁，职务标志齐全完整； （2）接受业务试问，按要求回答； （3）明确文电、命令指示的重点事项，工作预想到位
对岗接班	列队上岗，检查设备状态，不信用交接，交接不清，接者负责
在指定区域对进站人员进行身检	（1）执行“男不检女”的规定； （2）采取仪器与手工相结合的方式进行身检； （3）顺应身体的形状，自上而下、从左至右、从前至后，通过触摸、按压，以及手持式金属探测器进行检查，用手探的方法检查藏匿的物品； （4）安检门、金属探测器报警时，必须取出或判明金属物品后复检； （5）重点检查的部位有肩胛、胸部、腋下、腰部、臀部、裆部、大小腿内侧、脚踝等； （6）对旅客随身携带的危险品立即进行收缴，通知安检处置员及公安人员处置，没有携带危险品和违禁品的旅客给予放行
实施非正常情况下的应急处置预案并按规定的时间和程序报告	（1）熟知非正常情况下本岗位的职责、应急处置程序及作业内容； （2）将非正常情况发生的时间、处所、影响范围等基本情况，在 5 分钟之内向客运值班员报告； （3）按要求对非正常情况进行记录

4. 安检处置员

安检处置员服务质量标准如表 2-10 所示。

表 2-10　安检处置员服务质量标准

岗位职责	服务质量标准
参加点名会： （1）检查着装和仪容仪表； （2）接受班前业务试问； （3）摘抄文电、命令	（1）穿着规定制式服装，不混搭混穿，仪容仪表整洁，职务标志齐全完整； （2）接受业务试问，按要求回答； （3）明确文电、命令指示的重点事项，工作预想到位
对岗交接	列队上岗，检查设备状态，不信用交接，交接不清，接者负责
按要求进行开包检查	（1）开包前应有公安人员在场； （2）查包时态度和蔼、使用文明用语； （3）对旅客的包裹要轻拿轻放； （4）开包检查时，尽量请旅客自行打开包裹； （5）旅客自行打开包裹后，公安人员站在被检查人旁边后，开始进行检查； （6）查包时应从外到内、从上到下、逐一检查； （7）须将包裹重新过机时，引导旅客自行将包裹放在安检仪上； （8）对查获的危险品做好登记并交公安人员处置； （9）对查验的物品不试、不尝、不触动、不损坏； （10）确认无危险品后，按查包前包内物品摆放的位置复位，交还旅客

续表

岗位职责	服务质量标准
登记查扣的危险品	在危险品检查登记簿、暂存危险品登记簿上详细登记危险品的发现时间、地点，查获人的姓名，旅客的姓名、性别、联系电话，查获物品的品名等相关信息，由旅客签字确认放弃后，在物品上粘贴便笺（便笺记载内容为查获人的姓名、发现时间、旅客的姓名等信息）
掌握各种爆炸、易燃等危险品的处置程序，做到妥善处理	（1）遇到突发事件要立即通知公安民警进行处理； （2）协助安检引导员做好旅客疏散工作； （3）必要时，打开防爆桶及防爆毯，做好危险品的应急处置

任务二　铁路车站客运服务流程

一、售票作业流程

售票作业要严格执行相关作业标准，即六字售票法：问、输、收、做、核、交。

（1）问。问清旅客购票方式（使用现金还是银行卡）、乘车日期、车次、发到站、票种、席别、张数、支付方式。

（2）输。输入旅客乘车日期、车次、选择发到站、票种、席别及张数。

（3）收。收取旅客购票票款后认真清点并与旅客认真核对票面信息（乘车日期核对采用24小时制）。

（4）做。打印车票，如果旅客选择银行卡购票，则按Ctrl+4键后进行银行卡支付操作，打印POS机凭条，将经旅客签字的POS机凭条的商户联粘贴到POS机凭条粘贴单上留存。

（5）核。核对票面上的上、下票号是否一致和价格是否正确，发现票号不一致的车票或证件号码错误应及时改正。

（6）交。将旅客购票时使用的证件、车票、余款（银行卡、POS机凭条的持卡人联）一起交给旅客。

1. 办理现金购票作业流程

（1）做好售票准备，主动向旅客问好，使用文明用语。

（2）问清旅客购票信息，如乘车日期、车次、发到站、票种、席别、张数等，向旅客宣传可以购买往返票、联程票。按旅客要求，认真查找条件相符车次的余票。将所查到的票数情况告知旅客，征求旅客意见。在票数不足的情况下，向旅客推荐其他适合的车次。

（3）按顺序在计算机内录入旅客购票信息，包括乘车日期、车次、发到站、票种、席别、张数等，与旅客核对票面的详细信息，确认信息正确，选择现金支付。

（4）按计算机显示金额，收取票款。使用验钞机验证大面额票款的真伪，向旅客唱报所收票款数额。

（5）将收到的票款数额输入计算机。再次与旅客核对车票信息、所交款额后，打印车票。

（6）确认票面上、下票号一致，票面不完整的车票禁止出售。

（7）将找零款和票面数额告知旅客，旅客无异议后，将旅客购票时使用的证件、车票及找零款交予旅客。

（8）将所收票款按面额分类，放入抽屉。百元票款达到 1 万元时，将百元票款锁入保险柜。

2. 办理银行卡购票作业流程

（1）做好售票准备，在 POS 机上进行签到，确保本人的工号与 POS 系统显示的工号相同。主动向旅客问好，使用文明用语。

（2）了解旅客购票信息，如乘车日期、车次、发到站、票种、席别、张数等，向旅客宣传可以购买往返票、联程票。按旅客要求，认真查找条件相符车次的余票。将所查到的票数情况告知旅客，征求旅客意见。在票数不足的情况下，向旅客推荐其他适合的车次。发售异地票时，提示旅客要用现金支付每张车票 5 元的异地手续费。

（3）按顺序在计算机内录入旅客购票信息，包括乘车日期、车次、发到站、票种、席别、张数等，与旅客核对票面的详细信息，确认信息正确，按 Ctrl+4 键后进行银行卡支付操作。

（4）在 POS 机上进行刷卡操作后，提示旅客输入密码，并将打印的 POS 机凭条交给旅客签字后收回。

（5）再次与旅客核对车票信息、所扣票款后，打印车票。

（6）确认票面上、下票号一致。票面信息不完整的车票禁止出售。

（7）将消费金额告知旅客。将旅客购票时使用的证件、车票、银行卡、POS 机凭条的持卡人联交予旅客。

（8）将有旅客签字的 POS 机凭条的商户联粘贴到 POS 机凭条粘贴单上。本班次结束后将 POS 机凭条粘贴单上交。

3. 办理互联网购票的取票作业流程

（1）做好售票准备，主动向旅客问好，使用文明用语。

（2）问清旅客订票时使用了哪种订票方式，确认旅客采用的是互联网购票方式。查看旅客递交的取票证件是否是有效证件。

（3）按 Alt+Y 键进入合同制票界面，选择“取网上订票”。将旅客身份证放在识别器上按 F7 键读取信息，旅客同一订单中有多张车票时，请旅客提供相对应的有效身份证原件。如旅客提供二代身份证原件以外的其他证件，请旅客出示订单号，将订单号与证件号一起输入系统。

（4）获取旅客所订车票信息后，按回车键确认，界面出现旅客所订车票信息。根据旅客要求，选择旅客当次要取的车票或全部车票。与旅客核对票面的详细信息，确认信息正确后制票。换取异地票时，收取每张票 5 元的异地手续费。

（5）与旅客核对张数、到站、车次等信息，将取票证件和车票交予旅客。

4. 办理电话订票的取票作业流程

（1）做好售票准备。主动向旅客问好，使用文明用语。

（2）问清旅客订票时使用了哪种订票方式，确认旅客采用的是电话订票方式。查看旅客递交的有效身份证件原件。

（3）按 Alt+Y 键进入合同制票界面，选择“取普通票”。将旅客身份证放在识别器上按 F7 键读取信息。旅客同一订单中有多张车票时，请旅客提供相对应的有效身份证原件。如旅客提供二代身份证原件以外的其他证件，请旅客出示订单号，将订单号与证件号一起输入系统。

（4）获取旅客所订车票信息后，按回车键确认，界面出现旅客所订车票信息。根据旅客要求，选择旅客当次要取的车票或全部车票。与旅客核对票面的详细信息，确认信息正确。根据计算机显示金额向旅客收取票款，旅客可使用现金或银行卡支付。将收到的票款数额输入计算机或进行刷卡操作。再次与旅客核对车票信息、所交款额，确认无误后制票。

（5）将取票证件、车票及找零款（银行卡，POS 机凭条的持卡人联）交予旅客。

（6）将所收票款按面额分类，放入抽屉。如为刷卡方式取票，则将有旅客签字的 POS 机凭条的商户联粘贴到 POS 机凭条粘贴单上。本班次结束后将 POS 机凭条粘贴单上交。

二、检票作业流程

（1）检票口客运员在列车开车前 20 分钟列队到达检票口，每组闸机 2 人，检查检票闸机、自动感应门、扶梯、检票显示屏等设备的状态。

（2）检票口客运员利用区域广播向旅客介绍检票闸机、自动扶梯等设备的使用方法和安全注意事项，引导持软质车票和磁介质车票的旅客分别排队，引导重点旅客到队列前方优先检票进站。

（3）旅客服务系统在列车开车前 18 分钟，广播播放检票准备信息，检票显示屏显示准备检票信息。

（4）列车开车前 15 分钟，旅客服务系统播放开始检票广播，每 5 分钟循环播报一次，检票显示屏显示开始检票信息，客运值班员核对检票闸机操作终端是否处于检票状态。

（5）检票口客运员利用对讲机通知站台客运员检票开始，用语：“×站台，××次列车开始检票”，站台客运员回答：“××次列车开始检票，×站台明白。”

（6）检票口客运员进行检票作业，引导旅客正确使用检票闸机，推荐携带大件行李的旅客经大件行李闸机检票进站；引导持软质车票旅客经人工检票口检票进站，核对票面信息后加剪。

（7）列车开车前 3 分钟，旅客服务系统播放停止检票广播。检票口客运员核实检票闸机处于关闭状态、检票显示屏显示停检信息，对人工检票口进行加锁后，停止该次列车检票作业。

（8）停检后，检票口客运员在检票口值守，对当日当次未上车旅客，阻止其进站，并引导其到售票处办理改签或退票手续。

（9）检票口客运员接到站台列车开车的通知后，检查设备设施状态，通知保洁人员对相关区域的环境卫生进行清理，列队退岗。

三、站台作业流程

1. 始发列车站台作业流程

（1）列车开车前 20 分钟，站台客运员携带对讲机、扩音器、口笛出场，出场的站台客运员不少于 2 人（具体出场位置由各站自定）。

（2）站台客运员出场后，检查线路、站台、扶梯有无异状，站台显示屏、时钟显示是否正确，及时消除安全隐患。

（3）列车发车前 15 分钟，检票口客运员通知站台客运员开始检票，站台客运员站在指定地点立岗引导旅客。

（4）站台客运员对搭乘扶梯的旅客进行安全宣传，引导旅客前往相应的车厢位置。

（5）就重点旅客和重点工作与列车长办理交接。

（6）接到检票口客运员停止检票通知后，站台客运员提醒还未上车的旅客及时上车，通知列车长本次列车停止检票。

（7）有上水作业和邮包运输作业的列车，站台客运员在确认作业完毕后，通知列车长相关作业完毕。

（8）列车关闭车门后，站台客运员足踏安全白线，面向列车，发现异状，及时处置。

（9）列车开车后，站台客运员身体随列车运行方向转动，目送列车出站。确认列车驶出站台后通知客运值班员、检票口客运员该次列车已经开出。

（10）列车驶出站台端部后，站台客运员对站台进行巡视，清理站内滞留人员，列队退岗。

2. 终到列车站台作业流程

（1）站台客运员于列车到达前 10 分钟出场，准备接车。

（2）站台客运员出场后，检查线路、站台、扶梯有无异状，站台显示屏、时钟显示是否正确，及时消除安全隐患。

（3）列车进站后，利用对讲机通知综控室值班员列车到达时间，通知出站口客运员做好出站检票准备。

（4）与到达列车列车长办理交接。

（5）引导旅客经由出站流线出站，对重点旅客重点照顾。

（6）确认旅客全部离开站台后，利用对讲机通知出站口客运员。

（7）清理站台。

四、出站口验票作业流程

（1）列车到站前 5 分钟，出站口客运员检查检票闸机、自动感应门、扶梯等设备设施情况，核对出站口显示屏的显示内容是否正确，及时消除安全隐患。

（2）接到站台客运员通告的列车进站信息后，出站口客运员在指定位置立岗迎接旅客出站。

（3）旅客出站时，出站口客运员向持磁介质车票的旅客宣传检票闸机的使用方法，引导旅客通过检票闸机验票出站，对持软质车票的旅客引导其经由人工验票口出站并仔细查验车票。

（4）对无票人员和旅客违章携带物品办理补票、补费手续。办理补票、补费手续时，通知客运值班员安排人员替岗。

（5）出站口客运员在验票的同时要关注检票闸机的使用状态，发现问题及时处理，个人无法处理的问题，立即向综控室值班员报告。

（6）出站口客运员接到站台客运员发出的下车旅客已全部离开站台的通知后，组织全部旅客验票出站，将出站口进行锁闭。及时通知保洁人员对出站区域进行清扫。

五、问讯处接待重点旅客作业流程

（1）问讯处客运员接到重点旅客接待任务后，及时掌握重点旅客所乘列车车次、需要帮助情况等信息并向客运值班员报告。

（2）重点旅客需要使用轮椅时，问讯处客运员要及时登记、提供轮椅（有送站人员时按规定办理相关手续，收取身份证或押金）并按客运值班员的指示将重点旅客安排到指定地点候车，重点监控，做好服务。

（3）问讯处客运员掌握重点旅客所乘列车的运行情况，提前协助家属将重点旅客引导到检票口。

（4）检票口客运员与站台客运员进行沟通，经站台客运员同意后提前组织重点旅客检票进站，同时做好防护工作，保证旅客乘降安全。

（5）站台客运员就重点旅客与列车长进行重点交接。站车交接认真仔细，不漏项，手续齐全，互有签字。

（6）办理站车交接后，站台客运员将轮椅收回，无接发列车作业时送回问讯处。

六、贵宾室接待服务作业流程

（1）客运值班主任接到贵宾接待任务通知后，通知贵宾室客运员提前开展准备工作。贵宾室客运员着装整齐规范，举止大方，表情自然，女性贵宾室客运员化淡妆上岗，笑迎笑送，手势引导标准。

（2）贵宾室客运员提前立岗（三级专运提前 1 小时上岗、二级专运提前 1 小时 30 分钟上岗、一级专运提前 2 小时上岗）。对贵宾室进行彻底清扫，消除死角，做到窗明地净，四壁无尘。确保贵宾室灯光明亮（如有灯具损坏，迅速报修）。贵宾室卫生间可喷洒少量空气清新剂，贵宾用的毛巾要进行消毒。贵宾室客运员要提前将灯、空调、电视打开，备足开水、泡好茶。

（3）贵宾室客运员要确保相关备品齐全，使用状态良好，迎接、引导贵宾进入贵宾室后进行供水服务。

（4）贵宾室客运员要随时关注危险隐患，做好普通旅客的引导工作，防止普通旅客的行进路线与贵宾的行进路线产生交叉，警惕一切可疑情况。

（5）贵宾室客运员要及时掌握列车运行情况，随时答复贵宾提出的与列车运行相关的问题。按贵宾指示，不需要工作人员在室内时，可关门后到门口立岗。

（6）接待任务结束后，贵宾室客运员立岗恭送贵宾，客运值班主任将贵宾送到站台乘车。

（7）贵宾室客运员检查有无贵宾遗留的物品并通知保洁人员清理环境卫生。

七、安检作业流程

（1）安检引导员负责对进站旅客所持的车票及证件进行实名制审核，查验“票、证、人”是否相符。若相符，请旅客接受安全检查；若不相符，则拒绝其进站并告知旅客相关的政策规定。

（2）安检引导员引导旅客将携带品自行按顺序摆放在传送带中间以接受安全检查，向旅客宣传安全常识及携带危险品进站上车的危害性，确保旅客在接受检查时不堵塞安检通道。

（3）旅客通过安全门发生报警时，安检身检员使用手持式金属探测器对旅客进行身体的全方位探查，手持式金属探测器报警时对应的部位要进行触摸检查，防止旅客携带（藏匿）危险品或违禁品，身检作业要严格遵守“男不检女”的规定。

（4）安检身检员自上而下、从左至右、从前至后采取仪器与手工相结合的方式进行身体检查，采取眼睛观察和手触摸的方法排除疑点。对肩胛、胸部、腋下、腰部、臀部、裆部、大小腿内侧、脚踝，以及上、下衣口袋、裤兜等部位进行重点检查。

（5）检查完毕后，对没有携带危险品和违禁品的旅客给予放行；对检查中发现的携带危险品及违禁品的旅客，应当区别情况处理。对明显存在藏匿、夹带危险品和违禁品意图的旅客，应当视为故意藏匿，交公安民警依法处理；属于其他非故意情况的，进行宣传教育。

（6）安检值机员通过安检仪，准确甄别旅客携带包裹内的物品，对危险品、违禁品和管制器具等物品进行辨别，发现可疑物或疑似危险品时，立即通知安检处置员进行开包检查。

（7）安检处置员对疑似装有危险品、违禁品的包裹要进行开包检查。手工开包检查时，一般由旅客自己打开包裹，安检处置员查看包裹内的物品是否属于危险品或违禁品，无法判明性质时可拒绝旅客携带不明性质的物品进站上车。

（8）在检查中严格执行“手工开包、女包女检”的规定，手工开包检查要从外到内、从上到下，逐一检查每件物品，以排除疑点。包裹内的物品要轻拿轻放，检查完毕后逐个复原。

（9）安检处置员对查出的危险品进行处置时，要认真填写危险品检查登记簿和暂存危险品登记簿，详细登记危险品的发现时间、地点，查获人的姓名，旅客的姓名、性别、联系电话、查获物品的品名等相关信息，由旅客签字确认放弃后，在物品上粘贴便笺（便笺记载查获人的姓名、发现时间、旅客的姓名等信息）。要妥善保存危险品检查登记簿、暂存危险品登记簿。

（10）对查出的管制器具等危险品，立即交由公安人员进行处理，同时填写违禁物品收缴单。

任务三　铁路车站服务礼仪规范

铁路车站客运服务人员提供的精神服务表现在工作人员的仪容仪表、言谈举止、工作态度、职业道德、个人修养等多个方面。在牢记旅客服务质量标准，掌握职业技能的基础上，还必须在工作中展现出礼仪风范。铁路车站服务礼仪规范包括以下几个方面。

一、售票服务礼仪规范

售票车间由多个岗位组成，如进款、票库、计划管理、窗口售票等。其中窗口售票员是直接与旅客接触的岗位，其在售票过程中的服务礼仪是否到位，直接影响着旅客对铁路售票工作的评价。

（1）窗口售票员上岗时应穿统一制服。穿着铁路制服要整洁、得体、规范；鞋袜、领带等要佩戴整齐；胸卡、肩章等服务标志要正确佩戴在指定位置。男性窗口售票员不留长发、胡须，女性窗口售票员发不过肩，不披头散发。

（2）窗口售票员坐姿应规范，售票时应用亲切、大小适中的声音向旅客问好，同时准确地为旅客售票。如遇售票高峰，应用简练的语言配合熟练的电脑操作，快捷而准确地售票，以减少旅客排队等候的时间。

（3）售票时，应做到热情周到。对反复问话、耽搁较多时间的旅客，不要表现出厌恶情绪，不能对旅客说：“到底买不买？不买别碍事！”或者干脆说：“没有了！卖完了！不知道！”，把旅客打发走，这会给旅客留下极坏的印象。严禁与旅客发生口角，这样做会对铁路企业形象带来严重损害。

（4）如果旅客没听清自己所讲的话，应加大一点音量并稍加解释。如果听不清楚旅客所讲的话，可以把纸笔递给他，让他把相关要求写在上面，以免误售车票。

（5）客流量较大、票额紧张、某车次车票已售完时，应替旅客着想，向旅客推荐其他车次，可对旅客说：“对不起，××车次已售完，但去往上海方向的还有××次车，时间都差不多，您可以考虑一下。”或者说：“对不起，去往上海方向的车票已全部售完，您可以选择在南京中转。”

二、安检服务礼仪规范

实名制验证及“三品检查”工作对于维护车站及列车安全有着至关重要的作用，不得有丝毫怠慢。许多旅客在安检的过程中经常会有不耐烦、不理解的情绪，因此安检工作必须更加重视服务礼仪规范。

（1）安检引导员应采用规范的站姿立岗，使用文明用语，请旅客主动出示有效身份证件及车票，同时主动伸手帮旅客把大包、重包放到安全检测仪上或抬到桌上进行检查。

（2）根据客流情况对旅客予以分流，以便旅客能够尽快接受安检。引导前一位旅客安检的同时，提醒下一位旅客做好准备，以加快安检工作速度。

（3）安检过程中，对旅客携带物品有疑问时，安检处置员不要当着其他旅客的面检查包内的违禁品，应把包拿到处置台进行开包检查。

（4）安检处置员查包时态度应和蔼，使用文明用语。查包时对旅客的包裹要轻拿轻放，以免损坏。查包时应尽量由旅客自行打开，女包女检。安检处置员查包时，应有公安人员在场监督。

（5）安检处置员若发现违禁品，应保持平和的心态，耐心、和蔼地向旅客详细指出哪些物品属于违禁品，及时将违禁品没收，严禁旅客将违禁品带进站、带上车。若未发现违禁品，应当立即对旅客的支持表示感谢。

（6）安检处置员查包完毕后，要将包内物品按照原来的摆放顺序复原并拉好拉链，再主动将包裹交给旅客。

（7）安检身检员使用手持式金属探测器对旅客进行全方位探查，对手持式金属探测器报警时所对应的部位要进行触摸检查，要严格执行“男不检女”的规定。

（8）如果因安检各岗位人员工作不慎而损坏了旅客的物品，要立即向旅客赔礼道歉，同时承担赔偿责任。

（9）安检完毕后，应向旅客表示感谢，说：“对不起，给您添麻烦了，祝您旅途愉快，再见。”

三、检票服务礼仪规范

（1）检票口客运员应及时掌握列车运行情况，积极配合车站广播室及时、准确、清楚地通告列车运行情况，语言温和、语速适中，让旅客做到心中有数。

（2）检票时应组织好检票秩序，提前在检票口挂出指示牌并通过电子引导装置将检票信息不间断地显示，可采取分段检票、分行检票等方式组织检票，使检票作业井然有序、安静、文明。

（3）检票时，应做到“一看，二唱，三剪下”，动作要干净利落。与旅客对话时，要注意微笑面对旅客，说话语气要平和，吐字要清楚，态度要和蔼。注意使用文明用语，对旅客说：“您好，请出示您的车票。”

（4）如果发现个别旅客扰乱检票秩序，应用和蔼的语气劝阻他：“对不起，这位先生（女士），请您排队检票。”切记大声呼喊、训斥、推搡旅客，对于少数屡劝不止的旅客，必要时可以用手或身体挡在他的前边，态度严肃、语气坚定地进行劝阻。

（5）如果几个旅客的票全由一人拿着，而这个人又走在最后面，可委婉地说：“请问几位的车票在谁手中？别着急，让我先核对一下车票再走，好吗？”

（6）检票后，主动把车票递到旅客手中，不要等旅客到你手中来取。交还车票时可以说：“拿好您的车票，请慢走。”

（7）停检后，遇匆忙赶来的旅客应制止其强闯检票口，同时用和蔼亲切的语气耐心地予以安慰，可帮助旅客出主意：“先生（女士），您别着急，您改乘××次列车同样可以到达。您可以去售票处办理改签手续。”切不可对旅客刻薄、生硬地埋怨，甚至冷嘲热讽。

四、问讯服务礼仪规范

问讯处是旅客求助的中心，应为旅客提供整洁明亮的问讯环境和设施先进的问讯设备。问讯处尽量采用“开放式”的设计，让旅客与服务人员面对面进行交流，有条件的车站还应安装触摸式电子查询设备，供旅客自助查询。另外，问讯处还应提供丰富的问讯资料供旅客翻阅。

（1）问讯处客运员应统一穿着铁路制服，衬衣下摆不外露，制帽、职务标志佩戴规范（女性问讯处客运员还可佩戴白手套、头花）；头发整齐，精神饱满，面带微笑，服务期间采用标准站姿。男性问讯处客运员不留胡须，不佩戴任何金银首饰和装饰品，女性问讯处客运员不化浓妆。

（2）旅客走来时，应面带微笑地正视旅客并彬彬有礼地问上一句：“您需要帮助吗？”这有利于消除旅客的焦虑和不安情绪，双方可在融洽的氛围中交流。

（3）其他岗位人员面对旅客询问时，应热情地回答旅客的提问。各岗位人员在车站内行走时遇到旅客问讯，应停下脚步，面带微笑，关切地问旅客：“先生（女士），您有什么事需要我帮忙吗？”

（4）面对旅客的询问，应正视旅客，全神贯注地倾听。注意不要随便打断对方的问话，让对方把话讲完。需要插话时，应当在对方讲话告一段落后再进行。不要直接否定对方的讲话，更不要“抬杠”，如果没有听清旅客的问话应说：“对不起，请您再说一遍，好吗？”

（5）回答询问时要使用普通话，声音大小适中，语气要温和、耐心、愉快，回答内容要准确。应注意对旅客一视同仁，不以貌取人，以丰富的业务知识和自己的热情与真诚来赢得每位旅客的信任。当旅客向你表示感谢时，应微笑并谦逊地回答：“不用谢，这是我应该做的。”

（6）解答旅客询问，不知道的事项或不确定的事项不要信口开河，也不能敷衍应付旅客。应严格执行“首问首诉”负责制的规定，解答或解决问题直到旅客满意为止，做到问讯工作的有始有终。

（7）当旅客咨询站外地点的方位时，如果你知道，应清楚、详细地告诉对方怎么走，必要时可以画一张路线图。

（8）问讯处客运员在问讯服务中，应做到百问不厌、百问不倒。熟练掌握本岗位业务基础知识，多总结、多积累其他相关岗位的业务知识，对交通、旅游、购物、餐饮、住宿、医疗等相关延伸知识也应多收集、多了解，这样才能更好地为旅客服务，想旅客之所想，急旅客之所急，做到“问不倒，问不恼”。

（9）如果有多位旅客咨询，应从容不迫地一一作答，不能只顾一位旅客，冷落了其他旅客。凡是答应旅客随后再作答复的事，一定要守信用，适时作出答复。

五、候车大厅服务礼仪规范

铁路车站候车大厅应保持整洁明快、清新高雅的候车环境，为此应讲究卫生宣传的艺术，让旅客自觉维护环境卫生。铁路车站是无烟车站，全站禁烟，须劝阻吸烟旅客到站外吸烟。旅客候车的过程中，铁路客运服务人员在为其提供候车服务时，要注意以下礼仪规范。

（1）遇到乱扔垃圾、破坏公物的旅客，要用文明的语言进行劝阻。让旅客感受到你对他的尊重。

（2）在劝阻吸烟旅客时，要和颜悦色地说："对不起，先生，本站是无烟车站，请您到站外吸烟，好吗？"然后利用手势为其指明方向，请求其配合。

（3）通过广播宣传相关规定时，忌使用生硬的语气，如"根据××部门的规定，一不准……，二不准……，否则罚款"。这种生硬的语气让人听后感觉很不舒服，甚至会使旅客产生逆反心理。

（4）可利用广播、电子指示屏等途径，进行候车服务引导，及时告知、引导旅客提前到达指定的候车、检票地点。特殊情况下，铁路车站客运服务人员可走到旅客的身边，主动迎候旅客，随时为他们提供服务，指引他们前往准确的检票口，这会让旅客感到铁路职工训练有素、值得信赖。

（5）在候车厅中，由于旅客较多，为便于排队检票，应把握"三条线"，即两边椅子上坐着的旅客成两条线，中间过道上摆放的行李成一条线，这样给人整齐划一、井然有序的感觉。

六、贵宾室服务礼仪规范

（1）对贵宾的服务应有度，既给服务对象足够的空间，又不能让服务对象找不到人。若贵宾不需要贵宾室客运员留在室内，贵宾室客运员可在贵宾室门外等候。

（2）引导贵宾时，一般走在贵宾前方左侧，与贵宾保持 1 米左右的距离，自己走在通道边缘，让贵宾走中间，避免背部挡住贵宾视线。拐弯时，要先放慢步伐或停下来，回头并以手势配合说"请这边走"。走到阶梯处或有门槛的地方要提醒贵宾注意，说"请脚下留意"或"请当心"。

（3）针对贵宾的服务语言要突出"礼"字，具体要求如下。

① 待客三声：来有迎声（主动问候）；问有答声（有问必答，按时回答，如实回答）；去有送声。

② 待客"四个不讲"：不尊重对方的语言不能讲；不友好的语言不能讲；不客气的语言不能讲；不耐烦的语言不能讲。

（4）和贵宾相遇时应立即起身、面带微笑、主动问候。在和贵宾交谈时，应首先主动介绍自己，表情要自然，面带微笑。声音的好坏不仅在于音质，更在于说话人的态度、语气和语速，要采用明确而亲切的说话方式。

七、出站服务礼仪规范

旅客到站后，出站工作成为铁路旅客运输的最后一步。铁路车站客运服务人员贴心的服务，文明的礼仪，将会为旅客的旅行画上圆满的句号。出站服务主要由铁路车站站台客运员和出站口客运员承担。

（1）多数旅客刚下车时很难辨别方位，除通过广播适时宣传引导外，站台客运员应在刚下车旅客的身边，随时为旅客指明正确的出站方向，指示方向时四指并拢，掌心向上。

（2）站台客运员应保持出站通道的宽敞、明亮和站台的平坦、干净，积极疏导出站人群，对一些携带品较多或行走不便的旅客，应主动帮助、搀扶，以保证出站队伍井然有序，下车旅客快捷出站。

站台客运员帮旅客拿行李要得到旅客的允许，并走在旅客身边，与旅客保持同速，以免被旅客误解。

（3）出站口客运员在出站口查验车票时，应着装整洁、精神饱满地站在岗位上，向旅客微笑致意，同时主动伸手去接车票，不要等旅客把车票递到自己的身前才去接，更不能让旅客把车票举到自己的眼前，这样做是对旅客的不尊重。

（4）旅客索要车票用于报销时，应及时将车票交还旅客。注意不要毁坏印有票价的部分。对旅客不要的车票，应及时收回，以免流失。

（5）发现旅客没有车票想混出车站时，不应大喊大叫、尖酸刻薄地训斥、挖苦；也不要用力拉拽或推搡旅客。可以用手或身体礼貌地挡住他，声音平和、语气委婉地请他到补票处去补票。

（6）遇见儿童超高须补票的情况，一定要先量儿童的身高，确定儿童超高再办理补票手续。测量儿童身高要先征得家长的同意，千万不可自行拉儿童去测量身高。发现超高儿童时，可以主动走到儿童的身旁，弯下腰关切地问："你叫什么名字？今年多大了？从哪里来呀？"，以消除儿童的害怕和紧张情绪。征得家长同意后，可以拉着儿童的手说，"小朋友，叔叔（阿姨）领你去量一下身高好吗？"如果儿童确实超高了，就应跟他的家长说："您看，您的孩子非常健康，已经长这么高了，该买儿童票（成人票）了。"

（7）补票时，应和颜悦色地用通俗易懂的语言描述相关的补费规定并准确地说出应收费用，该补多少就补多少，不能含糊其辞。向旅客解释的时候态度要耐心、亲切，不可表现出傲慢或不耐烦的情绪。

（8）旅客没钱补票或不愿意补票时，应注意避免与旅客争吵，更不能拿旅客的物品做抵押或接受旅客的赠品。碰上蛮不讲理的旅客，可把他请到值班室，耐心和蔼地向他解释相关规定，等到他心平气和时再补票（补费）。必要时可请公安人员出面处理问题，尽量避免与旅客产生摩擦，激化矛盾。

项目三

乘务服务礼仪

项目导语

乘务服务人员要遵循规范的服务礼仪为旅客提供优质的服务，展现乘务人员的礼仪风采，维护铁路企业的良好形象。

知识点

（1）乘务人员的构成及岗位职责；
（2）乘务服务的总体要求；
（3）列车长服务质量标准；
（4）乘务员服务质量标准；
（5）餐服员、乘服员服务质量标准；
（6）动车组客运服务礼仪；
（7）特殊旅客服务礼仪。

技能目标

（1）掌握列车乘务人员的岗位职责；
（2）能够按照乘务服务的总体要求为旅客服务；
（3）牢记乘务各岗位在不同环节的服务质量标准；
（4）熟练掌握列车长、乘务员在服务中的责任和要求；
（5）能够按照服务标准为旅客提供餐食服务；
（6）能够按照动车组服务礼仪规范的要求文明服务；
（7）能够在服务过程中做到无微不至；
（8）能够针对不同旅客的特点，提供个性化的服务。

项目结构框图

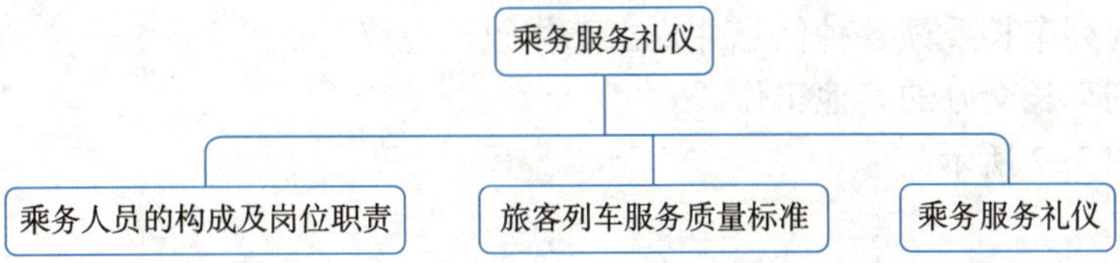

任务一　乘务人员的构成及岗位职责

列车乘务人员应牢固树立“以服务为宗旨，待旅客如亲人”的服务思想，全面落实列车服务质量规范和各项便民、利民的服务措施，不断促进客运管理的专业化、规范化、科学化，全面提升列车客运服务的质量。乘务人员由客运、车辆、公安人员组成，具体包括列车长、列车员、乘服员、餐服员、随车机械师、乘警、列车司机。列车的乘务工作由列车长统一领导，车辆、公安、乘务岗位按照各自的职责规定，配合列车长共同做好列车乘务工作。旅客列车上直接面向旅客服务的岗位主要有列车长、列车员、餐服员和乘服员。

一、乘务人员岗位职责

1. 列车长岗位职责

（1）领导和督促列车工作人员按各自的工作分工和作业标准，开展旅客服务工作，确保服务质量和旅客安全。

（2）服从调度员的指挥，完成上级布置的各项工作任务，负责协调和处理列车运行中的相关事务。

（3）组织召开乘务班组出、退乘会。

（4）组织进行列车上部设备设施的检查，全面掌握列车上部设备设施的情况。

（5）监督、检查列车餐饮供应工作的质量。

（6）检查、验收各岗位工作人员工作的质量。

（7）组织开展列车运行过程中的验票、补票等作业，做好与车站的交接工作。

（8）做好重点旅客的服务工作。

（9）受理旅客的投诉和建议，帮助旅客解决问题。

（10）做好突发情况的应急处置和指挥工作，及时向调度员和上级报告突发情况。

（11）做好乘务班组在折返站的工作安排和人员管理。

（12）做好各类信息的反馈并提出工作改进建议。

列车长如图 3-1 所示。

2. 列车员（列车乘务员）岗位职责

（1）在列车长的领导下做好列车旅客的运输和服务工作。

（2）负责车厢的服务和安全工作，保持车容整洁。

（3）检查车内各种安全、服务设备和备品。

（4）参与查验车票工作，协助列车长进行补票、核对席位等工作。

（5）协助乘服员（乘务服务员）做好列车的卫生清洁工作。

（6）根据预案分工和列车长安排，做好突发情况的应急处置工作。

（7）及时向列车长反馈各种信息并提出工作改进建议。

（8）完成列车长交办的其他工作。

列车员如图 3-2 所示。

图 3-1　列车长

图 3-2　列车员

3. 餐服员（餐车服务员）岗位职责

（1）在列车长的领导下做好列车旅客运输和餐饮服务工作。

（2）贯彻食品、商品的配送及回收交接制度，对食品、商品进行相关资质检查及质量检查，及时回收腐坏食品、商品，确保食品、商品质量安全。

（3）进行列车餐饮设备的检查、操作和维护工作，保持餐车清洁卫生，餐车的餐桌、吧台、工作台、微波炉及各橱、箱、柜内保持洁净。

（4）按规定布置餐车，补充各种食品、商品。

（5）做好餐车的清洁卫生工作，进行餐、茶具的收集、洗涤和保管工作，进行送餐车、售货车的整理工作。

（6）做好餐车经营的现金、票据的管理和交接工作。

（7）听从列车长指挥，参与处置车内各种突发情况。

（8）完成列车长交办的其他工作。

餐服员如图 3-3 所示。

图 3-3　餐服员

4. 乘服员（乘务服务员）岗位职责

（1）在列车长的领导下做好列车的卫生保洁工作。

（2）使用垃圾小推车和专用工具适时对列车进行保洁，保持车内整洁卫生。旅客下车后及时恢复车容。

（3）及时墩扫各处所地面，保持地面干燥、干净；及时擦抹台面、桌面、镜面，确保其表面干净、无水渍。

（4）及时清理洗脸（手）池、电茶炉沥水盘，确保其无污渍、无残渣、无堵塞、无积水；确保垃圾车、垃圾箱（桶）表面干净、无残渣；确保厕所管道畅通。

（5）及时补充洗手液、卫生纸、擦手纸、一次性坐便垫圈等备品。

（6）将垃圾进行装袋、封口处理，确保无渗漏，在列车上定位放置并在指定站定点投放；不向车外扫、倒垃圾及抛扔杂物。

（7）根据预案分工和列车长安排，做好突发情况的应急处置工作。

（8）及时向列车长反馈各种信息并提出工作改进建议。

乘服员如图 3-4 所示。

图 3-4　乘服员

（9）完成列车长交办的其他工作。

二、乘务服务的总体要求

1. 旅客至上

随着市场经济观念深入人心，铁路运输企业面对的是一个充满竞争的运输市场，铁路服务必须树立“旅客至上”的理念。乘务人员要变“以我为主”为“以客为主”，真正从内心深处把旅客当成“衣食父母”。

2. 用心服务

铁路运输企业每天要接待数以万计的旅客，特别是春运、节假日等特殊时期，旅客出行的人数更多，要在辛苦的工作中保持良好的服务礼仪，必须从内心去感受和体会礼仪的重要性和必要性，养成良好的职业习惯，做到服务发自内心。用心服务还包括通过各种方式获知旅客的需求信号，主动发现服务机会并提供及时、恰当的服务以满足旅客的多种层次需求。

3. 持之以恒

服务礼仪作为规范化服务的重要内容之一，不会自发形成，是需要进行长期的、严格的岗位训练才能形成的。乘务人员要树立良好的服务心态，长期坚持规范化的服务，才能将职业要求转化成职业习惯。

任务二　旅客列车服务质量标准

一、列车长服务质量标准

1. 出乘前准备作业

1）组织待乘

列车长要遵守各项待乘管理规定，分配乘务员公寓的床位，确保乘务组所有人员班前充分休息。列车始发前 2 小时叫班，督促乘务组所有人员起床。

2）接受任务

列车长要认真接受上级命令、指示，明确任务。

3）请领设备资料

列车长要确保票据、票种齐全；对讲机等设备电量充足，状态良好；各种资料、药品、器械补充及时，齐全有效。请领补票机、票据工作必须由列车长与一位列车员（兼管收入）共同完成。

4）派班点名，召开出乘会

全体乘务组人员须准时参加出乘会。列车长要做到命令传达准确，任务布置清楚，确保所有人员符合出乘标准，证件齐全，不允许携带除乘务包以外的任何物品。

5）列队接车

列车长须要求乘务组人员行走时两人成排，三人成列，右手拉提乘务箱，大衣不穿时统一搭在左手臂上，队伍整齐，步调一致。列车长须督促乘务组人员在出库车底进站前 5 分钟到达站台指定位置。在列车 5 号车与 6 号车相邻位置列队，等候列车时队形不变，面向列车，乘务箱摆放在身体右侧距右脚 10 cm 处，箱体前部外边沿与脚尖平齐。列车长须要求乘务组人员上车后及时关闭各车车门，临时作业需要再次打开车门时，随开随关，以保持车内温度。

2. 始发站准备作业

1）校验对讲机

列车长要确保对讲机对话清晰，音量适中，通过对讲机与司机核对时刻并确认车次信息。车体外部显示屏（指示牌）出现故障或显示的车次等信息与实际不符时，列车长要及时通知随车机械师处理。

2）接车巡视

列车长要确认车内显示屏和扬声器状态良好，餐车电器设备状态良好；确保资料齐全有效，商品及时定位放置，矿泉水和盒饭配送符合要求；确认上下水状态良好，消防设施和车辆设备状态良好。列车长发现问题要做好记录，通知随车机械师处理，将各乘务人员姓名准确、及时登记。

3）立岗迎客

列车长在 4 号车一位车门或 5 号车一位车门立岗，确保各车厢车门正常开启，发现故障车门，及时通知随车机械师。列车长立岗姿势：挺胸收腹，脚跟并拢，脚尖略分开，女性列车长双手四指并拢，交叉相握，右手叠放在左手之上，自然放于腹前，男性列车长五指并拢，双臂自然下垂，两手中指贴裤缝。列车长立岗时须面带微笑，对上车旅客行 15° 鞠躬礼并向旅客问好。

4）站台巡视

列车长从车门立岗处朝列车前进方向巡视至首节车厢，然后反向巡视至列车尾部，再返回原位。

5）联控关门

列车长联控关门用语：××次司机，旅客乘降完毕，请关门。列车长用语须准确规范，要仔细确认车门关闭状态，发现车门故障，及时通知随车机械师处理。

6）车门监控

列车关门后，列车长在车内的车门处立岗，行注目礼至列车驶出站台。

3. 始发站出场作业

1）播放音、视频

播放音频时，音量适中、内容准确。播放视频时，视频的音量不高于 30 分贝，视频播放完毕后将视频系统调至静音。

2）安全检查

列车长组织乘警进行全列的安全检查。

3）查询乘车人数

使用站车无线信息交互系统查询旅客人数，并将人数信息通知列车员。

4）组织核票

列车长核票时，双手接票并告知旅客到站时间，将旅客信息登记到乘务手册上，核票的同时，可进行禁烟宣传。列车长须要求无票的旅客补票；发现超重、超大物品时，须要求旅客补费。对“挂失补”车票，列车长要核对席位，确认无误后，开具客运记录交予旅客。

4. 途中作业

1）途中巡视

列车长要确保列车运行途中车容整齐，卫生达标，发现故障及时登记并通知随车机械师，客服设备设施发生故障，不能修复时，悬挂故障提示牌并及时向客运段调度员报告；对违规作业行为及时纠正，相关情况登记到列车长乘务日志中。列车长要在 20 分钟内将吸烟旅客的身份信息及其吸烟的具体情况上报客运段生产调度指挥中心。

图 3-5　列车长巡视车厢

列车长巡视车厢如图 3-5 所示。

2）组织验票

列车长应要求旅客对超重、超大物品进行补费，对超高儿童按规定进行补票。发现“票、证、人”不符及无票人员按规定处理。发放、收回票据和票款时，要在确认无误后，签字交接。对挂失补车票及时核对席位使用情况，开具客运记录。列车长还要督促列车员在验票过程中，进行禁烟口头宣传。

3）组织用餐

列车长组织乘务人员轮换用餐，乘务人员用餐要避开旅客集中用餐和站停时间段，安排未用餐的乘务人员负责全列的服务和巡视，每人每次用餐时间为15分钟，餐后及时返回岗位。

4）广播宣传

列车长须按规定播放广播，不得擅自增减广播内容及频次。

5. 途中停站作业

1）到站前巡视

列车长须确保途中停站前车内卫生达标。到站前10分钟，通知列车员、乘服员确认车门状态指示灯在绿灯位置。遇有故障及时组织旅客到其他车门乘降。旅客过于集中时，提前组织旅客分散乘降。

2）车门立岗

到站前2分钟，列车长到达规定车门处立岗，立岗姿势端正，行注目礼至列车停稳。

3）站车交接

列车长与站台客运员在规定位置办理交接，交接时相互敬礼，交接手续须齐全、清楚。

4）通知关门

开车铃响，列车长须目测确认旅客乘降完毕并得到乘务人员旅客上、下车完毕的报告后，从规定的车门登车，按始发站车门关闭程序通知司机关闭车门。

6. 终到作业

1）终到巡视

终到前30分钟，列车长进行全列巡视，督促列车员、乘服员进行车容整理。对重点旅客进行提示并引导其至下车车门，确保乘降工作安全有序。

2）车门立岗

到站后，列车长在车门处立岗，立岗时姿势端正，行注目礼至列车停稳，帮扶重点旅客下车，鞠躬送别旅客。

3）站车交接

列车长在指定位置与站台客运员办理交接，相互敬礼，交接清楚。

7. 折返作业

1）整备鉴定

列车立即折返时，列车长督促各岗位人员按分工迅速恢复车容，投放垃圾、整理座椅、进行卫生保洁，将整备情况进行登记。

2）上水作业

列车立即折返时，列车长接到车站上水人员作业完毕的通知后，检查列车水箱水位情况，发现问题及时通知车站处理。

3）立岗迎客

列车立即折返时，列车长按始发站迎客作业标准立岗迎客。

4）入住公寓

列车非立即折返时，列车长组织乘务人员列队经指定路线前往公寓。补票机、站车无线信息交互系统、GSM-R 手持终端放入公寓保管。列车长须要求乘务人员按时休息，执行请销假制度并填写动车组车队折返站公寓入住登记簿。

5）召开返程会

返程开车前，列车长召开返程会，布置返程的重点工作，做到任务交代清楚，措施得当，重点突出。在折返站站台确认备品、消耗品配置情况，检查列车整备质量。

8. 退乘作业

1）终到清点

列车终到前 20 分钟，列车长组织清点备品、消耗品，做好交接准备。

2）终到交款

列车长须确保票据、票款账目准确。交款作业由列车长与一位列车员（兼管收入）负责。交款作业须有乘警护送，走规定路线，以确保票款安全，无乘警护送，严禁交款。

3）退乘点名

列车长组织乘务人员统一从规定车门下车列队，按指定路线到派班室接受点名。列车长将各种票据、表、报与派班室值班员进行交接。

4）召开退乘会

列车长负责召开退乘会，总结经验教训，不断改进工作，要做到发生问题“四不放过”：未查清原因不放过、未找出责任者不放过、职工未吸取教训不放过、未制定整改措施不放过。

二、乘务员服务质量标准

1. 出乘前准备作业

1）待乘

乘务员要严格遵守待乘管理规定，使用公寓的固定床位，班前充分休息，列车始发前 2 小时起床。

2）请领票据、设备

由一位乘务员（兼管收入）与列车长共同请领补票机及票据，同时请领对讲机、站车无线信息交互系统、GSM-R 手持终端、备品柜、金柜钥匙，确认票据、票种齐全，设备电量充足，状态良好，签字接收。其他乘务员请领相应的设备。

3）派班点名

乘务员穿着规定的制服，佩戴职务标志，携带乘务包及必备资料，列队整齐，接受点名。

4）参加出乘会

乘务员要认真学习上级下发的文电及有关业务知识，听取列车长关于本趟列车的重点工作部署，认真记录、掌握重点。

5）列队接车

乘务员行走时两人成排，三人成列，右手拉提乘务箱，大衣不穿时统一搭在左手臂上，列队整齐，步调一致。乘务员在出库车底进站前 5 分钟到达站台指定位置，等候列车时队形不变，面向列车，乘务箱摆放在身体右侧距右脚 10 cm 处，箱体前部外边沿与脚尖平齐。乘务员从指定车门登乘列车，上车后及时关闭各车车门，临时作业需要再次打开车门时，随开随关，以保持车内温度。

2. 始发站准备作业

1）校验对讲机

乘务员要确保对讲机对话清晰，音量适中，通过对讲机与列车长核对时刻并确认车次信息。

2）接车检查

乘务员要确保各车厢消防设施和车辆设备状态良好，能正常使用，如发现车辆设备有问题立即报告列车长。每位乘务员负责相应车厢的检查工作，确保各种服务备品、消耗品齐全，定位摆放、干净整洁。

3）整理车容

乘务员整理扶手、靠背、遮阳板、小桌板、头枕、脚踏板等，将可旋转式座椅转向列车运行方向。

乘务员整理车容如图 3-6 所示。

图 3-6　乘务员整理车容

3. 始发站出场作业

1）立岗迎客

乘务员在旅客上车车门处立岗，挺胸、收腹，脚跟并拢，脚尖略分开。女性乘务员双手四指并拢，交叉相握，右手叠放在左手之上，自然放于腹前；男性乘务员五指并拢，双臂自然下垂，两手中指贴裤缝。乘务员立岗时须面带微笑，对上车旅客行 15° 鞠躬礼并向旅客问好；提醒旅客按次序上车，注意脚下安全；引导旅客进入车厢，引领重点旅客就座；提醒旅客将大件携带品放在大件行李区；发现上错车人员或送站人员，及时劝告其下车。

2）检查车门

车门关闭后，乘务员检查分管的车门是否正常关闭，确认车门正常关闭后，在最后确认车门处面向站台方向立岗。

乘务员检查车门如图 3-7 所示。

图 3-7　乘务员检查车门

4. 始发站开车后作业

1）整理车容

乘务员逐个整理分管车厢，规范处置大件行李及铁器、锐器等物品，确保行李在行李架上摆放平稳、整齐，确保通道畅通。

2）查验车票

乘务员核票时，双手接票并告知旅客到站时间，核票的同时，可进行禁烟宣传。乘务员须要求无票旅客补票；发现超重、超大物品时，须要求旅客补费；协助列车长进行补票、补费的相关工作。

3）其他工作

乘务员根据列车长告知的乘车人数，在分管车厢进行人员核定，劝离越席旅客；登记持公免票旅客的姓名、工作单位；发现重点旅客及时报告列车长。

5. 途中作业

1）巡视车厢

乘务员要随时掌握车内动态，及时解决旅客困难，耐心解答旅客询问，向旅客提供服务；检查车辆设备设施，重点检查车门、电茶炉，做好安全提示；发现吸烟问题报告列车长、乘警；及时掌握分管车厢的水箱水量剩余情况和污物箱容量剩余情况；协助乘服员进行车内过道、卫生间、车厢连接处地面的卫生保洁；及时补充消耗品。

2）广播宣传

乘务员须按规定播放广播，不得擅自增减广播内容及频次。

3）用餐

乘务员应避开旅客集中用餐和站停时间段用餐，用餐时间为每人每次 15 分钟，餐后及时返回岗位。

4）验票

乘务员在列车行驶途中发现超重、超大物品须及时要求旅客补费；对超高儿童按规定进行补票；对“票、证、人”不符及无票人员按规定处理；配合列车长处理各种涉票事项。

乘务员配合列车长处理涉票事项如图 3-8 所示。

图 3-8　乘务员配合列车长处理涉票事项

6. 途中停站作业

1）到站前清扫

列车到站前 10 分钟，乘务员须做好车容整理及垃圾投放的准备工作。

2）到站提醒

列车到站前 5 分钟，乘务员要做好到站前的提醒工作，协助重点旅客做好下车准备。提醒未到站的旅客不要下车。旅客过于集中时，乘务员要提前组织旅客分散乘降。

3）车门立岗

乘务员应在车门处立岗，立岗姿势端正，行注目礼至列车停稳，发现车门故障立即通知列车长。

4）组织乘降

迎送旅客时，乘务员应面带微笑，向旅客行 15° 鞠躬礼并对上下车旅客进行安全提示；

发现上错车或送站人员应及时劝告其下车；对站台上吸烟的旅客进行安全提示。出现大雾等恶劣天气，乘务员须执行分车厢报告乘降情况的制度。

5）投放垃圾

乘务员必须将垃圾装袋扎口，投放在站台指定地点。

6）车门监控

车门关闭后，乘务员按始发站确认程序和出站立岗标准作业。

7. 终到作业

1）卫生清扫

列车终到前 30 分钟，乘务员协助乘服员进行卫生清扫、车容整理及垃圾投放工作，整理服务备品和消耗品。

2）终到提醒

列车终到前 5 分钟，乘务员要做好重点旅客到站提醒工作，协助重点旅客做好下车准备。

3）车门立岗

列车终到前 2 分钟，乘务员到规定车门处立岗，立岗时姿势端正，行注目礼至列车停稳，帮扶重点旅客下车，鞠躬送别旅客。

4）检查旅客遗失物品

旅客下车完毕，乘务员须对分管车厢进行全面检查，发现旅客遗失物品，要准确记录旅客遗失物品的具体发现位置并向列车长报告。

8. 折返作业

1）折返整备

列车立即折返时，乘务员须按分工对车容进行恢复，做到卫生达标，车容整齐。乘务员要确保厕所面镜洁净，洗脸（手）池和便器无污物、无异味，电茶炉沥水盘洁净；将消耗品和保洁工具定位放置；将服务指南、免费读物等备品补足配齐，定位放置；将可旋转式座椅转向列车运行方向。

2）监控上水

列车立即折返时，乘务员须按分工确认折返站上水情况。

3）立岗迎客

列车立即折返时，乘务员须按始发站迎客作业标准执行折返站迎客作业。

4）入住公寓

列车非立即折返时，由一位乘务员（兼管收入）陪同列车长将票据、票款存放在车站指定位置；将补票机、站车无线信息交互系统、GSM-R 手持终端放入公寓保管。其他乘务员按分工清点备品、消耗品数量。乘务员从规定车门下车列队，入住公寓，按时休息，执行请销假制度。

5）参加返程会

乘务员按时参加返程会，听取列车长布置返程重点工作。

9. 退乘作业

1）终到清点交接

旅客全部下车后，乘务员对备品进行整理后交予接车人员。

2）终到交款

由列车长与一位乘务员（兼管收入）负责进行交款作业。交款作业须有乘警护送，走规定路线，以确保票款安全，无乘警护送，严禁交款。

3）退乘点名

乘务员列队到派班室接受点名。

4）参加退乘会

乘务员听取列车长关于本趟列车乘务工作的总结，认真做好记录并做好问题整改工作。

三、餐服员服务质量标准

1. 出乘前准备作业

1）待乘

餐服员要严格遵守待乘管理规定，使用公寓的固定床位，班前充分休息，列车始发前 2 小时起床。

2）请领商品

餐服员按上料单签认商品，确保各类商品包装合理，数量准确；确保食品在保质期内，无腐烂、变质、破损、胀袋等现象。

3）派班点名

餐服员穿着规定制服，佩戴职务标志，携带必备资料（餐服员手册、健康证、上岗证、卫生许可证、发票等），列队整齐，接受点名。

4）参加出乘会

餐服员要按规定时间参加出乘会，学习上级下发的文电及业务知识，听取列车长关于本趟列车的重点工作部署。

5）列队接车

餐服员行走时两人成排，三人成列，右手拉提乘务箱，大衣不穿时统一搭在左手臂上，列队整齐，步调一致。列车进站停稳后，餐服员列队从规定车门登车，迅速将乘务包等用品定位摆放。

图 3-9　餐服员流动销售商品

2. 始发站准备作业

1）校验对讲机

餐服员要确保对讲机对话清晰，音量适中，通过对讲机与列车长核对时刻并确认车次信息。

2）整理餐车

餐服员要确保商品摆放整齐、美观；商品柜、冰箱、吧台、橱柜不放置私人物品；乘务餐需冷藏时，定位放置在后厨专用冰箱，严禁与商品混放；遇商品品种更换及脱销时，及时更新价目表；确保售货车内外清洁，商品在售货车内定位放置，检查售货车的制动装置和防撞胶条；确保售货车不堵通道，不占用旅客空间。餐服员流动销售商品如图 3-9 所示。

3）接车检查

餐服员要检查餐车内消防器材、线路、外接电源及电器设备的状态；检查储藏柜锁闭的情况；对餐车吧台、后厨等区域进行二次保洁；检查售货车制动性能。

4）整理资料

餐服员要检查、整理上料单、卫生许可证、发票等资料、票据。

3. 始发站出场作业

1）吧台立岗

餐服员在吧台立岗时要挺胸、收腹，脚跟并拢，脚尖略分开。女性餐服员双手四指并拢，交叉相握，右手叠放在左手之上，自然放于腹前；男性餐服员五指并拢，双臂自然下垂，两手中指贴裤缝。餐服员立岗时须面带微笑，对经过的旅客行 15° 鞠躬礼并向旅客问好。

2）检查车门

餐服员要检查餐车侧门、后厨边门。

4. 途中作业

1）销售商品

餐服员应主动介绍商品，服务热情，用语标准；复述旅客所点的餐食和商品的名称、数量、价格，唱收唱付；递送餐食和商品给旅客时，动作迅速、双手端拿；熟知所售商品的品名、口味、特点、价格；找零准确、及时。

餐服员销售商品如图 3-10 所示。

图 3-10　餐服员销售商品

2）食品加热

餐服员进行食品加热时，应佩戴口罩和手套；出售盒饭时，现热现卖；推售货车售盒饭应少量多次，避免加热后无法尽数售出；已加热的盒饭延时售出时，必须在价格标签上记录完成加热的时间（现热现卖的盒饭除外）；加热后超过两小时未售出的盒饭一律销毁，严禁重复加热。餐服员应随时关注餐车内电气线路及电器设备情况，食品加热后，切断微波炉电源。

3）解答询问

餐服员可携带所担当车次的时刻表，方便解答旅客咨询的相关问题，对无能力解答的问题，可通知乘务员或列车长处理。

4）途中补料

餐服员发现商品存量不足时，要及时联系补充商品事宜，明确告诉商品供应单位要补充商品的品名和件数，接收商品时，要注意安全。

5）报废销毁

餐服员要检查商品的有效期和包装状态，发现过期、变质商品要及时报废并立即销毁。

5. 终到作业

1）卫生清扫

列车终到前 30 分钟，餐服员要做好餐车的卫生清扫工作，恢复车容，将备品定位；清点各种商品，打包装箱。

2）终到立岗

列车终到前 2 分钟，餐服员在吧台立岗送别旅客，立岗时要面带微笑，向下车旅客行 15°

鞠躬礼并向旅客道别。

6. 折返作业

1）折返整备

列车立即折返时，餐服员在列车到站前应清点库存餐食，整理吧台，补充商品，确认账目准确，售货车状态良好。

2）确认上水

列车立即折返时，餐服员应检查餐车在折返站的上水情况。

3）入住公寓

列车非立即折返时，餐服员要清点列车上商品的数量，与折返站商品库保管人员做好交接。餐服员领取乘务包后，统一从规定车门下车，入住公寓，按时休息，执行请销假制度。

4）参加返程会

餐服员按时参加返程会，听取列车长布置返程重点工作。

7. 退乘作业

1）终到清点交接

列车终到前 30 分钟，餐服员要盘点本趟列车的商品，掌握商品销售情况、剩余数量情况，旅客全部下车后，将剩余的商品打包装箱与商品库保管人员进行交接。

2）退乘点名

餐服员列队整齐，从规定车门下车，按指定路线到派班室接受点名。

3）参加退乘会

餐服员听取列车长关于本趟列车乘务工作的总结，认真做好记录并做好问题整改工作。

4）汇报工作

餐服员到商品库向业务主管汇报本趟列车餐售工作情况。

四、乘服员服务质量标准

1. 出乘前准备作业

1）待乘

乘服员应遵守待乘管理规定，使用公寓的固定床位，班前充分休息，列车始发前 2 小时起床。

2）出乘点名

乘服员应在列车始发前 1 小时到派班室，接受点名，穿着规定制服，佩戴职务标志，携带乘务包、作业工具及必备证件、资料，确保对讲机电量充足。

3）参加出乘会

乘服员应按时参加出乘会，学习上级下发的文电及业务知识，听取列车长关于本趟列车的重点工作部署。

4）列队接车

乘服员行走时两人成排，三人成列，右手拉提乘务箱，大衣不穿时统一搭在左手臂上，经指定路线进站接车。列车进站停稳后，乘服员列队从规定车门登车，迅速将乘务包等用品定位摆放。

2. 始发站准备作业

1）校验对讲机

乘服员要确保对讲机对话清晰，音量适中，通过对讲机与列车长核对时刻并确认车次信息。

2）接车整备

乘服员检查、整理卫生间、垃圾箱，对停车库内保洁工作的漏项进行处理。

3. 始发站出场作业

1）立岗迎客

接到列车长对讲通知后，乘服员在规定车门内立岗，引导旅客乘降，立岗时面带微笑，对上车旅客行 15° 鞠躬礼并向旅客问好。乘服员应提醒旅客按次序上车，注意脚下安全；引导旅客进入车厢，引领重点旅客就座；提醒旅客将大件携带品放在大件行李区；发现上错车人员或送站人员及时劝告其下车。

2）检查车门

车门关闭后，乘服员按规定顺序检查分管车门是否正常关闭。确认车门正常关闭后，在最后确认车门处面向站台方向立岗，行注目礼至列车驶出站台。

4. 途中作业

1）卫生清扫

列车于始发站驶出站台后，乘服员对车内过道、卫生间、车厢连接处地面进行一次全面清扫。确保地面清洁、干爽、无杂物。

2）循环保洁

乘服员每 30 分钟对分管车厢进行一次保洁、整理。乘服员对电茶炉附近、卫生间门前等地面进行擦抹，补充一次性纸杯；地面洒有饮料等黏稠物，以及出现垃圾时进行彻底清理，做到地面无水渍、无杂物；对各处所玻璃、电镀件进行清洁；对卫生间进行全面清理，使用消毒液对坐便器进行消毒，补充卫生间内消耗品；清理车厢内、卫生间内的垃圾箱，更换垃圾袋，装满垃圾的垃圾袋取出后，扎口放在非乘降侧的门边；对旅客使用过的擦手纸、食品包装袋、饭盒等垃圾随时清理。

3）辅助开餐

乘服员在开餐前放出分管车厢电茶炉的冷水，开餐后使用垃圾车在车内收取垃圾，要避免垃圾车碰撞到旅客。

4）车内巡视

乘服员在进行循环保洁时，须随时掌握车内动态，解决旅客的问题，做好重点旅客的服务工作，向打开水、倚靠车门、在站台吸烟的旅客进行安全宣传。

5. 途中停站作业

1）到站前清扫

列车到站前 10 分钟，乘服员须做好卫生清扫、车容整理工作，确保车内卫生达标，消耗品充足。

2）车门立岗

列车到站前 2 分钟，乘服员应在规定车门处立岗，立岗时姿势端正，行注目礼至列车停稳，发现车门故障立即通知列车长。

3）组织乘降

车门开启后，乘服员组织旅客先下后上，送别下车旅客，向上车旅客问好；引导旅客进入车厢，放好随身携带物品；引领重点旅客就座；发现上错车人员或送站人员及时劝告其下车，不能处理时向列车长汇报。

4）投放垃圾

乘服员将分管车厢的垃圾装袋扎口，投放在站台指定位置。

5）车门监控

车门关闭后，乘服员执行始发站车门关闭确认程序，发现分管车门故障无法关闭时，及时通知列车长。

6. 终到作业

1）卫生清扫

列车终到前 30 分钟，乘服员做好分管车厢的卫生清扫、车容整理及垃圾投放等工作并整理服务备品和消耗品。

2）终到提醒

列车终到前 5 分钟，乘服员要提前清理门边物品，保持通道畅通，做好重点旅客到站提醒工作，协助重点旅客做好下车准备。

3）车门立岗

到站前 2 分钟，乘服员在规定车门处立岗，到站后在车门外立岗，立岗时姿势端正，帮扶重点旅客下车，鞠躬送别旅客。

4）检查旅客遗失物品

旅客下车完毕，乘服员对分管车厢进行全面检查，发现旅客遗失物品，要准确记录旅客遗失物品的具体发现位置并报告列车长。

7. 折返作业

1）折返整备

列车立即折返时，乘服员须按分工进行列车卫生清扫、垃圾投放工作；进行服务备品、消耗品的补充和定位放置工作。乘服员须确保列车卫生达标，车容整齐，厕所面镜洁净，洗脸（手）池和便器无污物、无异味；电茶炉沥水盘洁净；消耗品、保洁工具定位放置。

2）立岗迎客

列车立即折返时，乘服员按始发站迎客作业标准立岗迎客。

3）入住公寓

列车非立即折返时，乘服员清点备品、消耗品数量，领取乘务包后从规定车门下车列队，入住公寓，按时休息，执行请销假制度。

8. 退乘作业

1）退乘点名

乘服员列队整齐，从规定车门下车，按指定路线到派班室接受点名。

2）参加退乘会

乘服员听取列车长关于本趟列车乘务工作的总结，认真做好记录并做好问题整改工作。

任务三　乘务服务礼仪

一、针对普通旅客的服务礼仪

1. 始发迎客

（1）在座位的网兜内，整齐地放置各类期刊和清洁袋。

（2）检查洗手液是否注满、喷头是否通畅，将车厢内电源插座外盖扣好。

（3）如果车厢内的空气不够清新，在旅客上车前，乘务人员可在座椅侧面、窗帘上喷洒少量香水，车厢内喷洒少量空气清新剂，洗手间内除喷洒空气清新剂外，还可将固体香水取下直接对准通风口，以起到祛除异味的作用。

（4）乘务人员的行李物品不能占用旅客行李架。

（5）乘务人员在车厢中相遇时可背对背侧身，让对方通过，与旅客相遇时则应礼让旅客，让旅客先行通过。

（6）列车上要备有《列车时刻表》及日常小用品、常用药品。

（7）确保每个商务座位、一等座位的网兜内配备的杂志种类齐全。

（8）迎客前须再次整理仪容仪表，旅客上车时，主动问候旅客，老人等重点旅客上车时，主动上前搀扶，协助提拿行李，儿童上车时弯腰问候，可抚摸儿童肩部表达对儿童的关爱。

（9）委婉提醒旅客找到座位后将过道让开，以便后面的旅客通过，但不得吆喝、推搡旅客，随时注意自身在疏通过道或协助旅客安放行李时是否堵住了过道。

（10）提醒旅客将大件物品存放在大件行李架上，小件物品按安全要求规范地放在座位上方的行李架上，要亲切、友好地提醒旅客不要将所携带的物品放在过道上，以免给其他旅客带来不便。

（11）协助老、弱、病、残及行李过多、过重的旅客安放行李。

（12）卧铺车厢乘务人员须主动上前迎接旅客并将其带到铺位上。

（13）在帮旅客摆放行李时，要先经旅客同意，摆放时轻拿轻放，同时要注意将行李尽量摆放在旅客视线范围内，并提醒旅客自行看管好行李。避免将行李摆放在离旅客座位过远的行李架上，尤其是老年旅客的行李，要尽量放置在其座位的下方、上方或前方，避免其因无法照看而感到不安。

2. 途中服务

（1）当发现旅客自带旅行茶杯时，可询问旅客是否需要添加茶水。

（2）当旅客正在食用自带的食品时，可询问旅客是否需要清洁袋。

（3）仔细观察旅客，对神色异常、感觉不舒服的旅客及时给予关心和帮助。

（4）为旅客提供服务时，要使用规范的服务用语。

（5）当旅客结伴而行时，可为其调转座椅方向，使他们能够面对面乘车。若旅客与朋友或家人座位不在一起时，可尽量为其调换座位。

（6）在保障安全、不违反政策的前提下适当为患病、身材高大等有特殊困难的旅客调整到更加舒适的座位或为其升级座位等级。

列车马上要开动前，如旅客尚未就座，可上前提醒旅客坐好，注意安全。

（7）提醒旅客不要把容易滴洒的液体放在行李架上。

（8）提醒旅客保管好笔记本电脑等贵重物品或易碎物品。

（9）放置报纸后勤洗手，以免污染其他物品。要检查报纸日期，避免发放过期报纸。

（10）乘务人员在车厢中走动，动作要轻，避免碰撞正在阅读报刊或休息的旅客，拉帘子的动作要轻并要提前和旅客打好招呼，避免惊扰旅客。

（11）对于一等座旅客，如果旅客需要，可为其提供拖鞋。禁止用大、小托盘送拖鞋，送拖鞋时一次最多拿 4 双。可在旅客面前打开拖鞋的外包装，用手撑开拖鞋鞋面并将拖鞋整齐地摆放在旅客靠过道的脚边。

（12）提前安排好视频播放顺序。乘务人员要提前在车厢感受音量大小，并做适当调整。

（13）了解旅客对视频节目的反应，及时更换不受欢迎的节目。

（14）为商务座旅客提供饮品时，主动协助旅客打开小桌板。检查列车提供的食品、饮料的品质，以及餐饮用具是否干净。商务座如图 3-11 所示。

（15）服务商务座旅客时，不要等到旅客的饮料全部喝完后再为旅客添加。热水须保持一定的温度，禁止为旅客提供“温吞水”，提供茶水、咖啡、米饭或汤时，为了防滑避免烫着旅客，可在杯子、饭碗、汤碗与下面的垫盘之间垫张纸巾。

（16）为旅客送茶和咖啡时，可使用杯托。

（17）为商务座旅客服务时，要留心观察，最好在旅客开口之前就提供所需服务。如图 3-12 所示，乘务人员观察到旅客希望调整座椅靠背时，可主动上前询问，得到肯定答复后为旅客进行服务。

图 3-11　商务座

图 3-12　为旅客调节座椅

3. 餐食服务

如图 3-13 所示，乘务人员应热情地为旅客提供餐食服务。

图 3-13　乘务人员热情地为旅客提供餐食服务

（1）旅客预订的特殊餐食要优先提供。

（2）用委婉的语言提醒前排旅客调直座椅靠背，以方便后排旅客用餐。

（3）为特殊旅客（老人、盲人等行动不便的旅客）提供餐食服务时，要征求旅客意见，在征得其同意后，帮助其打开餐盒。

（4）为旅客冲泡热饮，须同时送上纸巾或湿纸巾。

（5）为旅客提供餐饮服务时要主动协助旅客放下或取出小桌板。

（6）乘务人员为旅客送热饮时要提醒旅客小心烫手。

（7）有旅客在餐饮服务时提出其他的需求，要尽可能及时满足。如当时无法满足，为了避免遗忘，可将旅客的需求、座位号记录下来并尽快给予满足。

（8）禁止将热饮或杂物从旅客头顶上方掠过，旁边旅客协助递送时须及时向提供帮助的旅客致谢。

（9）服务过程中时刻提醒旅客注意安全，阻止儿童在过道上玩耍。

（10）收餐时可在垃圾车的抽屉内准备一些餐巾纸和清洁袋，以及干净的湿毛巾（随时擦拭旅客小桌板上的汤汁）。

（11）注意礼貌用语，对旅客提出的需求尽可能满足，确实无法满足时，委婉地向旅客说明原因，取得旅客的谅解。

（12）掌握好服务节奏，减少旅客等待的时间。

（13）列车变速运行时要固定好售货车内的物品，避免发出较大的声响。

乘务人员用托盘送餐的标准姿势如图 3-14 所示。

图 3-14　乘务人员用托盘送餐的标准姿势

4. 巡视车厢

（1）动车组乘务人员须保持口腔清新，避免口腔异味干扰旅客。

（2）要保持洗手间干净、卫生，定期打开洗手间通风口，及时喷洒香水，如部分洗手间马桶异味较大，须及时盖好马桶盖。

（3）打扫洗手间时须关上洗手间的门，以免冲水的噪声和异味打扰旅客。

（4）乘务人员单独回答旅客询问时，可以采用蹲式服务，音量以不影响其他旅客休息为宜；委婉提醒大声交谈的旅客，避免其影响其他旅客。

（5）巡视车厢时避免碰撞看报或休息的旅客，如不小心碰撞旅客，应及时真诚地道歉。

（6）旅客把报纸伸出过道阅读时，乘务人员应委婉地要求旅客把过道让出并及时对旅客的配合表示感谢。

（7）提醒大声喧哗的旅客保持车厢的安静，要注意说话的态度及语气，充分尊重旅客，宜采用征求意见式劝阻法，而不是严肃的命令式劝阻法。

（8）通过与旅客交谈、发放旅客征询意见表等形式，消除旅客旅途的寂寞，培养旅客乘坐动车组出行的偏好。发放旅客征询意见表时，还须为旅客提供笔。

（9）商务座旅客按了呼唤铃时，乘务人员应立即到车厢询问旅客："请问有什么可以帮你？"之后关闭呼唤铃。禁止出现乘务人员直接关闭呼唤铃，不询问旅客需要什么帮助的情况。

（10）询问商务座阅读书报的旅客是否需要打开阅读灯。

（11）当洗手池水龙头出现故障无法使用时，乘务人员应主动为旅客提供湿纸巾。

（12）列车上供旅客使用的服务设施出现故障时，乘务人员可以提前在出现故障的位置贴上一些提示性的告示。

（13）乘务人员在工作中应时刻保持良好的精神面貌和训练有素的举止。

（14）耐心倾听旅客的各种抱怨，力所能及地满足旅客的要求。

（15）避免谈论有争议的话题，避免与旅客长谈。

（16）列车快到站前，应及时将预计到站时间和到达地的天气等情况告知旅客。

（17）商务座旅客暂时不用的毛毯应及时折叠，整齐地放在其座椅边缘；旅客看完后丢弃的报纸应及时收走。

（18）从乘务人员座椅起身时，用手轻轻按压椅面，避免座椅强烈弹起而发出声响。

（19）送客时，对行李较多的旅客应提供适当的帮助，当其堵住车厢通道时，应主动上前帮助旅客提拿行李；如旅客的背包肩带掉落，可帮其扶好。

5. 其他服务

（1）旅客丢弃在车厢通道上的杂物，包括报纸、纸巾、包装纸，甚至是非常小的牙签、碎纸屑等都要及时清理干净。

（2）注意观察旅客用餐的情况，及时回收旅客用完的餐盘及食品包装，回收时应避免将餐食的汤汁溅落在旅客身上。

（3）为商务座旅客提供毛毯时，毛毯上的动车组标志应正面朝上。

（4）当商务座旅客睡觉时，可协助旅客关闭阅读灯、拉上窗帘，根据旅客休息情况调暗车厢灯光。

（5）旅客休息时，主动提醒旅客头朝窗户方向，避免餐车或行人碰撞其头部。

（6）旅客休息时，应及时收走小桌板或座椅口袋中的杂物，避免杂物影响旅客休息，对于有水的水杯应及时收走或将盖子拧紧，以免水泼洒到旅客身上。

（7）旅客睡着时，实行“零干扰”服务。

（8）委婉阻止持低等级车票的旅客到高等级车厢就座，避免乘务人员及售货车频繁进出车厢。乘务人员说话要轻，动作也要轻，避免打扰旅客。

二、针对特殊旅客的服务礼仪

1. 贵宾旅客

（1）了解贵宾旅客的职务、年龄、性别、服务喜好等信息，以方便为其提供个性化的服务。

（2）贵宾旅客上车时，应向其介绍座位位置和到达时间。

（3）列车长代表乘务组向贵宾旅客致欢迎词，表达竭诚为其服务的意愿。

（4）主动向贵宾旅客介绍供餐程序和餐食品种，征求贵宾旅客的意见后，再确定其用餐的品种和时间。

（5）尽量减少对贵宾旅客的不必要打扰，如贵宾旅客不需要服务，乘务人员之间应做好沟通，避免重复询问。

（6）送客时帮助贵宾旅客提拿行李并交给接站人员或随行人员，真诚地向贵宾旅客道别，表达期待再次为其服务的意愿。

（7）与贵宾旅客聊天时，话题应避免涉及商业机密或政治方面的内容。

（8）不要忽视贵宾旅客的随行人员。

（9）列车乘务人员应真诚地询问贵宾旅客及其随行人员对列车服务质量的满意度。

2. 孕妇、儿童及携带婴儿的旅客

（1）孕妇旅客上车时，应主动帮助其提拿、安放随身携带品。

（2）向孕妇旅客多提供几个清洁袋，主动询问孕妇旅客乘车感受，随时给予照顾。

（3）下车时，乘务人员可协助孕妇旅客提取行李。

（4）儿童旅客上车时可弯腰向其问好，以表示欢迎及爱护，要告知儿童旅客的监护人在列车运行期间不要让孩子随便跑动，以免发生危险。

（5）根据车上现有条件向儿童旅客提供一些读物、玩具等。

（6）主动关闭婴儿所在座位的通风孔，告知携带婴儿的旅客卫生间换尿布台的位置及使用方法。

（7）主动帮助携带婴儿的旅客提拿行李并将行李安放整齐，事先提示其把婴儿用的物品取出，放在便于拿取的位置。

（8）用餐时，提醒携带婴儿的旅客及周围的旅客注意避免将小桌板上的饮料（尤其是热饮）泼洒到婴儿身上。主动询问携带婴儿的旅客是否需要为婴儿准备食物，是否要冲奶粉，有无其他特殊要求等，为婴儿准备热水时，用小毛巾或餐巾纸将装有热水的奶瓶包好，递给照顾婴儿的旅客。

（9）提供饮料服务时，须先将饮料给儿童旅客的监护人后再由其转交给儿童旅客，根据需要为儿童旅客提供吸管。

（10）要时刻关注携带婴儿的旅客，但除非旅客请乘务人员帮忙，否则不要主动去抱婴儿。

（11）对于经过批准上车的无人陪伴、单独乘车儿童，须随时关注其情况并向其提供必要的帮助。

（12）列车到站时，与接站人员做好无人陪伴、单独乘车儿童的交接工作。

3. 老年旅客

（1）老年旅客上车时，需主动上前搀扶并将其送到座位上。

（2）老年旅客腿部怕冷，应主动提供毛毯。

（3）由于老年旅客听觉较差，经常听不清楚广播内容，乘务人员应主动告诉其广播内容并向其介绍车厢服务设备、洗手间的位置等信息。与老年旅客讲话时，音量要提高，但要注意保持友好亲切的说话语气和服务态度。

（4）为老年旅客提供饮料时，应主动介绍饮料的相关情况，提醒老年旅客该饮料是否含有糖分。

（5）老年旅客在用餐时，在征得其同意后，可主动为其打开餐盒及刀叉包。

（6）旅途中经常看望老年旅客，主动问寒问暖。

（7）主动帮助老年旅客填写旅客征询意见表。

（8）到达目的地后，提醒老年旅客别忘记所携带的物品，搀扶其下车，与接站人员做好交接。

（9）如老年旅客要使用洗手间，应及时满足并帮其放好马桶垫纸。

4. 伤残旅客

（1）将伤残旅客安排在离车门较近的位置。

（2）伤残旅客就座后，应主动询问其是否需要枕头或毛毯。

（3）对于下肢伤残的旅客，应及时用小纸箱等物品协助其垫高下肢，尽量使其感觉

舒适。

（4）乘务人员在为伤残旅客（特别是刚受伤的旅客）服务的时候，应保持正常的心态，以免伤其自尊心，不可出现歧视、怜悯等态度。

（5）在供应饮料和餐食时，应帮助伤残旅客放好小桌板，在征得其同意后，帮助其打开餐盒。

（6）无人陪伴的伤残旅客去洗手间时要主动搀扶。

（7）到站后，帮助伤残旅客下车并与接站人员做好交接后，服务工作才结束。

（8）高速铁路客运服务工作中经常会遇到有语言障碍的旅客，掌握基本的手语非常必要。下面介绍几种简单的手语动作。

“你好”的手语动作如图 3-15 所示。

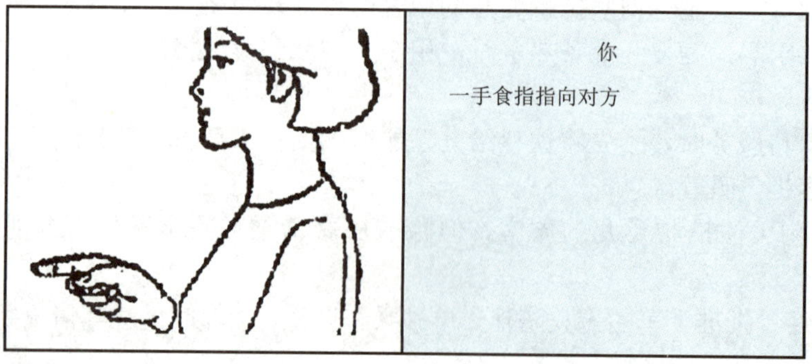

（a）“你”的手语动作

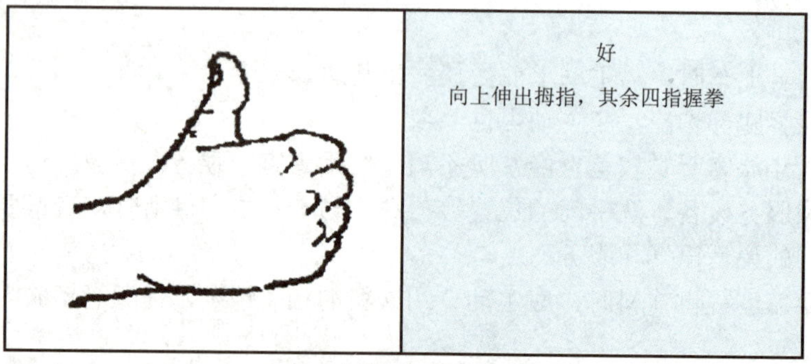

（b）“好”的手语动作

图 3-15 “你好”的手语动作

表示快的手语动作是一手拇指、食指相捏，在眼前迅速划过。

表示慢的手语动作是一手掌心向下，慢慢地上下微动几下。

表示等的手语动作是一手横伸，手背贴于颌下。

“对不起”的手语动作如图 3-16 所示。

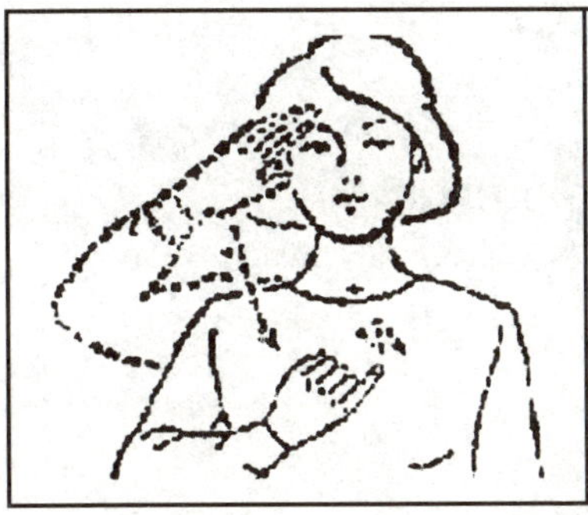

对不起

一手五指并拢，举于额际，先做“敬礼”手势，然后将手下放，伸出小指并在胸部点几下，表示向人致歉并自责之意

图 3-16　“对不起”的手语动作

“零”至“十”的手语动作如图 3-17 所示。

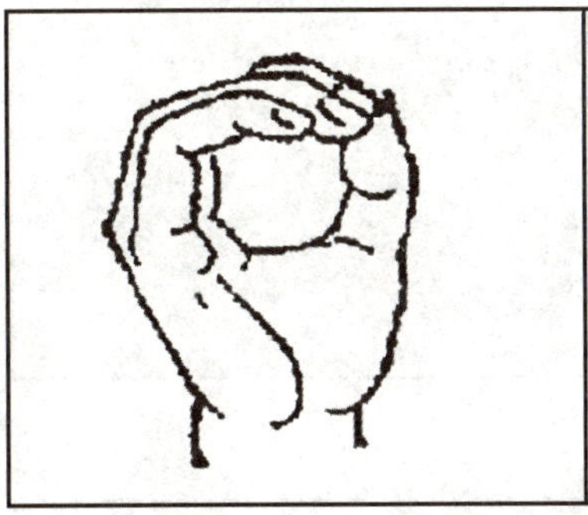

零

一手拇指、食指相捏成圆圈，余指自然弯曲

（a）“零”的手语动作

一

一手伸出食指，其余四指弯曲

（b）“一”的手语动作

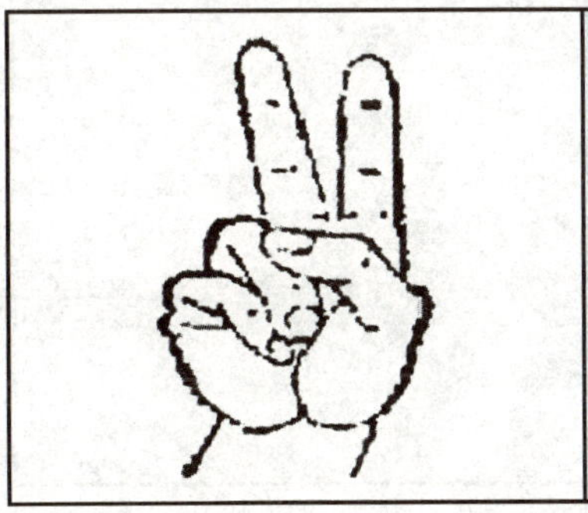

二

一手伸出食指、中指，其余三指弯曲

（c）“二”的手语动作

图 3-17　“零”至“十”的手语动作

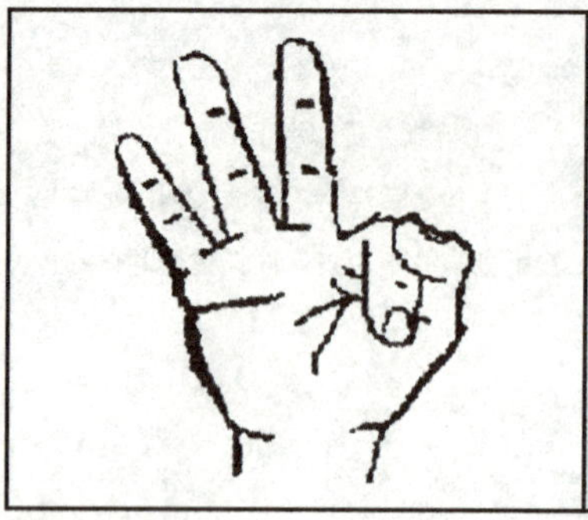

三

一手伸出中指、无名指、小指，拇指、食指弯曲

（d）“三”的手语动作

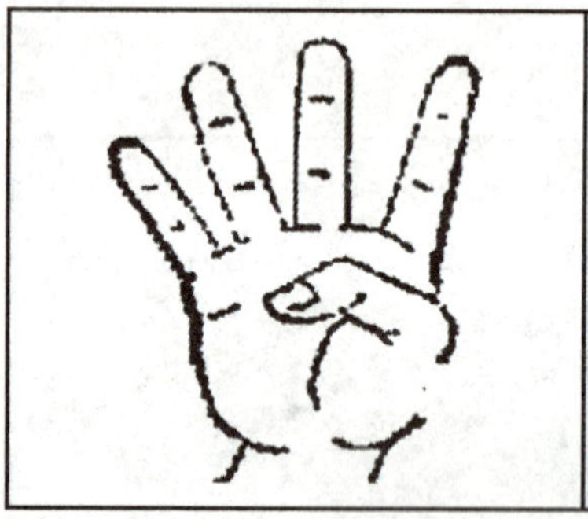

四

一手伸出食指、中指、无名指、小指，拇指弯曲

（e）“四”的手语动作

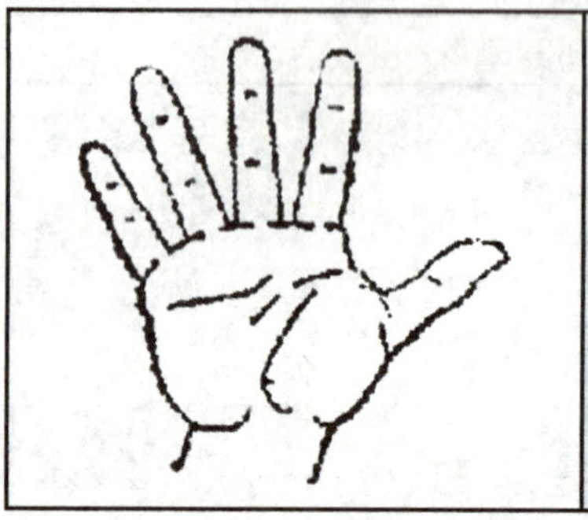

五

五指一起伸出

（f）“五”的手语动作

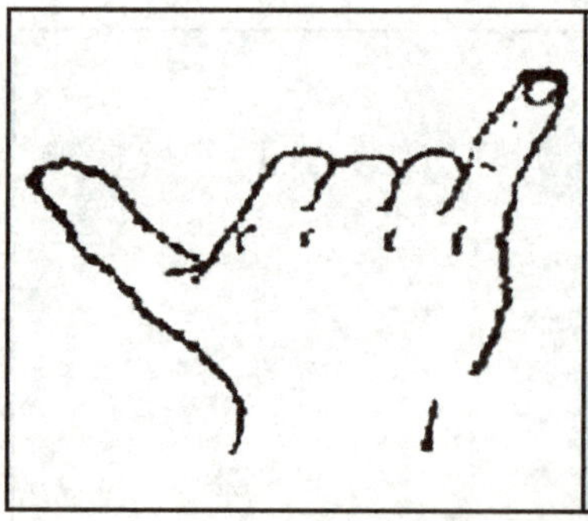

六

一手伸出拇指、小指，其余三指弯曲

（g）“六”的手语动作

图 3-17 “零”至“十”的手语动作（续）

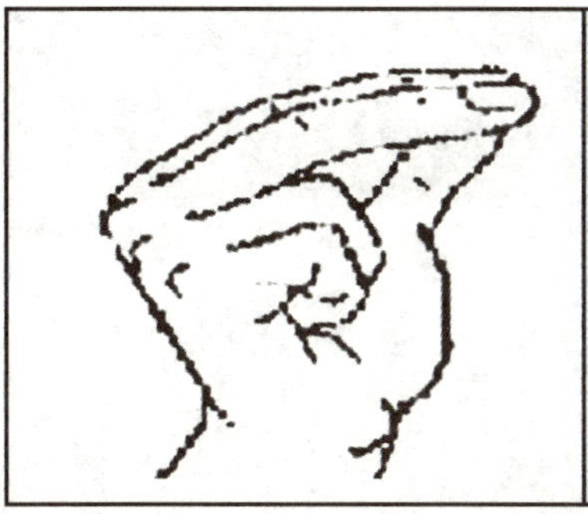

七

一手拇指、食指、中指相捏，其余两指弯曲

（h）“七”的手语动作

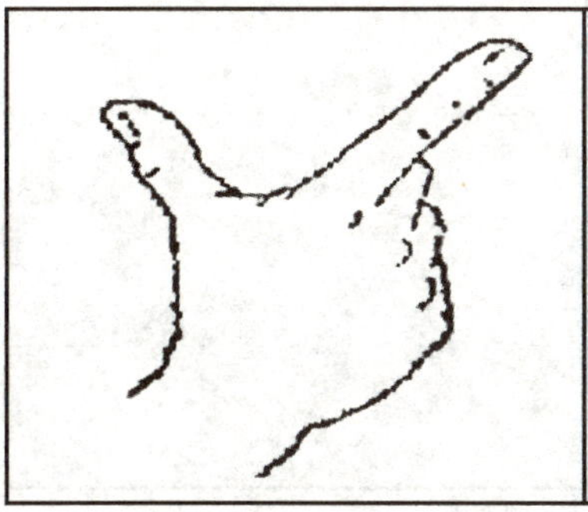

八

一手伸出拇指、食指，其余三指弯曲

（i）“八”的手语动作

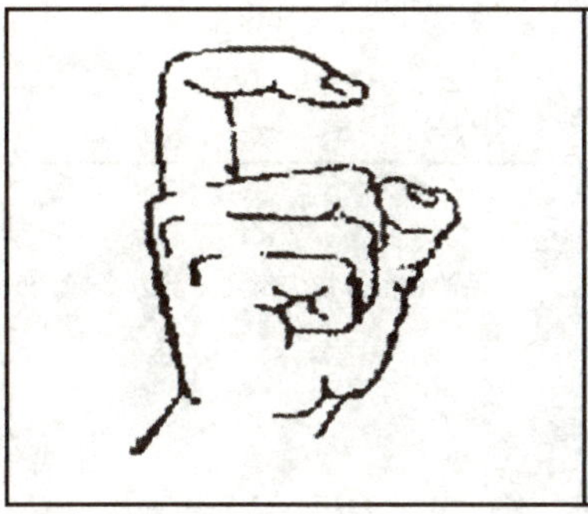

九

一手食指弯如钩形，其余四指弯曲

（j）“九”的手语动作

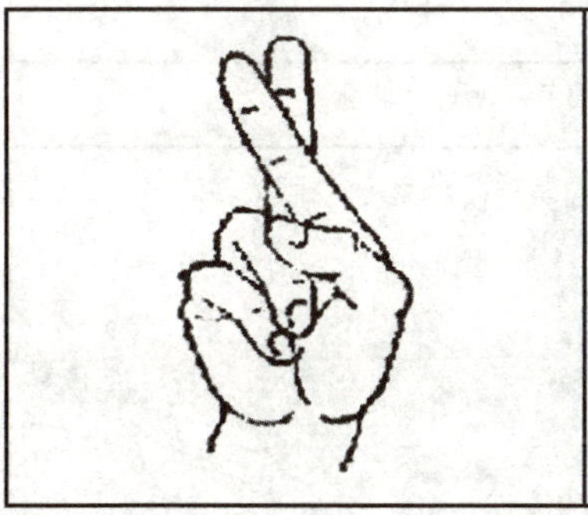

十

一手食指、中指交叉，其余三指弯曲

（k）“十”的手语动作

图 3-17 “零”至“十”的手语动作（续）

“上”“下”的手语动作如图 3-18 所示。

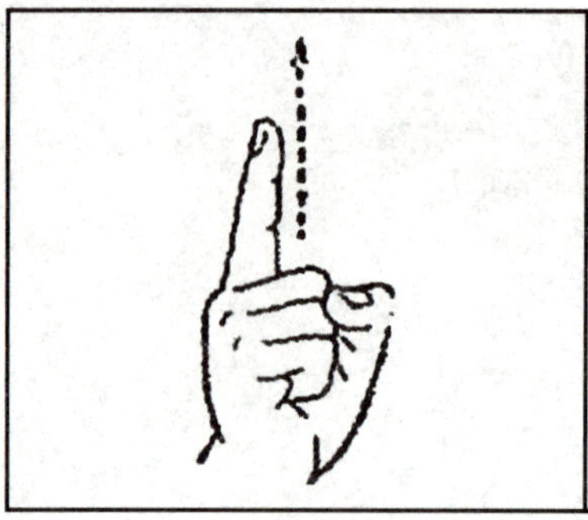

上

一手向上伸食指

（a）“上”的手语动作

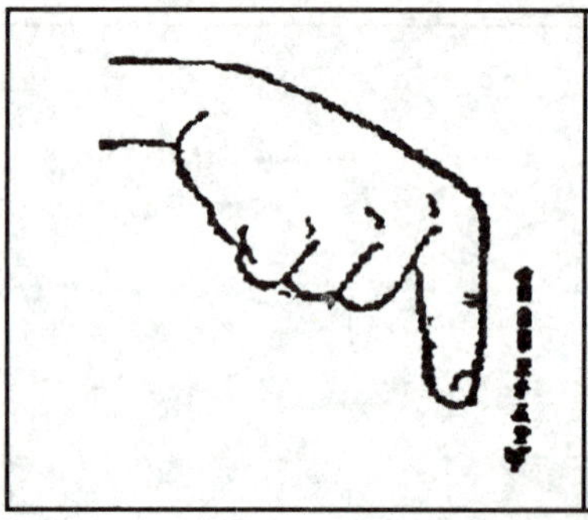

下

一手向下伸食指

（b）“下”的手语动作

图 3-18 “上”“下”的手语动作

“前”“后”“左”“右”的手语动作如图 3-19 所示。

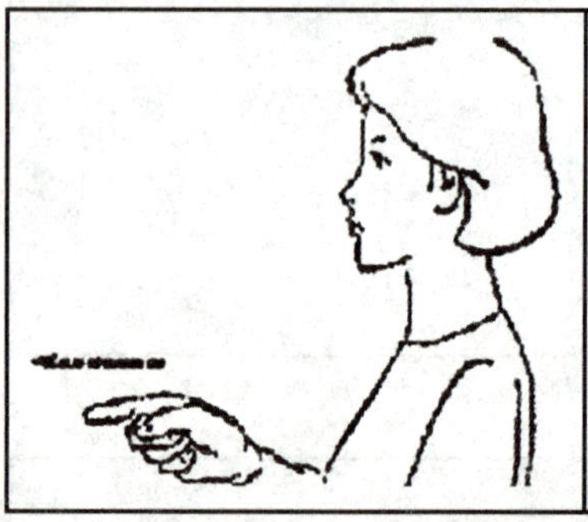

前

一手伸食指，指尖指向正前方

（a）“前”的手语动作

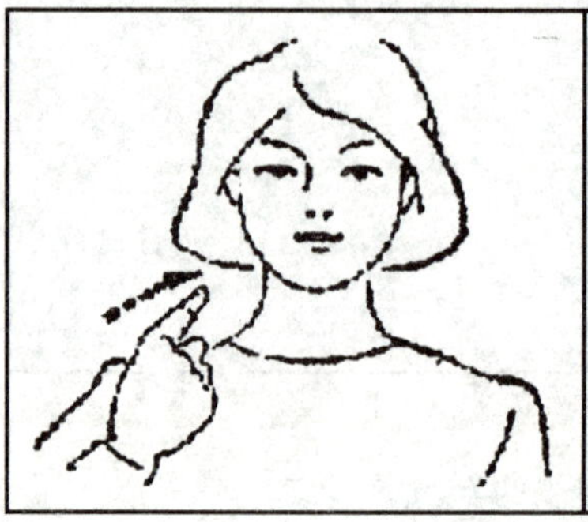

后

一手伸食指，指尖指向肩后

（b）“后”的手语动作

图 3-19 “前”“后”“左”“右”的手语动作

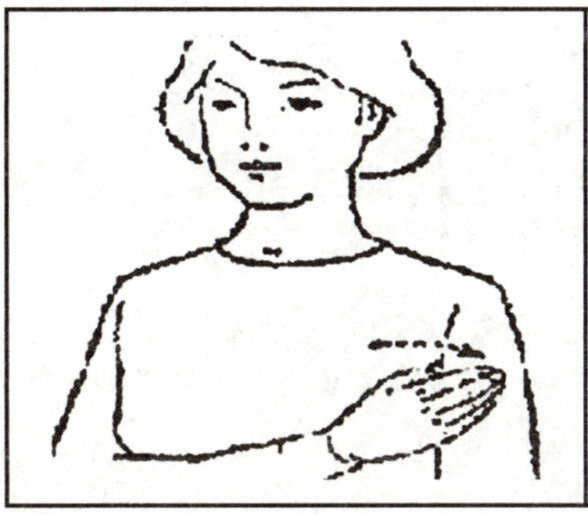

（c）“左”的手语动作

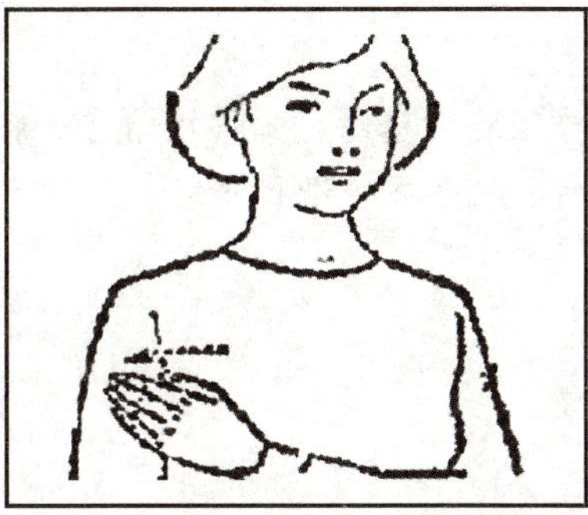

（d）“右”的手语动作

图 3-19　“前”“后”“左”“右”的手语动作（续）

5. 晕车旅客

（1）轻声询问晕车旅客乘车前后的情况及有无晕车史，根据情况为旅客提供晕车药并加以安慰。

（2）主动提供热毛巾、温水及清洁袋，建议晕车旅客解开过紧的领带或衣领扣。

（3）可将晕车旅客转移到人少、通风良好的车厢。

（4）待晕车旅客症状缓解后，适时为旅客提供服务。

（5）下车时，主动帮助晕车旅客提拿行李并搀扶其下车。

项目四

铁路客运服务礼仪实务

项目导语

铁路客运服务礼仪实务技巧是客运服务工作经验的总结，掌握铁路客运服务实务技巧对于铁路客运服务人员至关重要。本项目对常用乘务服务技巧进行介绍。

知识点

（1）补票工作技巧；
（2）旅客车票座位号码重号的处理技巧；
（3）避免二等座旅客打扰一等座旅客的处理技巧；
（4）乘务人员损坏或弄脏旅客衣服的处理技巧；
（5）餐车的服务没有满足旅客的需求，引起旅客投诉时的处理技巧；
（6）在车厢遇有旅客接听手机声音较大、使用计算机时声音较大或大声说话时的处理技巧；
（7）铁路车站面对列车晚点时的应急服务礼仪；
（8）列车晚点时的应急服务礼仪；
（9）铁路车站突发大客流时的应急服务礼仪；
（10）铁路车站大量旅客滞留时的应急服务礼仪；
（11）发生旅客争执时的应急服务礼仪；
（12）旅客丢失、被盗物品时的应急服务礼仪；
（13）旅客受伤时的应急服务礼仪；
（14）旅客食物中毒时的应急服务礼仪；
（15）对精神病旅客的应急服务；
（16）涉外礼仪的基本要求；
（17）涉外礼仪的禁忌；
（18）涉外交际礼仪。

技能目标

（1）掌握补票工作技巧；
（2）掌握旅客车票座位号码重号的处理技巧；
（3）掌握避免二等座旅客打扰一等座旅客的处理技巧；
（4）掌握乘务人员损坏或弄脏旅客衣服的处理技巧；

（5）掌握餐车的服务没有满足旅客的需求，引起旅客投诉时的处理技巧；

（6）掌握在车厢遇有旅客接听手机声音较大、使用计算机时声音较大或大声说话时的处理技巧；

（7）能按照铁路客运应急处理原则处理特殊情况；

（8）能针对铁路车站不同的突发情况，采取有效的服务举措；

（9）能够有效解决在动车组上发生的各种突发情况，为旅客提供符合礼仪规范的服务；

（10）加强训练，提升职业素养；

（11）能了解涉外礼仪的基本要求；

（12）能掌握涉外礼仪的禁忌；

（13）能掌握简单的涉外交际礼仪规范。

项目结构框图

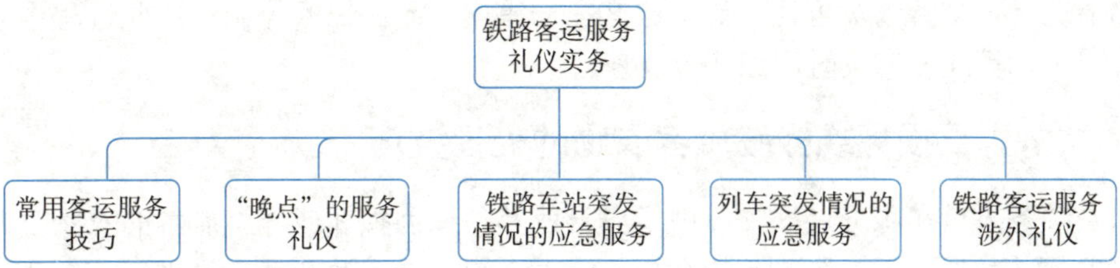

任务一　常用客运服务技巧

一、补票工作技巧

车票是旅客乘车的凭证，是铁路与旅客的运输合同，也是铁路盛情相邀的“请柬”。

查票前要事先做好广播宣传或口头宣传：“旅客们，现在开始查验车票，请大家把车票准备好，谢谢!”要在提醒当中传递一份善解人意的关怀。

查票的时机要在适当时候，以免影响旅客休息。

注意查票时的语言，要亲切礼貌，“请”字当头，如“请出示您的车票”“请收好您的车票，谢谢”，切忌用“查票啦，把车票拿出来”“为什么不买票”“补票去”等生硬、冷漠的话语。

在查票时往往会碰上不理不睬、不配合的旅客。无论他出于什么原因，都不能计较，可略提高音量，态度和蔼地说“先生（女士），请出示您的车票，如果您没来得及买票，可以办理补票手续。”只要据理说事，态度和蔼，大部分旅客是会积极配合的。

切不可有“终于让我逮到你了”的心态，得理不让人。要有理说理，就事论事，绝不能把话题引向旅客的品格、修养上，进行人身攻击。

二、旅客车票座位号码重号的处理技巧

（1）遇到车票座位号码重号的旅客，应认真核对两位旅客的车票，如果确认两张车票座位号码重号，应先向旅客致歉，听取两名旅客的意见，观察哪一名旅客有想要调换其他座位

的意向。

（2）乘务人员应及时将情况报告列车长，列车长根据旅客人数判断同等级车厢是否有空座，尽快安排旅客就座，并委婉告诉旅客如果有空座的话，会协助他调整到其他座位，不要让旅客自行在车厢内找空位就座，以免造成新的问题。

（3）如处理问题需要较长的时间，乘务人员可以帮助其中一位持重号车票的旅客提拿行李，到乘务员室内稍加等候，等全部旅客上车后，协助旅客选择相同等级的空余座位入座。

三、避免二等座旅客打扰一等座旅客的处理技巧

（1）一等座车厢乘务人员应随时监控车厢情况，防止无关人员进入。

（2）发现二等座旅客就座一等座时，可以友善地询问："请问，您是想办理升级手续吗?"处理过程中尽量不要影响一等座旅客休息。

（3）有一等座旅客就座时，应委婉阻止其他旅客在一等座车厢拍照或参观；无一等座旅客就座的情况下，乘务人员可让二等座旅客在一等座车厢做短暂停留，在此过程中须灵活掌握时机，提示二等座旅客及时回原座位就座。

四、乘务人员损坏或弄脏旅客衣物的处理技巧

（1）当乘务人员在服务过程中，由于自身或其他原因损坏或弄脏旅客的衣物时，应马上向旅客致歉（语言要亲切，语气要充满关心），尽量帮助旅客做整理、清洗等弥补工作，将损失降到最低。

（2）对于弄脏的衣物，乘务人员应主动提出帮助旅客清洗，如果在车上无法清洗，应将旅客的联络方式留下，待衣物清洗干净后，以邮寄等方式送还旅客。

（3）对于损坏程度较大，需要赔偿的衣物，应酌情给予赔偿（尽量平息旅客的怒气，以尽快解决问题为首要原则），一般情况下，由列车所属单位承担赔偿费用，如果是乘务人员故意损坏或弄脏旅客衣物，则由乘务人员承担赔偿费用。

（4）如衣物的损坏或弄脏是由不可抗拒的原因引起的，列车所属单位也应给予旅客适当的补偿，以体现铁路部门对旅客的关心。

五、餐车的服务没有满足旅客的需求，引起旅客投诉时的处理技巧

餐车上的盒饭都是冷藏的，当客流量较大时，餐服员应提前加热部分盒饭，尽量避免在用餐高峰期让旅客排长队。如旅客强烈不满，其他乘务人员应积极配合，耐心解释，安抚旅客情绪。不要当着全体旅客的面处理旅客的投诉，尽量把旅客请到车厢连接处，认真倾听旅客意见（让旅客说出他的意见，发泄出他的情绪，也是缓解旅客不满意的一种方法），再向其解释道歉。

六、在车厢遇有旅客接听手机声音较大、使用计算机时声音较大或大声说话时的处理技巧

乘务人员要走到旅客旁边，劝旅客尽量降低接听手机时的声音或到车厢连接处接听手机；用婉转的语言劝使用计算机的旅客戴上耳机或把计算机音量调小；建议旅客说话时要声量适当，尽量不对其他旅客造成影响，最后要对旅客的配合表示感谢。

任务二 “晚点”的服务礼仪

一、“晚点”应急处理程序（车站）

1. 信息通报

（1）接到铁路局集团有限公司（以下简称铁路局）调度所通知有列车大面积晚点时，综控室值班员立即向主管站长、客运车间主任、客运值班主任、售票值班主任、安检值班员通报。

（2）车站总值班室调度员要根据综控室值班员提供的信息经主管站长批准后以短信形式通报客运处相关人员。

（3）主管站长接到通知后，立即赶到现场，宣布启动应急预案。

2. 加强联控

（1）发生列车大面积晚点后，综控室值班员要加强与行车室值班员的联系，了解晚点原因，及时掌握列车的运行信息，及时传递信息，确保车站客运人员及时掌握晚点列车运行情况。

（2）发生列车大面积晚点后，综控室值班员加强与列车长的联控、互控，将列车反馈信息第一时间通报车站相关人员。

3. 发布公告

发生列车晚点后，客运业务科根据铁路局调度命令整理列车运行信息、退票组织信息、改签组织信息、乘降组织信息、候车方案信息等内容，将整理后内容提供给客运车间，由客运车间负责进行广播并将晚点信息录入车站信息显示屏，以确保信息发布的及时性。

4. 退票改签

（1）打开足量的退票（改签）窗口，实施退、售分开。遇有停运、晚点列车较多时，为防止退票、售票客流交织，相互干扰，车站应立即开启售票备用厅，开放多个退票窗口和一定数量的改签窗口。客运车间主管售票副主任要在售票备用厅内组织进行旅客退票、改签工作并及时解答旅客疑问。

（2）客运车间日常配备 5 名应急票务人员，应急票务人员手机 24 小时开机。列车大面积晚点导致票务人员人数紧张的情况下，客运车间值班员立即电话通知应急票务人员迅速到达车站。

（3）放开退票时限。如遇退票客流较大，车站售票厅能力紧张，客运收入科和客运业务科应及时请示铁路局收入稽查处、客运处，申请适当放开退票时限，使旅客可以在较长的时间内到车站办理退票、改签手续，以减轻售票厅的压力。

（4）备足退票资金。停运列车较多时，客运收入科应提前与铁路局财务部门取得联系，申请备用金，同时积极与地方银行沟通备足找零资金。

5. 乘降组织

（1）各部门强化联控、互控，保证乘降秩序。由于列车到达、开车时间的不确定性，为防止出现安全隐患及旅客漏乘情况，候车区、站台、出站口、综控室在开检、停检环节强化联控、互控，尤其是立即折返列车，必须在旅客全部出站后，候车区方可检票。

（2）检票前，相关客运员要对扶梯、自动感应门进行检查。

（3）加强信息发布及晚点致歉工作。综控室要加强与调度室及行车室的联系，了解列车运行情况，及时向旅客通报相关信息。遇有列车调整站台，相关部门要做好候车区进站显示屏、检票显示屏、站台显示屏的调整、核对工作。

（4）加强检票力度，尤其要加强软质车票的验票力度。晚点列车具备发车条件后，检票时，检票口客运员要仔细核对软质车票，防止持其他列车车票的旅客或持后续列车车票的旅客登乘该次列车。

（5）加强与市政部门及相关单位的联动，做好善后处理工作。得到晚点列车到达的确切时间及车上的旅客人数信息后，车站总值班室调度员将有关信息发送至站前管理办公室信息指挥中心。由站前管理办公室信息指挥中心协调市政公共交通部门，保证列车到达后，有足够的公交车、出租车接送旅客。

（6）如晚点列车的旅客无法赶上所要转乘的飞机，客运值班主任要安排问讯处客运员帮助旅客询问机票改签事宜，对于到市内其他火车站换乘的旅客要主动联系相关车站值班人员，保证旅客可以顺利进站上车。

6. 强化旅客引导工作

（1）综控室值班员提前与列车长联系，要求列车长将有改签、退票需求的旅客集中到一节车厢，列车到站后客运值班主任与列车长做好交接，指派专人引导办理改签、退票业务的旅客前往售票厅办理相关手续。

（2）出站口客运员将检票闸机全部置于开放状态并将应急通道门全部打开。

（3）指派 2 名客运员引导出站旅客至出租车等候区、公交车等候区。

7. 应急状态结束

列车恢复正常运行秩序后，主管站长宣布应急处理状况结束。

二、“晚点”服务礼仪（车站）

（1）加强对重点旅客的引导。对“老、弱、病、残、孕”旅客加强帮扶、引导。

（2）提前准备应急食品。发生列车大面积晚点后，客运业务科与相关食品供应商联系，通知其准备好应急食品。

（3）保证旅客饮用水供应及候车区温度。客运值班主任指派专人对站内旅客用电茶炉进行检查，发现故障及时报修。站内温度过高或过低时，客运值班主任通知整备车间及时调整冷、热风设备，保证站内温度适宜。

（4）列车晚点超过 15 分钟时，车站长代表铁路部门向旅客致歉。致歉内容为：女士们、先生们，我是××站站长，××次列车因××原因晚点，现大约晚点××小时××分钟。因列车晚点给您造成不便，我代表铁路部门向您表示诚挚的歉意。

（5）若列车长时间晚点，车站每次致歉间隔时间不超过 20 分钟。

（6）车站应掌握售票、候车及旅客滞留情况，维持好站内秩序并立即向客运主管部门报告。

（7）列车晚点 1 小时以上且逢用餐时间时，车站应免费为等候该次列车的旅客提供饮、食品；按客运调度员的安排，为晚点动车组列车提供饮、食品。

（8）车站应加强列车运行信息公告，积极为旅客办理退票、改签等手续。办理相关手续时，要代表铁路部门向旅客再次表达歉意。

三、“晚点”应急处理程序（列车）

1. 信息通报

铁路局调度所应按规定做好列车晚点信息的预报和通报工作。列车运行晚点超过 15 分钟时，司机应当将晚点原因及时通知列车长。

2. 途中晚点列车处置

列车途中晚点时，列车长要及时联系铁路局客运调度员，报告车内情况和请求协助解决的问题，组织乘务人员积极主动做好服务。晚点 15 分钟以上时，应做好向旅客致歉、解释的工作。乘警应与列车长密切配合，经常巡视车厢，维持好车内治安秩序。

3. 列车始发晚点时车站的处理

列车在始发站晚点 30 分钟以上时，车站应及时通知旅客，旅客在始发站乘车前要求退票或改签时，车站应及时办理退票或改签手续。

4. 干部添乘

列车在始发站晚点 30 分钟以上时，始发站铁路局客运处或客运段须派科长级干部添乘，组织列车乘务组做好服务、解释和安抚旅客工作。

5. 免费用餐

高速动车组列车晚点 1 小时以上并恰逢用餐时间时，由客运调度员安排车站向列车提供食品，列车免费为旅客供餐，免费供餐费用列运输成本。必要时，要求车上的第三方餐饮公司免费向旅客提供食品的，第三方餐饮公司应积极配合。所用食品凭列车长签认单按成本价由列车担当单位向餐饮公司支付。普速列车“晚点”时，一般不提供免费用餐。

6. 热备及更换车底

（1）铁路局应当有具备技术设备条件和服务备品的热备列车和相应数量的乘务人员可随时投入运营。特殊情况使用低等级列车替代时，有关车站应备足票款、开启足够数量的窗口，及时为旅客退还车票差价款。

（2）启用热备车底时，列车调度员（动车调度员） 应通知客运调度员，客运调度员要与相关站段和餐饮、保洁公司联系。

（3）运行中必须更换车底时，司机根据调度命令立即转告列车长，原则上应在车站更换车底。车站应当与列车一起组织旅客换车。只能在区间换车时，列车长接到司机通知后，组织旅客安全换车。

（4）在组织旅客换乘到与故障列车不同车型的热备车底时，乘务员要熟悉各种车型各车厢的定员，掌握不同等级车厢的分布，根据故障列车所乘坐旅客数量情况，积极主动做好服务，有目的、有针对性地做好宣传组织工作，稳定旅客情绪。

（5）热备车底不能完全满足旅客席位或高等级席位不足时，应积极做好向旅客致歉和解释的工作。对持高等级车票改乘低等级席位的，编制客运记录，按规定退还票价差额。乘警应与列车长密切配合，经常巡视车厢，维持好车内治安秩序。

四、“晚点”服务礼仪（列车）

（1）列车运行晚点超过 15 分钟时，列车长应代表铁路部门向旅客致歉并通报晚点原因，每次致歉间隔时间不超过 20 分钟。

（2）致歉时，态度要诚恳。所有乘务人员应加强旅客服务，安抚旅客情绪。

（3）高速动车组列车晚点 1 小时且逢用餐时间，列车长应提前统计车上旅客人数，通过司机向列车调度员报告，列车调度员通知客运调度员，客运调度员接到信息后，应安排前方停车站为列车提供饮、食品。列车将饮、食品免费提供给旅客。提供免费餐食时，注意双手递上，遇重点旅客可询问其是否需要打开。

（4）遇旅客情绪波动大，甚至出现过激语言时，乘务人员必须以礼相待，注意安抚，不可刺激旅客，时刻注意文明服务，以免旅客不满情绪扩散，造成列车秩序混乱。

（5）当启动热备车，更换车底时，在转移旅客的过程中注意提醒旅客不要拥挤，有序转移。

（6）若发生旅客以滞留列车的方式向铁路部门要求晚点赔偿时，列车工作人员应以说服劝解、诚恳道歉为主，耐心细致地做好解释和相关法律法规的宣传工作，稳定旅客情绪，化解怨气，争取得到旅客的理解和配合，严禁与旅客发生冲突。

任务三　铁路车站突发情况的应急服务

一、车站突发大客流的应急服务

1. 客运组织

1）立即报告

遇有因特殊原因造成客车密集到达，客流急剧增长时，各处所值班员应通知综控室值班员、客运值班主任，由综控室值班员通知值班干部及客运车间主任、主管客运副站长。

2）做好秩序维护

各岗位工作人员要坚守岗位，做好进出站旅客的宣传引导工作，重点处所增派人员做好防护，保证进出站口的通道畅通。

3）做好旅客乘降组织

候车区、站台工作人员要与综控室值班员加强联系，确定列车的检票时间，认真查验票面，严格控制无票和持日期、车次不符车票的旅客进站并做好进站旅客的秩序维护工作，防止挤伤、踩伤事件发生。

4）维护好出站口秩序

当值出站口客运员要全员出场，了解下车旅客的出站情况，在出站闸机旁打开人工检票通道，快速有序地引导旅客出站。

2. 售票组织

车站售票区遇到春、暑运，大、小长假等购票客流高峰时，或因运行秩序等原因造成退票、改签旅客大量增加时，应采取以下处置方案。

（1）增加窗口数目、增加售票人力。售票值班主任接到通知后，应在站房售票区增开售票窗口，再由车间干部、客运员及休班的售票员组建临时班组，以应对旅客的票务需求。

（2）由客运部门抽调人员组建售票区维护秩序小组，负责组织疏导旅客，维护售票区秩序。通知铁路公安派出所加强售票区秩序的维护。

（3）利用广播系统向旅客宣传窗口的功能布局并进行引导。

（4）必须保证信息沟通渠道畅通，确保在人流高峰时，设备设施平稳、有效地运行。

（5）指派业务素质高的售票员担负退票和改签工作。

二、到站后旅客滞留列车的应急服务

1. 信息通报

（1）晚点列车到站后，因晚点等原因，旅客拒绝下车，车站接到列车通知后，综控室值班员立即报告主管站长、客运车间主任、党群办宣传助理、客运值班主任、售票值班主任、铁路公安派出所所长。

（2）车站总值班室调度员根据站长指示将情况以短信形式上报铁路局客运处相关人员。

（3）综控室值班员要将上级命令向车站领导及现场指挥负责人进行汇报，做好信息传递工作。

2. 现场组织

（1）主管站长立即到站台进行组织工作，宣布启动应急预案。

（2）综控室值班员根据调度命令做好列车股道、广播、引导、自动检票闸机等的调整及核对工作并将铁路局命令及时转达至现场。

（3）售票值班主任立即增开退票、改签窗口。

（4）客运值班主任接到通知后立即到站台，协助列车工作人员、铁路公安人员劝导旅客下车，增派 2 名工作人员分别在列车首尾部立岗，做好防护。

（5）对于立即折返列车，检票口客运员必须与站台客运员、出站口客运员、综控室值班员做好联控、互控，滞留旅客没有下车，检票口客运员严禁进行检票作业。

（6）如立即折返列车因滞留旅客时间过长，须启动热备列车时，按启动热备列车应急预案办理。

（7）车站各级人员须严守纪律，所有工作必须经请示后方可进行相关承诺，严禁随意答应旅客要求。

（8）如现场情况紧急，主管站长须通知车站总值班室调度员向地方政府或公安部门请求支援。

3. 善后处理

（1）滞留旅客全部出站，列车恢复运行秩序，主管站长宣布应急状态结束。

（2）车站总值班室调度员根据主管站长指示，以短信形式向铁路局客运处领导汇报应急状态结束。

三、车站站台紧急停车的应急服务

1. 列车在车站无法启动

因列车车门夹住旅客衣服、肢体、行李等导致无法关闭，列车无法启动时，应采取以下服务措施。

（1）站台客运员发现列车车门因夹住旅客衣服、肢体、行李等导致无法关闭，列车无法启动时，利用对讲机与列车长联系并立即赶到事发车门处，用对讲机向客运值班员、客运值班主任、综控室值班员汇报简要情况，同时安抚被夹旅客，消除其恐惧害怕心理，平复其情绪，协助列车工作人员进行处理并做好站台防护工作。

（2）客运值班员或客运值班主任接到通知后立即赶到现场开展工作，宣布启动应急预案并与列车长做好对接。如车门将旅客夹伤或产生其他后果，由列车长开具客运记录。客运值班员或客运值班主任首先在保证旅客人身、财产安全的前提下，积极组织恢复列车开行。现场处理完毕，具备开车条件后，通知列车长，列车长通知司机开车，列车开出后，客运值班员或客运值班主任利用对讲机将情况上报综控室值班员。

（3）综控室值班员发现列车未启动或接到列车未启动的报告，须与司机联系，询问司机列车未启动的原因并认真核对列车运行计划，确定处理突发事件所需时间。因列车推迟发车，影响其他列车接发车，综控室值班员凭调度命令调整、变更股道并将情况上报车站总值班室调度员。

（4）车站总值班室调度员将综控室值班员汇报的情况上报车站主管客运副站长，根据主管客运副站长的指示用短信的形式通知铁路局和车站相关人员。

（5）列车开出后，客运值班员或客运值班主任宣布结束应急状态。

2. 列车在车站启动后紧急停车

列车在车站已经启动，列车尾部未过出站信号机，站台客运员发现列车车门将旅客衣服、肢体、行李等夹住，危及行车安全及旅客人身安全，须紧急叫停列车。

（1）站台客运员使用全路统一的站车专用无线通信频率，呼叫司机停车。呼叫用语为“××次司机，请立即停车，××站站台客运员报告”。

（2）列车紧急停车后，呼叫司机停车的站台客运员要告知司机本次列车停车的事由，之后向客运值班员、客运值班主任、综控室值班员报告叫停列车的原因，同时立即到事发地点与列车工作人员共同对突发事件进行处理。

（3）接到站台客运员的通知后，综控室值班员要立即向车站总值班室调度员报告临时停车的详细信息，并向铁路公安派出所相关人员通报情况，同时要向值班站长汇报。

（4）客运值班员或客运值班主任接到报告后立即赶往现场，宣布启动应急预案，与列车长做好对接，如有旅客发生伤害由列车长按规定开具客运记录。

（5）客运值班员或客运值班主任要询问司机停车地点及处理突发事件所需的时间，遇列车晚点等情况造成部分股道不能接发列车时，积极与车站总值班室调度员联系，凭调度命令变更股道。

（6）车站各级人员到达现场后，要在保证旅客人身、财产安全的前提下，积极组织恢复列车开行。现场处理完毕，具备开车条件后，通知列车长，列车长通知司机开车，列车开出后，客运值班员或客运值班主任利用对讲机将情况上报综控室值班员。

（7）综控室值班员将情况通知车站总值班室调度员，车站总值班室调度员将情况上报值班站长，根据值班站长的指示用短信形式通知铁路局和车站相关人员。

（8）列车开出后，客运值班员或客运值班主任宣布结束应急状态。

任务四　列车突发情况的应急服务

一、旅客之间发生争执的应急服务

（1）乘务员先安抚旅客并简单了解事情的起因，同时报告列车长。

（2）尽可能为旅客调整座位，协助旅客妥善放置好随身物品，调解、缓解旅客间的矛盾，注意语言技巧，减少事件对周围旅客的影响。

（3）对于不听乘务员劝阻，争执行为过激引发打架斗殴，且经乘警调节，仍无法平息矛盾的，应及时报告列车长，由列车长决定是否需要铁路公安派出所人员协助，旅客是否可以继续旅行。

（4）如列车长同意旅客继续旅行，乘务员在列车运行途中应加强监控，以避免矛盾再次激发。

（5）乘务员向相关旅客提供优质的服务，消除旅客不愉快的记忆，缓解矛盾。

二、旅客丢失或被盗物品后的应急服务

1. 旅客物品丢失的处置

（1）得知旅客丢失物品后，乘务员应及时向列车长和乘警通报，配合列车长和乘警询问当事人是否确定物品在列车上丢失。

（2）了解丢失物品的基本特征，通过广播播放寻物启事并积极配合当事人寻找丢失物品。

（3）记录丢失物品的名称、型号、形状、颜色、大小，包括当事人的姓名、联系地址，电话等详细信息。

（4）询问旅客是否需要通知相关车站的公安部门协助寻找。

（5）如需要排查，须对其他旅客做好解释工作，广播说明车上有旅客丢失了贵重物品，请大家协助检查。应注意语言技巧，避免引起其他旅客的反感。如部分旅客已经下车，通知铁路公安派出所在出口处对已下车的旅客进行排查。

（6）列车长按规定填写乘务报告，及时将旅客丢失物品情况反馈给客运值班室及有关部门进行备案。

（7）如果旅客是在中途车站丢失物品，须马上报告列车长，列车长联系中途车站工作人员，将旅客丢失物品特征告知中途车站工作人员并请中途车站工作人员协助查找，为向旅客通报信息须留下旅客姓名、联系方式及有效地址。

2. 旅客物品被盗的处置

（1）发生盗窃案后，乘务员应在第一时间将事件报告列车长，各岗位密切配合、分工明确、稳而不乱。

（2）与其他旅客交谈时，言辞得当，同时细心观察其他旅客的表现，锁定嫌疑人。

（3）列车长应迅速做出判断，果断处理并能够及时中止相关旅客下车，请铁路公安派出所对已下车的旅客进行调查，做好车上其他旅客的安抚工作。

（4）锁定嫌疑对象后，与列车长、乘警协商，决定是否可以让其他旅客下车，并让案件的几名当事人在乘警的监督下离开列车等候进一步的处理，以免带来安全隐患。

（5）发生车上盗窃事件后，列车长将旅客信息及事件经过，在值乘结束后 1 个工作日内，反馈给有关部门。

三、旅客受伤的应急服务

（1）发现旅客受伤（颠簸、餐车撞伤、烫伤、行李砸伤等）情况，应注意语言技巧，体现出乘务人员的关心和真诚并及时查看伤情、安抚旅客，根据旅客的受伤情况，按照“列车乘务应急预案”进行急救处理。

（2）及时将事情的经过、处理方法、旅客要求等情况向列车长报告。

（3）广播找医生时，尽可能多广播几次，让旅客感觉乘务人员很尽心。

（4）请周围的旅客提供书面证明时，尽量回避当事人，设法留下旅客基本资料、旅客证词，当事旅客有责任的，须在书面材料中提及旅客责任，留下周围旅客的联系电话。

（5）如需要援助，请求列车长联系最近的具备医疗抢救条件的车站，由该车站联系当地的医护人员做好救援准备。

（6）如旅客提出赔偿等要求，不能私自向旅客进行任何承诺，应婉言告知旅客相关事宜将由铁路有关单位出面给予解决。

（7）记录旅客的详细资料，如旅客姓名、国籍、年龄、性别、家庭住址、联系电话、受伤情况、处理方法等，必要时请乘警协助，按照列车乘务应急预案视情节轻重及时处理，并将事件相关情况记录在乘务报告中。

四、旅客发生食物中毒的应急服务

（1）旅客发生食物中毒时，列车长应立即向司机和客运段值班员、客运调度员、客运处值班员报告，司机向列车调度员报告，列车调度员立即向铁路局调度所值班主任报告，铁路局调度所值班主任通知铁路疾控部门。

（2）须停站处理时，列车调度员应安排动车组在最近的具备医疗抢救条件的车站停车并通知前方停车站做好救援准备。

（3）列车工作人员应对有关人员进行登记，封锁现场，封存可疑食品、餐具等，铁路疾控部门应上车收集中毒人员的呕吐物、排泄物。

（4）站车应积极配合现场医疗和疾控部门的工作。

（5）处理过程中，注意安抚中毒旅客，将其转移到通风良好的空间，必要时进行催吐等处理，避免中毒旅客产生不良情绪，同时注意做好防护工作，以免引起其他旅客恐慌。

五、精神病旅客的应急服务

（1）乘务员在车门立岗时，发现有精神病征兆的旅客未有正常旅客陪同的情况时，应拒绝其上车并向列车长汇报，由列车长联系车站并终止该旅客旅行。

（2）列车上发现无人护送的精神病旅客乘车时，列车长必须安排专人看护并落实责任。精神病旅客如厕时，不得让其锁闭厕所门。

（3）乘警应协助乘务员将精神病旅客的物品进行清点，列车长编制客运记录，将精神病旅客及其物品移交到站或换乘站处理，不得移交中途站处理。

（4）发现有人护送的精神病旅客乘车时，列车长和乘务员要主动向护送人员交代安全注意事项，积极协助护送人员监护精神病旅客。

（5）对在乘车途中发作的精神病旅客应采取有效措施，行为剧烈者应使用“约束带”限制其行为并由乘警收缴其携带的锐器，防止其伤害其他旅客。

（6）精神病旅客到站下车时，列车长须按规定编制客运记录，通过客运记录与车站办理交接。

任务五　铁路客运服务涉外礼仪

一、涉外礼仪的基本要求

1. 个人形象

铁路客运服务人员的个人形象包括仪容仪表、言谈举止、个人气质等，个人形象给人第一印象，非常重要。

2. 不卑不亢

铁路客运服务人员要意识到自己代表的是国家、民族、所在单位，言行应从容得体，堂堂正正，不应表现得畏惧、卑微、低三下四，也不应表现得狂傲自大、目中无人。对个别外籍旅客的不友好言行，要具体分析，正确对待，不能感情用事。发生特殊情况交由列车长和乘警处理。

3. 求同存异

铁路客运服务人员要树立正确的涉外礼仪观念（各国礼仪习俗存在差异，重要的是互相理解，而不是评判是非，鉴定优劣）。

4. 尊重对方的习俗

铁路客运服务人员要真正做到尊重外籍旅客，首先必须尊重对方所独有的风俗习惯。

5. 信守约定

铁路客运服务人员须严格地遵守自己的所有承诺，说话务必算数，许诺一定兑现。

6. 热情适度

铁路客运服务人员不仅对待外籍旅客要热情友好，更为重要的是要把握热情友好的具体分寸，否则就会事与愿违，过犹不及，会使人厌烦或怀疑你别有用心。

7. 谦虚适当

铁路客运服务人员一方面不能一味地抬高自己，另一方面也绝对没有必要妄自菲薄、自我贬低、自轻自贱，过度对外籍旅客谦虚客套。

8. 尊重隐私

铁路客运服务人员在对外交往中不要涉及收入、年龄、婚姻、健康、家庭住址、个人经历、信仰、政见等隐私方面的话题。

9. 女士优先

在一切社交场合，尊重、照顾、体谅、关心、保护妇女是世界通行的礼仪规则。

10.以右为尊

在并排站立、行走、就座、会见、会谈、宴会桌次、乘车、挂国旗等方面都应遵循以右为尊的国际惯例。

二、涉外礼仪的禁忌

人们在交流中并不是想说什么就说什么的，在日常交际中不是任何话题都可以涉及的。在人际交往中，有些话题是要回避的，由于人们不愿或不敢随便谈论一些话题或词汇，于是就出现了禁忌现象。在日常生活和工作中，违反言语禁忌，往往会显得唐突和无理，容易造成不好的后果。

1. 言语禁忌

1）称谓禁忌

与外籍旅客交往，对男性一般称“先生”，对女性一般称“夫人”“小姐”。在称呼的前面，也可以冠以姓名、职称、衔称等。对地位高的官方人士，如部长以上的高级官员，可称“阁下”，对有地位的女性可以称夫人，对有官阶、官衔的女性，也可称“阁下”。诸如“外国佬”“老外”等称谓是严禁使用的。

2）词语禁忌

词语禁忌内容较多，例如，无论东方还是西方，都对“死”有忌讳，都不愿意提及“死”

字。对于生理有缺陷的人，为避免伤害其自尊心，也要使用委婉的表达方式。要在平时多积累词语禁忌知识，才能做到有备无患。

2. 习俗禁忌

1）隐私禁忌

在许多国家，个人隐私是人们最大的禁忌之一。个人隐私包括个人的年龄、财产、工资、婚姻、职业、政治倾向、宗教信仰等。除非本人乐意，否则询问别人的隐私会引起对方极大的不快。

2）公共场合禁忌

许多国家在公共场合要严格遵守先来后到的顺序。在公共场合打电话或与他人交谈时，不能大声喧哗。

3）饮食禁忌

饮食是生活的重要组成部分，在长期的生活过程中，每一个国家或民族都形成了自己独特的饮食文化，而饮食禁忌便是饮食文化中的重要组成部分。饮食禁忌既涉及饮食的内容，即忌吃哪些食物，也涉及饮食方式，即进食时忌讳的行为或方式。西方人忌吃肥肉及鸡、鸭类动物的皮（烤鸭、烤鸡的皮除外），忌食各种动物的头、脚、内脏做成的食品。另外，我们还知道进食时有各种规矩，西方人用刀叉吃饭，东方人用筷子，还有的民族用手抓饭吃，他们这样做的时候也有各种禁忌，比如西方人进食忌刀叉取食时叮当作响。西方人进食时，自己不喜欢的饭菜会少要，或不要，忌自己的菜盘剩下东西不吃；忌大吃大喝弄出声音；忌喝汤时弄出声；口中有食物时忌说话；忌饭后当众剔牙等。

4）数字禁忌

对某些数字的禁忌是世界各民族共有的现象。例如对许多西方人来说，“13”是一个令人恐惧的数字，高速铁路客运服务人员在为其服务时，就应尽量不说这个数字。

三、涉外交际礼节

1. 鞠躬礼

在西方国家也有鞠躬的礼节，即用俯首、弯腰以示尊敬之意。比如，鞠躬迎客、鞠躬送客、鞠躬致意、鞠躬致谢，但是西方人没有东方人三鞠躬的“大礼”。在一般情况下西方人行鞠躬礼时，保持一种自然下倾，不超过 15° 的身体姿势。

2. 握手礼

握手礼是通用的交际礼节，使用范围很广。

握手时，双方都要站着握手，如果相距较远，则双方要走近后再握手。

西方人握手后马上松开，两人的距离也随即拉开。

3. 拥抱礼

拥抱是西方的礼节，在拥抱时，两个人相对而立，右臂偏上，左臂偏下，右手护着对方的左肩，左手扶着对方的右后腰，按各自的方位，两人头部及上身都先向左拥抱，再转向右拥抱，最后又向左拥抱。

项目五
走进“沟通”

项目导语

沟通不仅蕴含丰富的技巧，还是一门艺术。掌握沟通技巧的前提是先走进“沟通”，了解沟通的含义等知识。

知识点

- 沟通的含义；
- 沟通的分类；
- 沟通的作用。

技能目标

- 能够准确理解沟通的含义；
- 能够辨别不同的沟通类型；
- 能够深刻体会沟通的作用。

项目结构框图

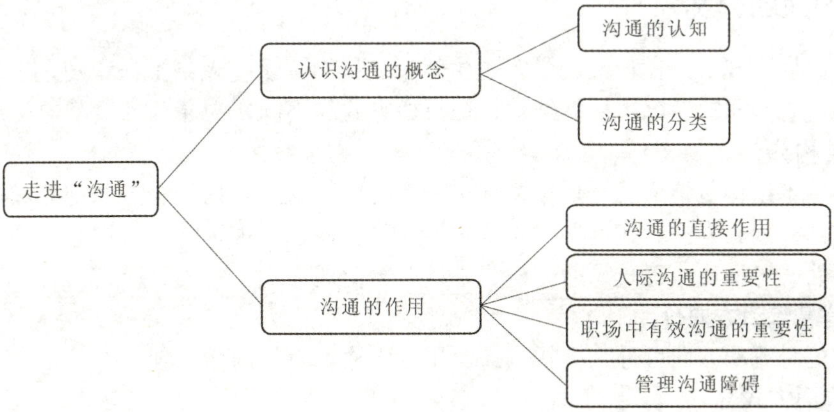

任务一　认识沟通的概念

随着社会的发展，出现了群体活动和行为。在一个群体中，要使每个群体成员能够在一个共同目标下协调一致地努力工作，就离不开有效沟通。成员之间良好的沟通是组织有效运转的切实保证，管理者与被管理者之间有效沟通是所有管理艺术的精髓。沟通是管理的基础，“管理无处不沟通”。

一、沟通的认知

沟通是人与人之间、人与群体之间思想与感情的传递和反馈的过程，它力求思想达成一致并产生感情共鸣。沟通在现代社会中的作用是毋庸置疑的。那么什么是沟通呢？它包括哪些内容？《大英百科全书》指出，沟通是“若干人或者一群人互相交换信息的行为”。这里的沟通是指人与人之间的人际沟通。其实除了人际沟通，沟通还包括自己和自己在思想观念上的交流，也就是自我沟通。美国著名传播学者布农指出，沟通是观念或思想由一个人传送到另一个人的过程，或者是观念或思想在个人自身内的传递，其目的是使接受沟通的人获得思想上的共鸣。

1. 沟通的含义

本书认为沟通是指沟通者为了获取沟通对象的反应和反馈而向对方传递信息的全部过程。

2. 沟通的目的

沟通有以下 4 个目的。

（1）控制社会、组织成员的行为。

（2）激励社会、组织成员改善绩效。

（3）表达情感。

（4）传递信息。

二、沟通的分类

我们从出生到成长，在自己的学习、生活、工作中，无时无刻不在和别人进行沟通，每个人对沟通有着不同的理解，根据结构、信息、方式的不同，沟通分为很多的类别。

1. 按结构分

沟通的基本结构包括信息、反馈、通道三个方面，缺少任何一个方面都完成不了沟通行为。沟通按结构划分为非正式沟通与正式沟通两种。研究发现，非正式沟通主要有集束式、流言式、偶然式等形式；正式沟通有链式、轮式、全通道式、Y 式等形式。

2. 按信息流动方向分

沟通按信息流动方向可分为上行沟通、平行沟通和下行沟通三种。

3. 按沟通方式分

沟通按沟通方式可分为语言沟通和非语言沟通，语言沟通包括口头语言沟通和书面语言沟通，非语言沟通包括声音语气（比如音乐等）沟通、肢体动作（比如手势、舞蹈、武术、体育运动等）沟通等。最有效的沟通是语言沟通和非语言沟通的结合。

小分享（一）

语言沟通的基本要求

- 态度谦虚诚恳。
- 表情亲切自然。
- 语调平和沉稳。
- 充满真挚的感情。

语言沟通的四要素

- 信息性。
- 主题性。
- 真实性。
- 明确性。

小分享（二）

语言沟通的技巧

- 话题的选择

（1）宜选的话题。

①既定的话题。

②格调高雅的话题。

③对方擅长的话题。

④轻松愉快的话题。

⑤时尚流行的话题。

（2）禁忌的话题。

①非议别人的话题，如个人的隐私（年龄、收入、个人物品的价值、婚姻状况、个人经历、宗教信仰等）。

②有争议的话题。

③批评别人的话题。

- 赞美别人的技巧

（1）保持微笑。

（2）找赞美点。

（3）请教也是一种赞美。

（4）间接赞美。

（5）赞美对方的“缺点”。

（6）用心去表达。

- 交谈六不准

（1）不挖苦对方。

（2）不教训对方。

（3）不否定、纠正、补充对方。要善于聆听他人的意见，若不涉及大是大非的问题，一般不要当面否定，让对方下不了台。不要好为人师，别人说一句，你非加一句，显得比别人多懂一点。

（4）不质疑对方。

（5）不与他人争执。

（6）不随意打断对方。打断他人谈话是不礼貌的，但实在非插话不可时，注意在对方谈话告一段落时，自己立即谈自己的看法。

- 禁忌的角色

（1）喋喋不休者。说话过多，难免“祸从口出”，当遇到喋喋不休之人，也不必听之任之，要转换话题或提醒对方。

（2）一言不发者。过于沉默，一言不发，容易在沟通中造成误解甚至不良印象，让人误以为你对话题不感兴趣。

（3）尖酸刻薄者。容易树敌，招人讨厌。

（4）无事不晓者。骄傲的人自命不凡，目空一切，动辄批评别人“愚蠢、糊涂、错误”，越是博览群书、精神富有的人，反而只在自己毕生研究的某一门学问范畴内谦虚地发表意见。

（5）逢人诉苦者。家家都有一本难念的经，谁也不会以听你的诉苦为乐事。

- 交谈的语言

（1）语言要礼貌。注意使用礼貌用语和礼貌称呼。

（2）语言要文明。不讲脏话、粗话、气话、怪话。讲话时不要带脏字、骂骂咧咧；不能语言粗俗；如对方有不良情绪时，最好不要开口讲话；不要怪声怪气，耸人听闻，更不能黑白颠倒，让人无法辨别真伪。

（3）语言要准确。注意发音准确，内容简明，少用行话，不用土语。

语言沟通将在后面的项目中详细介绍，这里着重介绍非语言沟通。

4. 非语言沟通

1）非语言沟通的概念

非语言沟通是人们运用表情、手势、眼神、触摸等方式，以空间为载体进行的信息传递，是人际沟通的重要方式之一，也是无声语言沟通的一种形式。

美国学者雷蒙德·罗斯认为， 在人际沟通中，人们所得到的信息总量，只有 35%是语言符号传播的，其余 65%的信息是非语言符号传播的。

2）非语言沟通的作用

（1）非语言沟通对语言沟通具有加强作用。

（2）非语言沟通对语言沟通具有辅助作用。

（3）非语言沟通对语言沟通具有替代作用。

（4）非语言沟通对语言沟通具有否定作用（所谓“眼神”骗不了人）。

3）非语言沟通的分类

（1）副语言沟通。

副语言沟通是指有声但没有具体意义的辅助语言（包括音质、音调、语速，以及停顿和叹词等）的沟通应用。副语言虽然有声音，但因为本身没有具体的语义，所以不能称为语言。副语言沟通能传递非常丰富的信息，在某些场合甚至胜似语言。

（2）身体语言沟通。

身体语言既包括先天性的身体特征，如身高、肤色等，也包括后天训练或者塑造的特征，如发型、服饰、化妆、头部动作、身体动作、身体姿态等。总体来说，身体语言能分为形象语言、肢体语言、面部表情语言等几种。

①形象语言沟通：发型、化妆、服饰。

一个人的形象对信息的传递起着非常大的作用，管理学中有“致命的 7 秒”这个说法，即对一个人的第一印象通常在 7 秒之内就已决定。研究表明，看上去有魅力的人往往更容易被人接纳，其说出来的话也更容易被人相信。我们必须要清醒认识并且接受一个事实，即自己不仅是作为沟通的对象出现的，还是他人的审美对象。

②肢体语言沟通：身体姿势、手部动作、头部动作、肩膀动作、身体接触。

身体的姿势与动作被称为肢体语言。肢体语言包括人的身体姿势、身体动作（手部动作、头部动作、肩膀动作、脚势和身体接触等）。

a）身体姿势。

身体姿势包括走路的姿势、站立的姿势、就座的姿势。

走路时要自然、大方，不能给人懒散的感觉。

男士站姿应体现阳刚之美，抬头挺胸，双脚大约与肩膀同宽站立，重心自然落于脚中间，肩膀放松。女士则宜丁字步站立，体现出柔和之感。

在坐姿方面，以大方、舒服为原则。坐得太直，会让人感觉僵硬，坐得太松弛，会让人觉得失礼。

b）手部动作。

手是人类运用最广泛的器官，其在非语言沟通中的作用非常巨大。手部动作是身体动作中最重要、最容易被关注的部分。不同的手部动作，配合讲话者的语言，传递讲话者的心声。

从手部动作（手势）的含义和作用来看，其可以分为两大类。

（a）功能性手势，主要用来指示事物的方位或描述事物的形状。比如手指前方，向问路的人说“就在前面”。

（b）辅助性手势，主要是自觉或不自觉地配合自己的语言所使用的手势。

辅助性手势示例如图 5-1 所示。

c）头部动作。

头部动作要结合不同的语境来识别和判断。

（a）点头：在对方说话的时候轻轻点头，一般表示理解、认可、赞同、肯定，在和人相遇的时候轻轻点头，则代表“打招呼”和问候。

（b）摇头：摇头一般代表不同意、不认可、拒绝，有时候轻轻摇头还代表对思考中的问题的否决。

（c）低头：一般表示谦恭、臣服、认错、顺从、害羞。

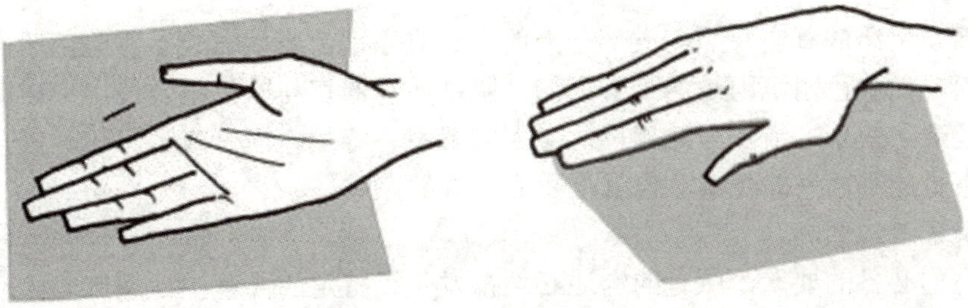

(a)无恶意　　(b)权威性

图 5-1　辅助性手势示例

（d）仰头：仰头一般代表着比较激昂的情绪，比如自信、激动、悲愤、不服气等。

d）肩膀动作。

耸肩膀在西方人的沟通中运用较多，一般是耸耸肩膀，摊开双手，表示一种无奈或不理解。受到惊吓的时候，也会紧张得耸肩膀。

e）脚势。

抖脚表明轻松或无聊，跺脚表明兴奋或愤怒，而脚尖的方向，会泄露一个人的倾向。

f）身体接触。

身体接触是沟通双方通过身体某一部位的接触，传递某种沟通信息，最典型的身体接触是握手、拍肩膀、拥抱等。

握手是目前商务交往中最常见的礼仪，握手时的手部力量、姿势和时间长短均能传递不同的信息。

③面部表情语言沟通：眼睛、鼻、嘴巴、眉毛、耳朵、脸部表情。

面部表情语言，即通过五官的动作和形态传递信息。

a）眼睛。

一个人眼睛的形态可以反映其喜怒哀乐。

暴露人们心灵秘密的，首先是眼睛瞳孔的变化。在相同的灯光条件下，随着态度和情绪从积极转向消极，瞳孔会由扩张转向收缩，反之亦然。当人们处于兴奋的状态时，瞳孔会比原始尺寸扩大数倍。相反，如果人们处于消极的情绪时，瞳孔就会收缩。

b）鼻。

鼻子在沟通中较少使用，但也会泄露一个人的真实感情。比如，不满的时候，会在鼻子里发出哼哼的声音；愤怒的时候，鼻孔会张大、鼻翼翕动；紧张的时候，鼻子会流汗、鼻尖会发红，说谎的时候，会不自觉地摸鼻子。

c）嘴巴。

嘴的表情是通过上下唇的动作来实现的，比如生气或不屑时，嘴巴往下撇；开心微笑时嘴角上翘；惊讶时张大嘴巴。

d）眉毛。

眉毛除了和眼睛一起，构成仪表的重要部分外，还表现着主人的心情。如眉飞色舞、扬眉吐气、眉开眼笑说明心情很好；横眉冷对说明愤怒；双眉紧锁说明苦恼。

e）耳朵。

激动的时候耳朵会红，撒谎的时候会用手拽耳朵。

f）脸部表情。

脸部表情是情绪的真实写照，大部分人的喜怒哀乐都会表现在脸上。脸部肌肉放松说明心情也很轻松，而脸色阴沉则是遇到了烦恼。脸部所有器官与脸色组合使用形成脸部表情，例如嘴角上扬表达快乐之情，与此相反，当人们沮丧、绝望、愤怒或紧张的时候，就会表现出一种嘴角下垂的不高兴的表情，也就是我们常说的撇嘴。

（3）环境语言沟通。

环境是沟通必备的要素，所有的沟通必然都发生在特定的环境中，通过时间环境、空间环境进行信息和情感的交互。

①时间环境。

沟通时间的确定，反映出沟通主体对于沟通事项及对象的态度。是迫不及待、越早越好，还是无所谓？是选择对方黄金工作时间段，还是选择无关紧要的时间段？是预留了非常充足的时间，还是利用两个重要日程安排中间的一小段“边角料”时间？是上班时间，还是可以进行更深入交流的下班时间？这些安排都流露出对沟通的重视程度。

②空间环境。

人们在交际中有四种空间距离——亲密距离、私人距离、社交距离、公众距离。

a）亲密距离：这是恋人、夫妻、父母子女、至爱亲朋之间的交往距离，可分为近位亲密距离和远位亲密距离。

（a）近位亲密距离。在 0～＜15 cm 之间，这是一个亲密无间的距离空间，可彼此肌肤相触，能够直接感受到对方的体温和气息。

（b）远位亲密距离。在 15～＜45 cm 之间，这是一个可以肩并肩，手挽手的空间，可谈论私密内容，说悄悄话。

b）私人距离：这是一个更有“分寸感”的交往距离，可分为近位私人距离和远位私人距离。

（a）近位私人距离，在 45～＜75 cm 之间。在这一距离内，稍一伸手就可触及对方，双方可以亲切握手。近位距离在酒会的交际中比较常见，谈话双方会有一种亲切感。

（b）远位私人距离，在 75～＜120 cm 之间。在这一距离内，双方都把手伸直，才有可能相互触及。由于这一距离有较大的开放性，亲密朋友、熟人可随意进入这一区域。

c）社交距离：这是体现社交性的、较正式的人际关系的距离，可分为近位社交距离和远位社交距离。

（a）近位社交距离，在 120～＜210 cm 之间，在工作环境中，领导对部属谈话，布置任务，听取汇报等一般保持这个距离。在一般的社交聚会上，陌生人之间，客户之间商谈事务时也采用这一距离。

（b）远位社交距离，在 210～＜400 cm 之间。这是正式社交场合，商业活动、国事活动等所采用的距离。采用这一距离主要在于体现交往的正式性和庄重性。

d）公众距离：这是人际接触中的最大距离，是一切人都可以自由进入的空间，可分为近位公众距离和远位公众距离。

（a）近位公众距离，在 400～＜800 cm。这通常是小型活动的讲话人与听众之间的距离、教师讲课与学生听课之间的距离。

（b）远位公众距离，在 800 cm 之外。这是大型报告会、听证会、文艺演出时报告人、演讲者、演员与听众、观众之间应当保持的距离。重要人物在演讲时需要与听众保持这一距离，以便在增强权威感的同时，确保安全。

小分享

沟通以个体的人为维度，可以划分为：

个体内部的自我沟通；

个体与个体之间的人际沟通。

沟通以组织为维度，可以划分成：

组织内部沟通；

组织外部沟通。

任务二 沟通的作用

一、沟通的直接作用

(1)沟通是人类集体活动的基础，是人类交流的前提。沟通使原始部落进化为人类社会。

(2)沟通是现代管理的命脉。没有沟通或者沟通不畅，管理效率就无法提高。

(3)沟通是人际情感的基石。良好的沟通可以造就健康的人际关系。

(4)沟通是人类生存、生产、发展和进步的基本手段和途径。

二、人际沟通的重要性

在职场工作中，沟通是一件很重要的事。

一个人只有与他人准确、及时地沟通，才能建立起良好的人际关系，而且这种人际关系是牢固的、长久的。良好的沟通能够使自己在事业上左右逢源、如虎添翼，最终取得成功。

美国石油大王洛克菲勒说：“假如人际沟通能力也是同糖或咖啡一样的商品的话，我愿意付出比太阳底下任何东西都高的价格购买这种能力。”

人与人的交流、沟通如果不顺畅，就容易引起误解，闹出笑话，甚至引起敌视。

人与人的交往，就是一个反复沟通的过程，沟通顺畅，就容易建立起良好的人际关系；沟通不好，闹点笑话倒没什么，但因此得罪人、失去朋友，就后悔莫及了。

现代社会，不善于沟通将失去许多机会，同时也将导致自己无法与别人协作。人不是生活在“孤岛”上的，只有与他人保持良好的协作，才能获取自己所需要的资源，才能获得成功。

三、职场中有效沟通的重要性

沟通是连接人与人的一座桥梁，只有沟通才会使我们的工作和生活变得更加美好。我们强调的沟通不是无效的而是有效的、成功的沟通，在现实生活中我们也能看到一些关于沟通的例子，比如有的单位的员工经常待不了多久就辞职，辞职的员工认为：我每天在做同样的事情，也没人跟我说为什么这么做，这么做的目的是什么?这让我每天很迷茫，感觉自己就是一台机器，没有思想!这就是典型的职场沟通不力!每个人都是一个有血有肉、有想法的活生生的人，不是机器，“不要问为什么，照做就是了”怎么可能让人完全执行到位呢?由此可见，有效的沟通在我们的生活和工作中起着至关重要的作用。有人一直认为，沟通不就是“说话”嘛，这很简单嘛，“说话”谁不会?问题的关键在于：如何进行有效的沟通，如何才能让“说话”达到你的目的，而不是适得其反? 有效沟通，首先心态要好，要克服自私、自大、自我的心理，理解、关心对方，换位思考，主动去帮助对方。在单位里，沟通尤为重要，只有沟通有效、顺畅，员工才能了解单位的政策，员工觉得自己是单位的一分子，单位的事就是自己的事，这样上级的指令才能被执行到位。 有效沟通能否成立关键在于信息的有效性，信息的有效程度决定了沟通的有效程度。 信息的有效程度又主要取决于以下几个方面。

1）信息的透明程度

当一则信息应该作为公共信息时就必须是公开的。公开的信息并不意味着只要简单的信息传递，而是要确保信息接收者能理解信息的内涵。模棱两可的、含糊不清的文字语言会传递一种不清晰的，难以使人理解的信息。此外，信息接收者也有权获得与自身利益相关的信息的内涵，否则有可能导致信息接收者对信息发送者的行为动机产生怀疑。

2）信息的反馈程度

有效沟通是一种动态的双向行为，而双向的沟通对信息发送者来说就是要得到充分的反馈。只有沟通的主、客体双方都充分表达了对某一问题的看法，才真正实现了有效的沟通。

有效沟通能够让员工准确理解单位决策的内涵，提高工作效率，化解组织内部的矛盾。组织决策需要一个有效的沟通过程才能施行，沟通的过程就是对决策的理解和传达的过程。决策表达得准确、清晰、简洁是进行有效沟通的前提，而对决策的正确理解是实施有效沟通的目的。在决策下达时，决策者要和执行者进行必要的沟通，以使决策达成共识，使执行者准确无误地按照决策方案执行，避免因为对决策的误解而造成执行的失误。组织成员之间进行的交流包括物质上的相互帮助、支持，以及感情上的交流、沟通，信息的沟通是将组织共同目标和个人目标联系在一起的桥梁。同样的信息由于接收人的不同会产生不同的效果，信息的过滤、保留、忽略或扭曲是由接收人主观因素决定的，是他所处的环境、位置、年龄、教育程度等相互作用的结果。由于对信息感知存在差异性，就需要进行有效的沟通来弥合这种差异性，以减小由于人的主观因素而造成的时间、金钱上的损失。准确的信息沟通无疑会提高我们的工作效率，使我们舍弃一些不必要的工作，以最简洁、最直接的方式取得理想的工作效果。为了使决策更贴近市场变化，组织内部的信息流程也要分散化，使组织内部的沟通渠道向下一直到最低的责任层，向上可到高级管理层。在信息的流动过程中必然会产生各种矛盾和阻碍因素，只有在部门之间、员工之间进行有效的沟通才能化解这些矛盾，使工作顺利进行。

四、管理沟通障碍

（1）“我以为”的错误：不能以为沟通过，别人就清楚了，不能以为没有反馈就是没有意见了。特别是跨部门的沟通，无论是口头还是书面，更要注意双方是否理解一致。

（2）不敢越级沟通，不敢与高层直接沟通：经常出现员工不敢直接找高层或其他部门负责人沟通的现象，要鼓励员工就相关问题与高层直接沟通。

（3）害怕被拒绝，这是人的本性。在工作中，有一些想法建议，仔细思考后要敢于提出来，不要因为不敢说出来，而白白延误了好时机。

（4）欠缺适当的沟通技巧：一般行业的从业人员，不用在沟通技巧上耗费太多时间，但必须掌握一些适当的沟通技巧。

小测试

沟通能力测试

回答下列问题，测评你的沟通能力。选择与你的经历最相近的答案，进行如实作答。把得分加起来，参考“分析”，评定你的沟通技巧。根据自己的回答找出你在哪些方面仍然需要改进。

选项：从不（1分）　有时（2分）　经常（3分）　总是（4分）

1. 我适时地把适当的信息传递给合适的人。　1　2　3　4
2. 在决定该如何沟通前，我认真思考信息内容。　1　2　3　4
3. 我表现出自信，讲话时信心十足。　1　2　3　4
4. 我希望对方就我的沟通提供反馈。　1　2　3　4

5. 我注意聆听并在回答前检查我的理解是否正确。 1 2 3 4
6. 评价他人时，我努力排除各种个人成见。 1 2 3 4
7. 会见他人时，我态度积极、礼貌周到。 1 2 3 4
8. 我及时向他人提供他们需要与想要的信息。 1 2 3 4
9. 我会观察周围人的表现并将我的意见反馈给他们。 1 2 3 4
10. 我通过提问了解了他人的想法及他们的工作进展。 1 2 3 4
11. 我通过书面或网络方式（电子邮件、QQ、微信等）要求他人向我提供我需要的相关信息。 1 2 3 4
12. 我运用专业的沟通技巧进行沟通。 1 2 3 4
13. 我通过所有可以利用的电子媒介进行沟通。 1 2 3 4
14. 我把写议论文的规则应用到人际沟通中去。 1 2 3 4
15. 进行工作中的会见、调查时，我使用有效的记录方法。 1 2 3 4
16. 写重要函件或文件材料时，在定稿前，我常征求可信赖的批评者的意见。 1 2 3 4
17. 我运用快速阅读技巧来提高工作、学习效率。 1 2 3 4
18. 做演讲前，我认真准备并多次试讲。 1 2 3 4
19. 在群体中，我发挥着明显的积极作用。 1 2 3 4
20. 我进行的一些需要多部门、多人员协调的工作常能顺利完成。 1 2 3 4
21. 我用软性和硬性方式说服他人接受我的观点。 1 2 3 4
22. 谈话前我已经对谈话内容进行了深入研究，并熟知对方的需要。 1 2 3 4
23. 我写的报告结构合理，内容准确、简明、清晰。 1 2 3 4
24. 提出观点前，我进行了彻底的调查。 1 2 3 4
25. 我努力了解有关听众对组织的看法。 1 2 3 4
26. 我认真考虑其他更擅长某项工作的人员帮助我解决相关问题。 1 2 3 4
27. 我与其他部门工作人员进行有益的接触。 1 2 3 4
28. 我确保与同事思想一致地协同工作。 1 2 3 4
29. 我交给同事的工作是以明确的目标为基础的。 1 2 3 4
30. 我把定期与他人沟通看作重要工作。 1 2 3 4
31. 我积极接受并回应来自他人的反馈。 1 2 3 4
32. 我确定了沟通目标，并且不允许任何行为阻碍这一目标的实现。 1 2 3 4

做完自我测评题目，把各题得分加起来，然后通过阅读相应评语，检查你的表现。无论你的分数有多高，一定要记住：永远有改进的余地。检查一下你在哪一方面做得较差，找到实用的建议和提示以改进沟通技巧。

32~64：你不能有效地沟通，要倾听意见，努力从失败中吸取教训。

65~95：你在沟通方面表现一般，要针对弱点，努力提高。

96~128：你能很好地沟通，但仍要继续提高沟通能力。

小实训

模拟初次见面

见面的头 3 分钟是你留给他人第一印象最重要的时间段。在一个会议或培训刚开始的时候，如何让大家熟悉起来，是关系会议或培训是否成功的关键，下面的小游戏就可以用于消除大家的陌生感。

时间：20 分钟。

场地：教室。

道具：姓名牌。

一、游戏程序和规则

1. 第一步

（1）给每一个人都做一个姓名牌。

（2）让每位同学在进入教室之前，先在名册上核对一下自己的姓名，然后给他一个别人的姓名牌。

（3）等所有人到齐之后，要求所有人在3分钟之内找到姓名牌上的人，同时向该人做自我介绍。

2. 第二步

（1）主持人作自我介绍，然后告诉大家：“很高兴来到这儿！”

（2）主持人快速绕教室走一圈，问：“如果你今天不在这儿，你会在做什么不情愿做的事情呢？”

（3）众人逐个回答。

注意让问答保持在一个轻松活泼的氛围之内。

二、相关讨论

当你在寻找你拿到的姓名牌上的人的时候，你是不是也同时认识了很多其他的人？参与这个游戏，你是不是感觉大家的距离近了很多？

三、总结

（1）主持人一定要注意保持一个积极、幽默的态度，以便让大家迅速地消除腼腆等情绪，这有助于促进大家积极发言。

（2）如果没有调动起大家的情绪，没有积极举手回答问题的人的话，主持人可以有意识地挑选同学进行回答，以调动气氛。

项目六

积极进行“自我沟通”

项目导语

沟通常被理解为人与人之间的信息交换（人际沟通），其实个体内部也存在沟通，这种沟通即自我沟通。自我沟通从某种角度上说，是人际沟通的基础，自我沟通顺畅的人，在人际沟通上，往往也更“得心应手”。自我沟通还涉及个人正确人生观、价值观的确定，其对个人心理健康，良好人格的养成具有重要意义。

知识点

- 理解自我沟通的方法、特点及类型；
- 掌握自我沟通的概念及作用；
- 掌握自我沟通的方式、作用和过程；
- 自我认知、情绪管理、自我修炼。

技能目标

- 能够识别自我沟通的障碍；
- 能够掌握自我沟通的艺术。

项目结构框图

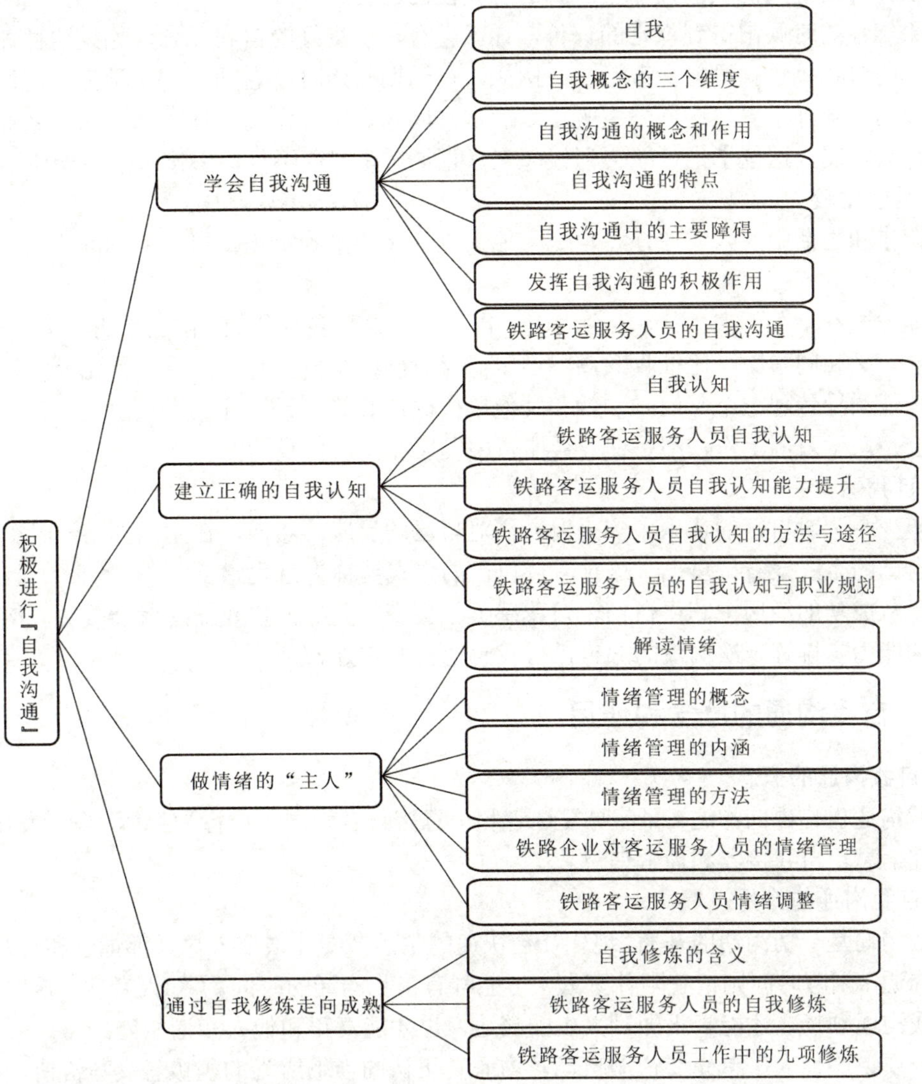

任务一 学会自我沟通

一、自我

自我，即一个人对自身存在的体验，一个人通过经验、反省和他人的反馈，会逐步加深对自身的了解。自我是一个有机的认知体系，由态度、情感、信仰和价值观等组成。

二、自我概念的三个维度

自我概念的三个维度：反映评价、社会比较和自我感觉。

1. 反映评价

反映评价就是人们从他人那里得到的有关自己的信息。

如果年轻的时候常得到肯定的评价，你就会有一个良好的自我概念。如果这种评价是否定的，你的自我概念就可能会很糟糕。例如，在学期开始时，老师对一个学生说，你行，你一定会成为一个好学生，这位学生听了以后常常以好好学习作为心理暗示；如果老师说你以后没有什么发展，这位学生可能会消极起来，觉得反正自己不行，懒惰一点也无所谓。

2. 社会比较

在工作和生活中，人们往往将自己与他人进行比较来确定衡量自己的标准，这就是在做社会比较。

例如考试卷子发下来，许多人会问一下自己的同桌是多少分数，自己的朋友是多少分数；走上社会，又和同事比，比谁收入高，谁生活得更好；当自己有了孩子，就比谁的孩子学习好；当担任领导管理一个单位时，就和其他单位比；等等。无论什么人从出生到长大，从家庭到社会，从学习到工作，都是在社会比较中发展和充实自我的。

3. 自我感觉

在年少时，对自己的认识大多来自人们对自己的反应。然而，在生活的某一时刻，你开始用你自己的方式来看待自己，这种看待自己的方式被称为自我感觉。

如果从成功的经历中获得自信，自我感觉就会变得更好，自我概念就会改进。例如，通过自己的能力安排好一次愉快的旅行，自我感觉就非常好。

三、自我沟通的概念和作用

1. 自我沟通的概念

自我沟通也称内向沟通，即信息发送者和信息接收者为同一个行为主体，自行发出信息，自行传递信息，自我接收和理解信息。

2. 自我沟通的作用

自我沟通是一切沟通的基石，现代社会快速的生活节奏让很多人每天都忙于和客户沟通、和同事沟通，闲暇时间则忙着陪伴家人，可能鲜有自我沟通的时间。“知人者智，自知者明”，只有自我沟通顺畅，才能真正做到人生的豁达，也才能真正和他人和谐相处。

（1）要说服他人，首先要说服自己。内心真正认同当下所为的积极意义与价值，方能心甘情愿地自觉为之。

（2）自我沟通技能的进一步开发与提升是成功职场人士的基本素质。

（3）以内在沟通解决外在问题。自我沟通是内在和外在得到统一的联结点。

在工作和生活中重视自我沟通的价值，更好地进行自我沟通，会拓宽生命的宽度，让自己的生命更有品质。生活品质在很大程度上取决于沟通能力。要想跟别人顺畅沟通，必须先学会跟自己沟通。良好的自我沟通能力有助于掌控自己的情绪和心态，积极的心态能够影响行动，有效行动可以改变命运。掌控自己的命运，获得成功的人生，必须从自我沟通开始。

想实现卓越的人生，必须自己掌握自己的心境和情绪。遇到困境，要学会自我沟通，尽快排解自己消极、负面的情绪。

小案例

小李和小张是某校铁道运营专业的同班同学。毕业后，小李进入车站候车室工作，小张则成为一名乘务员。七年后，小李被提拔为候车室值班班长，小张被提拔为列车长。小李一直认为自己能力一般，对于这次被提拔感到十分欣喜，决定继续努力以争取更好的成绩。而小张在校期间对所学专业很感兴趣，成绩优秀，工作后也十分努力，对于七年后，才成为列车长，认为是失败和挫折，感到懊恼、沮丧，但也决定继续努力，做出更多成绩。这个案例说的是个人的自我满足水平并不简单地取决于其获得多大的成功，还取决于个人的抱负水平，以及如何解释成功对于个人的意义。

四、自我沟通的特点

自我沟通的过程与一般人际沟通具有相似性，但在具体要素和程序上有其自身的特点。

（1）主体和客体同一性。自我沟通中的“我”同时承担信息编码和解码功能。

（2）自我沟通的目的是说服自己。自我沟通经常在自我原本认知和现实外部需求出现冲突时发生。

（3）沟通过程连续。自我沟通时，信息输出、接受、反应和反馈几乎同时进行，也同时结束，这些基本活动之间没有明显的时间分隔。

（4）沟通媒体来自“我”本身。自我沟通渠道可以是语言、文字，也可以是自我心理暗示。

五、自我沟通中的主要障碍

与人际沟通相比，自我沟通容易被人所忽视，所以在自我沟通的过程中常常会出现自我认识的盲区和未知区。

约哈里窗这个概念最初是由美国社会心理学界在20世纪50年代针对如何提高人际交往的成功率而提出来的，用来解释自我和公众沟通关系的动态变化。此理论被引入到人际交往心理学、管理学等领域。约哈里窗如图6-1所示，它将人的心灵想象成一扇窗，其中的4个区域分别代表个人特征中与沟通有关的部分。

	自知	自不知
人知	区域一 开放区	区域二 盲点区
人不知	区域三 隐秘区	区域四 未知区

图6-1 约哈里窗

（1）区域一——开放区：自己知道、他人也知道的信息。

（2）区域二——盲点区：他人知道而自己不知道的信息。

（3）区域三——隐秘区：自己知道而他人不知道的信息，这些信息有的是知识性的、经验性的，有的则是创造性思维的结果。

（4）区域四——未知区：自己不知道、他人也不知道的信息，其是潜意识、潜在需要。这是一个大小难以确定的潜在区域。

约哈里窗各区域的范围不是静止的而是动态的，人们可以通过内、外部的努力改变约哈里窗4个区域的分布。当人们开放、隐秘的信息变大了，那么其盲点和未知的信息相对就变小了。盲点、未知这些制约和影响人们潜能发挥的因素，必须依据全新的团队互动式学习方法，理性而大胆地应用反问、回应、分享等手段，才可以不断冲破人们内心的阻力，使个人和组织思维中的盲点越来越少，未知充分披露，从而达到个人素质提升和组织效率提高的目的。

约哈里窗理论有助于人们发现盲点、开发潜能。

小案例

同一乘务组不同乘务员偶尔会产生矛盾，如果不妥善解决，问题就会复杂化。

某铁路局集团有限公司京广高铁乘务组乘务员大陈和小赵是同事，发生矛盾后，两人吵了起来，小赵向领导提出更换乘务组的要求。

乘务长分别找两人谈心。问他们愿不愿做团结协作的好同事，想不想共同为旅客服务，共同参与高速铁路大发展的历史进程。两人都进行了有效的自我沟通，运用约哈里窗理论，认识自己的不足，找出对方的优点，重新成为好同事。

六、发挥自我沟通的积极作用

学会自我沟通，在工作和生活中重视自我沟通的价值，更好地学会和自己相处，将拓宽生命的宽度，让自己的生命更有品质！

自我沟通可能是人们长期忽略却亟待了解的。完美生活来自完美的自我沟通，从呱呱坠地开始，我们就开始自我沟通的旅程，学习认识自己的父母，在家族谱系中寻找自我的人生定位。祖先是自我沟通时间轴的开端，家族则是自我沟通的空间坐标的开始。长大后，我们从更大的时间和空间上确认自己的位置和角色，从与同辈的比较中寻找自己的位置，从工作分工中寻找自我的价值所在。可以说我们时时都在与自我沟通，那么如何让自我沟通更有效、更为自己所用呢？

（1）遇到任何问题、状况与事情时，不要怨天尤人，怪别人甚至怪“老天无眼”，而是要冷静下来，做自我审视与沟通。

（2）自我沟通的首要条件在于认知，认知自己的不足、前方的障碍、所受的限制。

（3）在充分认知自己的基础上，再用心去感觉、去体会、去感悟，使自己的心胸打开，增加自我沟通的内在动力。

（4）“心动不如马上行动”，当自己内心的动力增强后，即刻就要付诸实践，充分发挥自我沟通的效果。

（5）良好的自我沟通能力不可能一蹴而就，必须持续不断，一次又一次地修炼，不可心急，必须一步一步来，方能实现自我沟通的良好效果。

小案例

某铁路乘务员公寓位于高速铁路枢纽城市，规模较大，每天入住的乘务员非常多。由于公寓楼层较多，所以电梯不会很快到达，值乘高峰期的时候，一些乘务员往往等得不耐烦，便会连续按电梯按钮，有时即便已看见按钮灯亮起，也不停止。许多乘务员觉得只有不停地按，电梯才会来，因此电梯按钮的更换频率很高。公寓管理部门在电梯门边安装了一面大镜子。这面镜子可以让乘务员看见自己的“猴急样”，所以只要他们站到镜子前，就会马上变得有礼貌，一个个都成了“绅士淑女”。其实这面大镜子无意中起到了自我沟通的作用。它让人们看到了自我，和镜子中的自我进行沟通和比对，对自我进行定位，然后依据这个定位，人们会改变自己的行为方式，提高个人素养。

七、铁路客运服务人员的自我沟通

铁路客运服务人员的自我沟通是指铁路客运服务人员在服务工作中面向自己的沟通，是个人在客运服务过程中接受外部信息并在自身内部传递、理解、处理信息活动的过程。自我沟通实现了“主我”和“客我”之间的信息交流。自我沟通是其他一切沟通的基础。自我沟通能力也是铁路客运服务人员的一项必备能力。

1. 铁路客运服务人员自我沟通的方法

铁路客运服务人员掌握自我沟通的技巧，在实际的客运服务工作中，可以达到事半功倍的效果。

铁路客运服务人员自我沟通的方法主要有受众法、信息法、媒体法等。

1）受众法

受众法就是铁路客运服务人员进行自我认知。

2）信息法

信息法就是通过相关学习，寻找各种依据和道理对自我进行说服，这种信息可能来自自身的思考，也可能来自他人（有经验的资深铁路客运服务人员或其他有丰富铁路客运服务经验的人）的传授和从书本中学来的知识。

3）媒体法

媒体法是指每个个体（铁路客运服务人员）根据自己的特点选择相应的沟通渠道。例如，有的人通过写日记的方式表达自己的感情；有的人通过冥思苦想的方式来排解情绪；有的人借助书中的人物来发泄自己的矛盾心态，这些都是不同个体进行自我沟通的渠道和方法。

铁路客运服务人员应根据个体的心理、生理特点，以及所处的铁路客运服务工作环境，选择最佳的沟通方式。

2. 铁路客运服务人员自我沟通能力的提升

铁路客运服务人员在工作和生活中要重视自我沟通能力的提升，更好地与自我相处。铁路客运服务人员自我沟通能力的好坏，直接影响铁路客运服务工作的质量，良好的自我沟通能让自我满意，领导满意，旅客满意，能拓宽生命的宽度，让自己的生命更有品质！铁路客运服务人员可以从以下方面提升自我沟通能力。

1）自我认知

本项目任务二将对自我认知进行具体介绍。

2）情绪管理

本项目任务三将对情绪管理进行具体介绍。

3）自我修炼

本项目任务四将对自我修炼进行具体介绍。

任务二　建立正确的自我认知

一、自我认知

1. 自我认知的概念

自我认知指的是对自己的洞察和理解，包括自我觉察和自我评价。自我觉察是指对自己的思维和意向等方面的觉察；自我评价是指对自己的想法、期望、行为及人格特征的判断与评估。自我认知是自我调节的重要条件。

个体对自我的觉察，或者说意识的形成，是来源于个体被外界环境刺激后，经由记忆和思想产生的反应，因此，在形成记忆之前，个体是不会有自我意识的。如果说记忆是一切思想的基础，那自我认识就是个人对环境的反应。当一个人的记忆和思想达到一定程度后，比如出现了完全来自大脑的思维和想象力，个体的自我意识会更加强烈。我存在、我需要、我想要的想法，不断地通过思维和想象力，加强个体对自我的认知，直到个体有机生命体的结束。故自我认知从大脑记忆力产生开始，伴随记忆力的消失而消失，其是一个不断发展的过程。

个体对于自我的存在，行为和心理的认知会有一个发展的过程，刚开始是比较模糊的，所以儿童会经常出于好奇心而做一些危险的事情。儿童的自我意识是比较朦胧的，只有经过不断地试错，以及学习和思考后，对于自我肌体的存在感才会渐渐成熟，随后才会对各种行为进行有意识的区分，得出哪些行为是危险的，哪些行为是安全的结论，再决定是否要实施。在这一系列行为之后才会产生对自我心理的认知。一般来说，一个人的思维和想象力达到一定程度后才能具备察觉自我心理变化的能力。个体开始区分个人肌体行为和心理行为的差异是自我心理认知的开始。

2. 自我认知的作用

自我认知是一种比较高级的认知能力。对于受教育程度低，或者智力水平低的人而言，也许其终身也不具备自我认知的能力。而对于有些人，其能够准确地运用自我认知能力。心理认知一般来说是一个无限的过程，因为心理活动本身是无限的，它会跟随个人经历和记忆，以及思想和想象力的发展而不断地发展。出现和前一阶段不同的心理活动后，个体对自我的心理认知常常会有一个总结和重新调整的过程。

自我认知的超越状态在于个体认识到自己整个思维和记忆的状况，并能够对自己的心理活动进行控制，从而达到一种忘我的境地或者无我的境地。在这一状态中，这个自我已经认识到我是谁，我和我的思想、记忆的关系。于是这个自我很可能被抛弃或者被摆放到一个特定的位置或空间，可以全面观察自己的心理状态和整个自我的运作情况并有控制能力。从觉察自我，了解自我的性质和运作方式，到抛弃自我以达到无我，是一个超越的过程。生命体的死亡则是自我认知的停止。

如果一个人不能正确地认识自我，看不到自我的优点，觉得处处不如别人，就会产生自卑心理，丧失信心，做事畏缩不前，相反，如果一个人过高地估计自己，就会骄傲自大、盲目乐观，导致工作的失误，因此，恰当地认识自己能够克服这些不切实际的想法，在生活中找到适合自己的位置。

自我认知的核心是自我意识，或叫自我，是个体对自己存在的觉察，包括对自己的行为和心理状态的认知。

3. 自我意识

自我意识是对自己身心活动的觉察，具体包括认识自己的生理状况（如身高、体重、体态等）、心理特征（如兴趣、能力、气质、性格等），以及自己与他人的关系（如自己与周围人们相处的关系，自己在集体中的位置与作用等）。

广义的自我意识指人对自己的属性、状态、行为、意识活动的认识和体验，以及对自身的情感和行为进行调节、控制的过程。

自我意识是一个人对自己的认识和评价，包括对自己心理倾向、个性心理特征和心理过程的认识与评价。正是由于人具有自我意识，才有自我控制和调节，使自己形成完整的个性。

自我意识是人对自己身心状态及对自己同客观世界的关系的意识。自我意识包括三个层次：对自己及其状态的认识；对自己肢体活动状态的认识；对自己思维、情感、意志等心理活动的认识。自我意识不仅是人脑对主体自身的意识与反映，而且人的发展离不开周围环境，特别是人与人之间关系的制约和影响，所以自我意识也反映人与周围现实之间的关系。自我意识是人类特有的反映形式，是人的心理区别于动物心理的一大特征。

自我意识在个体发展中有十分重要的作用。首先，自我意识是认识外界客观事物的条件。一个人如果无法认识自己，也无法把自己与周围相区别时，他就不可能认识外界的客观事物。其次，自我意识是人具有自觉性、自控力的前提，其对自我教育有推动作用。人只有意识到自己是谁，应该做什么的时候，才会自觉、自律地去行动。一个人意识到自己的长处和不足，就有助于他发扬优点，克服缺点，取得积极的自我教育效果。最后，自我意识是改造自身主观因素的途径，它使人能不断地自我监督、自我修炼、自我完善。综上所述，自我意识对人的个性形成尤为重要。

自我意识主要包括以下三种心理机制。

1）自我认识

自我认识是主观自我对客观自我的认识与评价，是自己对自己身心特征的认识，自我评价是在自我认识基础上对自己作出的某种判断。正确的自我评价，对个人的心理和行为有较大影响。如果个体对自身的估计与社会上其他人对自己的客观评价过于悬殊，就会使个体与周围人们之间的关系失去平衡，产生矛盾，时间一长，将会形成稳定的心理特征——自满或自卑，这将不利于个人的心理健康。自我认识在自我意识系统中具有基础地位，属于自我意识中“知”的范畴，其内容广泛，涉及自身的各个方面。进行自我认识训练，重点应放在三个方面：第一，能认识到自己的身体特征和生理状况；第二，能认识到自己在集体和社会中的地位及作用；第三，能认识到内心的心理活动及其特征。 自我评价是自我意识发展的主要成分和主要标志，是在认识自己的行为和活动的基础上产生的，是通过社会比较而实现的。由于多数人自我评价能力不强，往往不是过高就是过低，因此，要提高我们的自我评价能力，就应学会与同伴进行比较，通过比较做出评价。还应学会借助别人的评价来进行自我评价，学会用一分为二的观点评价自己。由于自我评价是自我认识中的核心成分，它直接制约着自我体验和自我调控，所以，进行自我意识训练，重点应放在自我评价能力的提高上。

2）自我体验

自我体验是主体对自身的认识而引发的内心情感体验，是主观的我对客观的我所持有的一种态度，如自信、自卑、自尊、自满、内疚、羞耻等都是自我体验。自我体验往往与自我认知、自我评价有关，也和自己对社会的规范、价值标准的认识有关，良好的自我体验有助于自我监控的发展。进行自我体验训练，就是要让自己有自尊感、自信感和自豪感，不自卑、不自傲、不自满，随着年龄增长懂得因做了错事而感到内疚，因做了坏事而感到羞耻。

3）自我监控

自我监控是自己对自身行为与思想言语的控制，具体表现为两个方面：一是发动作用，二是制止作用，也就是支配某一行为，抑制与该行为无关或有碍于该行为进行的行为。进行自我认知、自我体验训练的目的是进行自我监控，调节自己的行为，使行为符合群体规范，符合社会道德要求，通过自我监控调节自己的认识活动，提高学习效率。提高自我监控能力的重点应放在促使一个转变上，即由外控制向内控制转变。一个人自我约束能力较低时，常常在外界压力下被动地从事实践活动，例如只有教师要求做完作业后检查，你才会进行检查，针对这种现象，你应学会如何借助外部压力，发展自我监控能力。

二、铁路客运服务人员自我认知

铁路客运服务人员的工作对象是旅客，在客运服务工作中要处理各种涉及旅客的事务，要明确自己的角色定位，培养自我认知意识，在工作中加强自我建设。

铁路客运服务人员自我认知是指铁路客运服务人员对自己的洞察和理解，也就是铁路客运服务人员在客运服务工作中的自我觉察，在处理相关问题、事件中对自我行为和心理状态的了解。铁路客运服务人员正确认识自我，实事求是地评价自己，是自我调节和人格完善的重要前提，也是做好客运服务工作的重要前提。

三、铁路客运服务人员自我认知能力提升

每一位铁路客运服务人员都希望通过对自己的深入了解，在心理素质和言行举止方面得到进一步的提升和改善，使自己的客运服务工作质量得到进一步提高。

提升自我认知的有效方法比较多，但是我们必须认识到自我认知是一个非常复杂而又模糊的概念，因为人很复杂，也时刻在变化，本书介绍一些提升自我认知能力的方法。不论用什么方法提升自我认知能力，都无法速成，都需要长期努力。

（1）人们往往难以做到正确地进行自我认知。自我认知简单来说就是一个人对自己的了解程度。我们总觉得我们了解自己多过别人，因为自己是不会和自己说谎的，自己最了解自己，然而自己对自己的看法往往带有很多主观色彩，难以做到客观。

（2）我们的自我认知会受限于我们的视角。比如此刻你应该注意不到自己的脚掌是什么感觉，可是当读完了这句话之后你肯定能清楚地感觉到自己脚掌的存在。人的意识像手电筒一样，照到哪里我们才注意到哪里，而人的内心又是很复杂的，像一个漆黑的房间，我们永远无法照亮每一个角落。

自我认知度高的人，并不会比其他人“照亮”得更多，但却更熟悉自己。就好像在自己的房间里，有时候就算伸手不见五指，也能大致了解身边的物品，而身处一个陌生的房间里时就做不到这一点。

（3）有的时候我们对自己的认识是混乱的，支离破碎的，就好像我们对刚认识的朋友一样，只能通过只言片语来判断。

一个人的一生必然是有很多内在的逻辑和规律的，了解这些规律能解开我们的很多困惑，从而带来安全感和方向感。了解自己多一些，能够更全面地理解问题与挑战，也能做出更周全的反应。

（4）自我认知度的高低也会受到我们的欲望和目标的影响。有时候我们并不是不了解自己，而是出于某些原因拒绝关注自己，了解自己。一个害怕被责备的下属为了维持与上级的关系而牺牲个人心灵成长的需要，并不意味着他不知道自己想要什么，只是生活当中很多时候我们不得不总是把聚光灯对着别人，所以对自己一无所知。

（5）我们和别人相处，如果了解对方，那么就更容易信任和理解对方，更愿意与对方合作。同样，我们也需要和自己相处，个人和自己的关系，其实也是一个人际关系，是英文里 I 和 me 的关系。

（6）自我认知度高的人会更自信，自信是信任自己，是相信自己。不自信的人，往往不

能准确地认识自己。

（7）自我认知度高的人会更有安全感，因为他会更清楚地知道出现问题和挫折的时候，自己做了些什么，哪些行为对事情的结果有影响。有些人脾气不好，自我认知能力又差，意识不到自己待人接物的方式很有问题，所以老是和别人闹矛盾然后被嫌弃，还反过来怪别人。这样的状况反复几次，一个人便很难在任何关系里有安全感，会觉得这个世界似乎都是讨厌自己的。

（8）自我认知度高的人对自己的人生有更好的规划，更有方向感。缺乏自我认知，就好比自驾游没有目的地，只是看哪条路不堵车就往哪里走，到了最后自己都不知道走到哪里去了。了解自己的需求、目标、追求，知道自己喜欢什么、讨厌什么，都是自我认知的一部分。

（9）自我认知度高的人能带来更好的自我照顾，或者说“自爱”。我们往往喜欢指责不是特别熟悉的人，给他们贴标签，但是对于我们非常熟悉的人，比如子女，心里面总会多一分宽容，“他就是这样的人”。对于我们自己，如果不了解自己，也会很容易产生自责和负罪感，但如果知道自己的“优劣好坏”，接纳自己的不完美和不足，就不会时刻感到挫败了。

素质拓展

写一篇个人成长史

1. 划分人生阶段

将自己已有的经历划分为6个阶段。每一个阶段用一个重要的事件或者时间点来界定。第一个阶段从出生开始，最后一个阶段一直持续到现在。

2. 罗列重要事件

在每个阶段中找出3件对你影响最大的事件。这些事件对你的情感、性格、生活轨迹、人际关系有重要的影响。

建议关注这样一些事件：生活轨迹变化的转折点，重大的失败或意外，重要的决定，情感上冲击很大的事件，记忆深刻的事件。

罗列这18个事件本身可能就是个挑战，有的需要努力回忆，有的需要去询问他人。

3. 分析事件

针对每一个事件，都需要回答以下几个问题。

（1） 这个事件给我带来了哪些认知和想法上的变化？

（2） 这个事件给我带来了哪些情感上的冲击或者影响？

（3）这个事件和现在的我有什么关系？换句话说，这个事件如何塑造了今天的我？

4. 收获

这份“作业”可能会写得很长，长到超过你的预期。写的过程中你可能会哭、会笑、会感慨。你可能需要他人帮助你回忆，但不要给他人看你的“作业”，因为只有你自己才能看的情况下，你才能最诚实。

这份“作业”最终能达到什么效果，因人而异。第一，写作过程中的思考就会让自己非常受益，一边写一边思考，看清了很多以往忽略的或者误解的问题。第二，写完之后，整个人有一种“觉醒”的感觉，而且这种感觉，以及带来的思考，会持续影响自己很长时间。第三，可能有些事情写出来后会让自己不舒服，但是短时间的不舒服换来的是长期的内心的平静。第四，对自己的理解会变得非常宽广，甚至会看到自己所处的历史和社会环境给自己带来的影响。

四、铁路客运服务人员自我认知的方法与途径

正确认识自我指一个人对自我的认识要与自我的实际情况相符合，它包括两个方面的含义。

①正确、全面认识自己的特点和长处。

②正确认识自我与社会、个人与集体的关系。认识到个人的成长离不开集体，自我的人生价值主要在于对社会的贡献。

人总是在不断地发展变化的，因此，我们需要不断更新、不断完善对自己的认识，这样才能使自己变得更好和更完美，而要正确认识自己，我们就必须用全面的、发展的眼光看待自己。

①全面认识自己，我们既要认识自己的外在形象，如外貌、衣着、举止、风度、谈吐，又要认识自己的内在素质，如学识、心理、道德、能力等。一个人的美应是外在的美与内在的美的和谐统一，内在的美对外在的美起促进作用。

②全面认识自己，我们既要看到自己的优点和长处，又要看到自己的缺点和不足，因为，我们每个人的外在形象和内在素质都有自己的优势，也有自己的不足，正所谓“金无足赤，人无完人”，我们每个人都有自己的缺点，但同时每个人也都有自己的“闪光点”。我们应该多关注自己的优点和长处，即使自己可能有很多不足，也要用欣赏的眼光来看自己。只有先看得起自己，才能正确认识自己。面对纷繁复杂的世界，如果你把目光都集中在痛苦、烦恼上，生命就会黯然失色；如果你把目光都转移到快乐之中，你将会得到幸福。同样的道理，面对自己，如果你只看到自己的缺点、不足，你将会悲观失望，停步不前；如果你能看到自己的优点、长处，你将会充满信心，迎接生活的挑战。同样，如果我们只看到自己的优点，看不到自己的不足，“看自己一朵花，看别人豆腐渣”，用自己的长处比别人的短处，我们就会沾沾自喜，骄傲自大，停步不前，甚至会倒退，因此，为了全面认识自己，我们既要看到自己的优点和长处，又要看到自己的缺点和不足。

③事物总是发展变化的，没有一成不变的事物。俗话说“士别三日，当刮目相看”，我们每个人也都是在不断发展变化的，我们的优点和缺点也不是一成不变的，因此，我们必须用发展的眼光看自己，及时发现自己的优点和缺点，通过自己的努力，争取变缺点为优点，通过不断改正自己的缺点来完善自己。

铁路客运服务人员自我认知的途径如下。

（1）通过自我观察认识自己。在铁路客运乘务工作中通过自我观察来认识自己。

（2）在与乘务组的领导、工作伙伴和旅客的接触、交流和比较中认识自我。要正视现实，实事求是，全面客观地看待自己，用发展的眼光看待自己。要正确认识自己，我们必须做一个有心人，经常反省自己在日常生活中的点滴表现，总结自己是一个什么样的人，找出自己的优点和缺点。自我观察是自己教育自己、自我提高的重要途径。自我观察主要包括以下三个方面。

①自身外表和体质状况的观察，包括外貌、风度和健康状况等方面的观察。

②自我形象的观察，主要是对自己在所生活的集体中的位置和作用、公共生活中的举止表现及社会适应能力等的观察。

③自己的精神世界的观察，包括对自己的道德水平、智力水平、能力、性格、兴趣、爱好、特长等方面的观察。

（3）通过他人了解自己。从乘务组的领导、工作伙伴和旅客对自己的态度和评价中认识自己。大文豪苏轼写道：“不识庐山真面目，只缘身在此山中。”认识自己有时候的确比较难，一般来说，当局者迷，旁观者清，周围的人对我们的态度和评价能帮助我们认识自己、了解自己。我们要尊重他人对自己的评价，冷静地分析。对于他人对自己的评价我们既不能盲目认同，也不能忽视。

在生活中我们要用变化和发展的眼光看待自己，看待他人。

小提示

完善自我的途径

- 注重人格培养：智慧力、道德力、意志力。
- 努力获取新知：直接、间接。
- 改变心智模式：开放心灵、摆脱“路径依赖”。
- 培养积极心态：正视客观现实、调控个人情绪。
- 勇于挑战自我：充分认识不足、确定改进目标、加强时间管理。

五、铁路客运服务人员的自我认知与职业规划

在工作中，有的人对自己的职业规划非常重视，有的人却茫然地度过每一天，由于自我认知的差距，一段时间后，这两种人会在相同的岗位上形成鲜明的对比，那么铁路客运服务人员怎样才能对自己有清晰的认知，并制订清晰合理的行动计划呢？

1. 明确自己的工作目标

如果你不清楚自己到底想做什么，不清楚自己何去何从，不清楚自己每天辛苦工作到底为了什么，请花上一个星期，一个月甚至半年的时间，好好想想自己在追求什么，比如说我想成为一流的铁路客运服务人员、我想成为高速铁路列车的乘务长、我想成为高速铁路车站的值班站长，等等。

2. 分析自己身边的机遇

思考自己所处乘务组的环境或者自己所处的乘务服务岗位是什么情况，比如说自己所在铁路局集团有限公司的企业文化非常鼓励个人创新，比如说乘务组未来可能会存在我所追求的职位空缺，比如说乘务组至今仍有很多未能解决的问题，我要努力将其解决。这些都是你身边的机遇，千万要记住你身边的机遇在很大程度上会决定你在这个乘务组能“走多远”，不要让自己处于一个“死胡同”中。

3. 分析自己身边的威胁

这里所说的威胁不是一个贬义词，而是让你更清晰地认识你周围的环境，比如说同样的工作岗位，比自己优秀的人都非常的努力，自己很难在群体中出类拔萃，比如说你自己本身非常优秀，但背后却有人对自己“使坏”。比如说后继者都是潜力股，如果自己不努力，很有可能被后来者所替代。要清楚地认识威胁，并通过自身能力的提高来消除这些威胁。

4. 分析自己的优势

在一张纸上，明确地写出自己具有什么优点，比如说自己的学历比他人高，自己的专业理论知识扎实，自己有某个方面的特长。清楚认识自己的优势，才能扬其所长。

5. 分析自己的劣势

和分析自己的优势一样，用一张纸清晰地列出自己的不足之处，记住如实描述，不要自己骗自己，比如说执行力不够且爱拖延，比如说口才不好，比如说容易情绪化。清楚地认识自己的劣势，才能着手改进。

6. 制订具体的行动计划

进行了以上自我分析之后，就应该制订具体的改进措施，特别是针对自己的不足，一定要抓紧时间弥补。你身边的机会说不定哪天就会降临在自己身上，千万不要因为自己存在某个劣势，而与机会擦肩而过。

小提示

（1）自我认知，关键在于对自己坦诚。

（2）自我分析完成之后一定要记住执行、执行、再执行。

沟通小故事

正确地认识自己

一只驮着圣骨的驴子，一路上看见人们都朝着他顶礼膜拜，不由洋洋自得，把这些礼拜都看作是献给自己的。有个行人说："尊敬的驴先生，您太虚荣了，您难道不觉得所有的礼拜都是给圣骨的吗？"驴一听，十分生气，于是摇晃着身子，要把圣骨从自己身上摇下来。这个时候，惊慌的人们将圣骨安置到另一只听话的驴子身上，而给了这只驴一顿皮鞭。

启示：

人要明白自己是谁，冷静地对待各种赞美，也许环绕在自己周围的一些光环是因为自己所在的平台，而非自己的能力。

沟通小故事

别盯着缺点不放

有一个哲人给朋友看了一张画：白纸中画了个黑色圆点。然后哲人问他的朋友看见了什么，所有的朋友异口同声地回答说："一个黑点。"哲人笑笑说："只说对了极少部分，其实画中最大的部分是空白，而不是黑点。"这个黑点恰似人的缺点，盯住自己的缺点不放，你就会成为一个十分自卑的人，不敢放手去做自己想做的事情；盯住别人的缺点不放，你就会失去世界上所有的朋友，不敢开怀去和朋友来往。

启示：

发现别人的缺点实在是一件容易的事情，但别人的缺点往往只是个小黑点，不要夸大别人的缺点，进而全面否定别人。

任务三　做情绪的"主人"

一、解读情绪

1. "情"为何物

情绪是人各种感觉、思想和行为的一种综合的心理和生理状态，是因外界刺激所产生的心理反应及附带的生理反应。我们平时比较常见的情绪，事实上都是个人的主观体验和感受，常常与心情、气质、性格、性情及环境等因素有关。

"情"即通常所说的感情、心情、性情。心理学把短暂而强烈的感情叫作情绪；把稳定、持久的感情叫作情感。情绪、情感也常通用，两者通称感情。情绪状态有几种特殊的形式：心境是持久而淡漠的状态，激情是强烈、短暂、暴发式的状态，应激是在生命或精神处于受威胁情景时出现的状态。

2. 情绪的种类

从心理学的角度来看，情绪是身体对行为的可能性乃至必然性的反应，以及在生理反应上的评价和体验。通常情绪包括喜、怒、忧、思、悲、恐、惊七种。这些情绪的表现也可以加以归纳，如喜会表现为手舞足蹈，怒可能是咬牙切齿，忧则茶饭不思，悲会痛心疾首……行为在身体动作上表现得越强烈，就说明其情绪的强度越大。

情绪分为以下四类。

（1）将快乐、愤怒、恐惧、悲哀视为最基本或最原始的情绪。

（2）与感觉刺激有关的情绪包括疼痛、厌恶、轻快。这类情绪可以是愉快的，也可以是不愉快的。

（3）与自我评价有关的情绪，包括成功与失败、骄傲与羞耻、内疚与悔恨等，这些情绪取决于一个人对自身行为与客观行为标准关系的知觉。

（4）与他人有关的情绪，发生在人与人之间的情绪种类似乎无限繁多，按照积极的与消极的维度，可以把它们分为“爱”与“恨”两大类。

二、情绪管理的概念

情绪管理要求善于掌握自我，善于调制、调节情绪，对生活中的矛盾和负面事件引起的反应能合理地排解，能以乐观的态度、幽默的情趣及时地缓解紧张的心理状态。

在管理学中，情绪管理也指通过研究个体和群体对自身情绪和他人情绪的认识，培养驾驭情绪的能力，并由此产生良好的管理效果。现代职场中，人们均将情商及自我情绪管理视为领导力的重要组成部分。

情绪管理是指通过研究个体和群体对自身情绪和他人情绪的认识、协调、引导、互动和控制，充分挖掘和培植个体和群体的情商、培养驾驭情绪的能力，从而确保个体和群体保持良好的情绪状态，并由此产生良好的管理效果。

三、情绪管理的内涵

情绪管理是用心理学的方法有意识地缓解或激发情绪，以保持适当的情绪体验与行为反应，避免或缓解不当的情绪与行为反应，其具体包括认知调适、合理宣泄、积极防御、理智控制、及时求助等方式。

四、情绪管理的方法

1. 心理暗示法

心理暗示法就是个人通过语言、形象、想象等方式，对自身施加影响的心理过程。这个概念最初由法国医师库埃于 1920 年提出，他的名言是“我每天在各方面都变得越来越好”。自我暗示分积极自我暗示与消极自我暗示。积极自我暗示，在不知不觉中对自己的意志、心理，以及生理状态产生影响，积极的自我暗示令我们保持好的心情、乐观的情绪、强大的自信心，从而调动人的内在积极因素，发挥主观能动性。心理学上所讲的“皮格马利翁效应”也称期望效应，就是指积极的自我暗示。而消极的自我暗示会强化我们个性中的弱点，唤醒我们潜藏在心灵深处的自卑、怯懦、嫉妒等，从而影响情绪。

与此同时，我们可以利用语言的指导和暗示作用，来调适和放松心理的紧张状态，使不良情绪得到缓解。心理学的实验表明，当个人静坐时，默默地说“勃然大怒”“暴跳如雷”“气死我了”等语句时心跳会加剧，呼吸也会加快，仿佛真的发起怒来。相反，如果默念“喜笑颜开”“兴高采烈”“把人乐坏了”之类的语句，那么他的心中也会产生一种乐滋滋的体验。由此可见，言语活动既能唤起人们愉快的体验，也能唤起人们不愉快的体验；既能引起某种情绪反应，也能抑制某种情绪反应。当我们在生活中遇到情绪问题时，我们应当充分利用语言的作用，用内部语言或书面语言对自身进行暗示，缓解不良情绪，保持心理平衡。比如默想或用笔在纸上写出下列词语：“冷静”“三思而后行”“制怒”“镇定”，等等。实践证明，这种暗示对人的不良情绪和行为有奇妙的影响和调控作用，既可以松弛过分紧张的情绪，又可用来激励自己。

2. 注意力转移法

注意力转移法就是把注意力从引起不良情绪反应的刺激情境，转移到其他事物上去或从事其他活动的自我调节方法。当出现情绪不佳的情况时，要把注意力转移到使自己感兴趣的事情上去，如：外出散步、看看电影、看看电视、读读书、打打球、下盘棋，甚至找朋友聊天，换换环境等，这些都有助于使情绪平静下来，在活动中找到新的快乐。这种方法，一方面中止了不良刺激源的作用，防止了不良情绪的泛化、蔓延；另一方面，通过参与新的活动，特别是自己感兴趣的活动从而达到增进积极的情绪体验的目的。

3. 适度宣泄法

过分压抑只会使情绪困扰加重，而适度宣泄则可以把不良情绪释放出来，从而使紧张情绪得以缓解、放松。遇有不良情绪时，最简单的办法就是“宣泄”。宣泄一般是在无人处，或在知心朋友间进行的，其采取的形式或是用过激的言辞抨击、抱怨恼怒的对象；或是尽情地向至亲好友倾诉自己认为的不平和委屈等，一旦发泄完毕，心情也就随之平静下来；或是通过体育运动、体力劳动等方式来尽情发泄；或是到空旷的山林原野，大声呼喊，发泄胸中怨气。必须指出，在采用宣泄法来调节自己的不良情绪时，必须增强自制力，不要随便发泄不满或者不愉快的情绪，要采取正确的方式，选择适当的场合和对象，以免引起不良后果。

4. 自我安慰法

当一个人遇有不幸或挫折时，为了避免精神上的痛苦或不安，可以找一种合乎内心需要的理由来说明或辩解。如为失败找一个冠冕堂皇的理由，用以安慰自己，或强调自己所有的东西都是好的，以此冲淡内心的不安与痛苦。这种方法，对于帮助人们在大的挫折面前接受现实，保护自己，避免精神崩溃是很有益处的，因此，当人们遇到情绪问题时，经常用“胜败乃兵家常事”“坏事变好事”等词语来进行自我安慰，以摆脱烦恼，缓解矛盾冲突，消除焦虑和失望，达到自我激励，总结经验，吸取教训之目的。

5. 交往调节法

某些不良情绪常常是由人际关系矛盾和人际交往障碍引起的，因此，当我们遇到不顺心、不如意的事，有了烦恼时，能主动地找亲朋好友交往、谈心，比一个人独处胡思乱想、自怨自艾要好得多。在情绪不稳定的时候，找人谈一谈，具有缓和、抚慰、稳定情绪的作用。另外，人际交往还有助于交流思想、沟通情感，增强自己战胜不良情绪的信心和勇气，能更理智地去对待不良情绪。

6. 情绪升华法

升华是改变不为社会所接受的动机和欲望，而使之符合社会规范和时代要求，是对消极情绪的一种高水平的宣泄，是将消极情感引导到对人、对己、对社会都有利的方向去。如一同学因失恋而痛苦万分，但他没有因此而消沉，而是把注意力转移到学习中，立志做生活的强者，证明自己的能力。

在上述方法都失效的情况下，不要灰心，可以通过更长一段时间的调节让自己恢复平静，也可以去找心理医生进行咨询、倾诉，在心理医生的指导、帮助下，克服不良情绪。

五、铁路企业对客运服务人员的情绪管理

在铁路企业中，管理者如果不能很好地进行铁路客运服务人员的情绪管理，将会导致铁路企业客运服务工作效率低下，从而影响企业的发展。做好铁路客运服务人员情绪管理的方法如下。

1. 建设企业文化，理顺组织情绪

在现代企业管理中，企业文化已经逐渐成为新的组织规范。事实上，企业文化对员工不仅具有一种强有力的号召力和凝聚力，而且对员工的情绪调节起着重要作用。一般而言，员工从进入企业的那一刻起便开始寻求对企业的认同感，如果企业文化中有一个员工愿意为之奋斗的愿景使命，一种被员工认同的价值观和企业精神，那么这个企业就能够激励员工超越个人情感，以高度一致的情绪去达成企业的目标愿景。

2. 开放沟通渠道，引导员工情绪

积极的期望可以促使员工向好的方向发展，员工得到的信任与支持越多，也会将这种正向、良好的情绪带到工作中，并能将这种情绪传递给更多的人。企业管理者必须营造良好的交流沟通渠道，让员工的情绪得到及时的交流与宣泄，在企业管理中如果交流沟通渠道受阻，员工的情绪得不到及时的引导，这种情绪会逐步蔓延，影响到整个团队。

3. 匹配工作条件，杜绝消极情绪

工作环境等工作条件因素对员工的情绪会产生很大影响，在实际工作中，企业管理者需要将工作条件与工作性质进行匹配，从而避免员工产生消极情绪。例如高速铁路车站的客运服务工作具有强烈的不确定性， 非常强调员工的团队合作能力，因此，其工作环境应设计成开放式结构，以利于团队成员间的交流。

4. 传授情绪知识，增强员工理解

情绪知识在决定人们的行为结果时可能起到调节作用。情绪知识是员工服从企业决定的关键因素，企业管理者可以通过有针对性的“情绪知识”培训，增强员工对企业管理实践的理解能力，激发员工的工作热情以适应组织的需要。

5. 营造情绪氛围，提升个体感受

每个企业都有一定的氛围，表现为组织情绪，如愉快的工作氛围、沉闷的工作氛围、复杂的人际关系等。组织情绪会影响员工的工作效率和心情，甚至会成为一个员工是否留在企业的原因。整个组织的情绪氛围会影响和改变员工的情绪，尽管员工和组织的情绪是相互影响的，但是组织对个体的影响力量要比个体对整个组织的影响力量大，因此，从企业发展的角度来看，企业管理者必须营造良好的组织情绪氛围。

六、铁路客运服务人员情绪调整

许多时候，我们认为自己心情不好，所以表情沮丧、说话无力、走路时耷拉着脑袋，也

就是说：心理影响身体。可是，反过来也是成立的，身体会影响心理。当我们表现出快乐的，充满信心与活力的表情、动作时，我们的心情也就会随之改变。

（1）微笑。微笑是带来身体与心灵健康的良药。张开你的嘴角，开始笑对生活吧。微笑与快乐是不需要理由的，快乐是一种习惯，而不是一个结果。

（2）抬头挺胸，深呼吸。如果你垂头叹气，那是你的行为在告诉你自己，你失败了。从现在开始，抬起你的头，昂首挺胸，眼光坚定就是在用行动宣告：我是成功者。这个简单的动作会让你更有信心。

（3）做事速度快 20%。加快你行动的速度。行动，快速行动，将带来力量与信心。

（4）说话大声。你有权发言，你的声音是独特的，现在，让大家听到你的声音。深呼吸，开始对自己说：我喜欢我自己。提升说话的音量，带着信心去与人沟通。

（5）正视对方的眼睛，说话简洁有力。有的人说话时眼光东摇西荡，说明其对眼前的人没有兴趣或者自身缺乏信心。正视别人，简单、有力地说出你的想法。第一次也许不尽如人意，多尝试几次，你就会感觉到信心如潮水般涌来。

小提示

好情绪使人变美

幽默超脱，青春常驻。
排遣宣泄，吸纳美好。
学会宽容，海阔天空。
弱化转移，宁静豁达。

小案例

别人做错事或说话态度差，或许是他一贯的习惯，或许是他现在心情不好，但是我们没有必要因此而破坏自己的心情。生气是用别人的过失来惩罚自己！

1. 陈莎跑步

乘务员陈莎每次生气和人起争执的时候，就会绕着客运段的围墙跑步，跑步时她问自己已经有多长时间没有锻炼身体了，把时间用来锻炼身体还是用来生气，哪一个更划算，跑着跑着她就不再生气了。

2. 我该让谁来决定我的行动

列车长陈至安和乘务员杨晶在动车组上值乘，陈至安礼貌地向某位旅客说了声“您好”，但这位旅客冷脸相对，一言不发。

杨晶说：“这位旅客态度很差。”并问陈至安：“你为什么还是对他微笑？”陈至安回答：“为什么我要让他的表现决定我的行为呢？”

启示：人与人之间常常因为一些无法释怀的坚持，而造成永远的伤害。如果我们都能从自己做起，宽容地看待他人，一定能收到许多意想不到的结果。给别人开启一扇窗，也就是让自己看到更完整的天空。

3. 自乱阵脚

在铁路列车上，乘务员程宇浩对一名吃瓜子的旅客说：“先生，让你不要乱丢瓜子壳，你听到了吗？你听到了吗？”

“听到了！”旅客回答。

见旅客仍在不停乱丢瓜子壳，程宇浩控制不住自己的情绪，暴跳如雷，开始咆哮。

其他旅客对程宇浩投来异样的目光，程宇浩因情绪的失控让自己乱了章法。

启示：生活中，面对不同的环境、不同的人，有时候采用何种手段不是关键，而保持好自己的情绪才是至关重要的。

每个人都有自己的情绪，而情绪是一种很缥缈的东西，有时缥缈得让人捉摸不到，但是，不管如何缥缈，你都要想办法将它捏得紧紧的，因为这关系到你是否能理智地处理问题。

有时候，掌控不住情绪，不管三七二十一发泄一通，结果搞得场面十分难堪。生活中，每个人都难免会碰到“擦枪走火”的状况，但是，理智的人会将情绪马上“收回来”。

情绪处理得好，可以将阻力化为助力，帮你“解危化险”。情绪若处理得不好，便容易被激怒，产生一些非理性的言行举止，轻则误事受挫，重则违法乱纪。

任务四　通过自我修炼走向成熟

一、自我修炼的含义

自我修炼就是准确认识自己，发挥优势，控制弱点，更好地欣赏自己，发挥自己的长处，弥补自己的短板，完善自己性格的过程。

二、铁路客运服务人员的自我修炼

1. 铁路客运服务人员自我修炼体系的构建

1）人生原则

人生原则，可细分为以下方面：人生观，即要做什么样的人；价值观，即对待他人、对待事业、对待名利的态度等。

2）现实价值观

不同的价值观决定你将做出什么样的行为，决定你愿意和什么样的人交往，决定你是哪一类人。我们要对不同的价值观做独立的分析与评判，以便做出取舍。找出那些与自己的人生原则一致的价值观，组成一个统一的体系，用以激励自我，成就自己的理想。

2. 构建及运用自我修炼体系的五项原则

1）简洁

用于做自我暗示的句子要简洁、明了，这样易于回想。

对一个人传递积极的期望，就会使他进步得更快，发展得更好，反之，向一个人传递消极的期望则会使他自暴自弃，放弃努力。当我们对某件事物有非常强烈的期望的时候，我们所期望的事物常会出现。

2）多用正面积极的词汇

如果你想说：“不能再消沉下去了!”不妨换为：“要奋发进取!”如果想说：“改变落后的现状!”不妨换为：“力争上游!”

3）可行性

你所表达的意思一定是你可以做到的，你所确定的目标不会被轻易否定，使用带渐进意味的词是个好办法，如“我一定能做得更好”“我会越来越健康”“天天向上”等。

4）形象化

默诵或朗读自我激励的语句时，要在脑海里想象目标情景；很多目标可能转换成图画，要将它展示出来；不管是语句还是图示或画面，最好把它贴在你经常看的地方。

5）注入感情

你要从内心认同并相信你所确定的目标。当你朗诵（或默诵）自我激励的语句时要把感情贯注进去，否则“光动嘴不动心”是不会有结果的。注入情感，才能起长久的、强有力的行为导向作用。

小分享

自我修炼，才能不断走向成熟

在人的一生中，会遇到许许多多的事情，比如名利、贪心、虚荣、嫉妒，等等。它们中有些是负担，应该果断地删除！就像计算机中的垃圾文件一样，及时删除，操作系统才能顺利工作。人生，就是一步一步走，一步一步扔。走出来的是路，扔掉的是包袱。这样，路就会越走越长，心就会越走越静。

内心深处是坚定还是薄弱，导致了不同的人生轨迹。生命的真谛，在于理解成功，善待磨难，坚定生活的信念，拓展生命的范围，要从容地面对和洒脱地放下，去认识生命的深刻和丰富，去承担生命的追问、选择、秩序。

修炼自己的表情，让它神采飞扬；修炼自己的行为，让它规范专业；修炼自己的学识，让它丰富多彩；修炼自己的脾气，让它受人喜爱；修炼自己的个性，让它鲜明唯美；修炼自己的心灵，让它平和美丽；修炼自己的气质，让它超凡脱俗；修炼自己的灵魂，让它崇高圣洁；修炼自己的人生，让它快乐幸福。

幸福，没有捷径，也不可能完美无瑕。幸福，其实很简单，平静地呼吸，仔细地聆听，微笑着生活；有人爱，有事做，有所期待；不慌乱，不迷茫。在人生道路上，走一步，有一步的风景；进一步，有一步的欣喜；退一步，有一步的心境。

做事不必过分期待，坚持不必太执着；要学会放下，放下不切实际的期待，放下没有结果的执着。要学会珍惜当下的幸福。

三、铁路客运服务人员工作中的九项修炼

铁路客运服务人员要想工作出色，事业有成，就必须进行以下 9 项修炼。

1. 耐得住性子

耐得住性子指的是忍耐，社会对铁路客运服务人员的忍耐力要求较之其他人员更高。忍耐是坚忍和能耐的简称。铁路客运服务人员在工作中不会忍耐，不可能会有能耐。工作中有很多事，需要忍；工作中有很多苦，需要忍；工作中有许多痛，需要忍；工作中有很多话，需要忍；工作中有很多气，需要忍。忍是一种眼光，忍是一种胸怀，忍是一种领悟，忍是一种工作的技巧，忍是一种智慧。

在工作中，不要乱发脾气，更不要轻易生气，生气也是对自己的一种惩罚和否定，学会控制自己的情绪，学会制怒；不要任性，接受艰巨的任务不要烦躁，处理重要的事情更要拒绝浮躁，要耐得住工作中的寂寞，更要忍得住工作中的孤独，一个人沉得住气才能成大事、成大器。因为再简单的工作也能做得出彩，再烦琐的工作也能做出成就，所以说，要想获得成长，需要有坚持不懈的耐性；要想取得胜利，需要有持之以恒的耐心；要想获得成功，需要有非同寻常的耐力。

2. 顶得住压力

做任何工作都会有压力，尤其是铁路客运服务人员的工作压力更大，追求大发展就会有

大的压力，只求小成就就只有小的压力。可以毫不夸张地说，没有压力，我们将一事无成；而有了压力，就会使我们进步。压力能让人成长，压力更是追求成功的动力，所以说，压力很折磨人，但更磨炼人。不要害怕和逃避工作中的压力，敢于接受压力的人会变得成熟，学会减少压力的人会获得成长，懂得卸载压力的人能取得成就，能否学会接受压力、减少压力、卸载压力，也是检验一个人能否成功的标准之一。从另一种角度来看，压力就是一种挑战。人的一生要面对很多挑战，如果每一次面对挑战，我们都止步不前，那么我们将会碌碌无为。作为铁路客运服务人员，在面对压力的时候，不能退却，而应勇敢地去面对，并且战胜它、征服它。

3. 挡得住诱惑

在铁路客运服务工作中经常会遇到各种诱惑，如果控制不住自己的欲望，就有可能犯错误。人最大的敌人是自己，最难战胜的也是自己，控制人的物质欲望有利于磨炼自己的意志。有些人总是挡不住诱惑，经常为私心所扰，为名利所累，为物欲所惑。

诱惑是无形的陷阱，诱惑越大，陷阱越深。知道自己不能做什么，比知道自己能做什么更有智慧。

有些人把名利看得很重，干点工作就要回报，有点成绩就想得到提拔，得不到晋升就有失落感；有的人把谋得一官半职当作一种荣耀，他们总以捞取“政绩”为出发点，不惜弄虚作假、糊弄领导。

有不少人为了名誉、利益，给自己扣上了锁链；为了情欲、美色，给自己套上了枷锁。总之，各种各样的欲望，不断加重了自己的负荷，导致自己误入歧途，不能自拔，甚至会锒铛入狱。

贪心不足蛇吞象。名利面前，贪欲终会使人丧失理性，缺乏判断力。他们自以为自己能力无限，可以为所欲为，却不知法网恢恢，疏而不漏，最终必定会落得个身败名裂的下场。

铁路客运服务人员要正确看待金钱、权力与荣耀。始终保持头脑清醒的人，会顺利成长，日臻成熟，也能不断取得成绩，最终获得应有的成就。古往今来，凡成大事者，都能很好地主宰自己的欲望。做人是成事之道，人品则是谋事之基。

4. 扛得住困难

在铁路客运服务工作中不会总是一帆风顺的，难免会有坎坷、泪水、困难。要想成才，就要扛得住困难。人人都会遭遇困难和险阻，战胜它们则会成功，不能战胜它们必定会失败。人只要不被困难打倒，就一定能打倒困难。人生就是这样，面对困难，往后退一步就会更难，若再退一步就会被困住。

困难对天才是块垫脚石，对能干的人是财富，对弱者才是万丈深渊。困难是一把双刃剑，一面割出你的鲜血，一面又为你掘出新的希望。

现在的不如意、逆境、挫折乃至苦难都是你的财富！要学会在困境中激励自己。人们常说，苦难是最好的大学。古今中外，凡成大器者，很多都是从苦难中走过来的。面对困难，一旦我们经受了各种考验与锤炼，“百炼成钢”，就能成就非凡的意志和能力。困难并不可怕，可怕的是你把它看成结局而不是过程。

千难万险只会让你更强大，困难是强大的源头，是奋斗的激素，强大很多时候是困难催生出来的。在困难面前要么倒下，要么挺住，只要能挺住，就能置之死地而后生，最终迎来成功。

5. 经得起折腾

在铁路客运服务工作中，总有一些人不能体会领导的良苦用心，总把责任当折磨。很多时候，领导给你的责任其实都是善意的，是因为他欣赏你、看重你。应认真把握每次被领导严格要求的机会，深入分析失误的原因，并在下一次加以改正，时间长了你就会发现自己的能力在渐渐提高。

在铁路客运服务工作中不要怕折腾，事实上，反复折腾就是在坚持不懈地磨炼自己。

有时候，不要害怕旅客的“折腾”，因为有旅客愿意“折腾”你，是一种幸福，就怕你连被“折腾”的资格都没有。

不要抱怨眼前的事情总是那么烦琐，不要抱怨自己总是重复那些机械化的动作，而是要问自己到底花了几分心力。

要想成为工作班组的核心骨干，就要经得起“折腾”，因为骨干是“折腾”出来的。不经历“折腾”，就得不到锻炼，得不到锻炼就不可能体现自己独特的价值，没有价值的人是不能成为骨干的。

在铁路客运服务工作中，一旦给自己设限，你就没有了敢于“折腾”的勇气和动力。你若想取得巨大的成功，就要树立远大的目标，克服自我设限，突破自我，敢于“折腾”。工作中不自我设限，个人事业的发展就会大有潜力。

“折腾”是一种体验，亲身体验是最深刻的智慧。工作实践是铁路客运服务人员最好的学校，旅客是最好的老师。

6. 担得起责任

做好铁路客运服务工作需要尽职尽责，要担得起责任。

凡事要以身作则，出现了错误，不要想着推诿责任，不要先责备别人，要先反省自己，学会多责己，少怨人，甚至不怨人。能做到以责人之心责己，以恕己之心恕人，必然能够事事想在前、干在前，而不是畏首畏尾、临阵退缩；必然能够表里如一、言行一致，而不是阳奉阴违、自行其是；必然能够精益求精、一丝不苟，而不是敷衍塞责、草草应付；必然能够甘于牺牲、乐于奉献，而不是私利当头、争名逐利。

敢于负责，才能奋发有为，但凡有大成就的人，都有一个共同的特点，那就是强烈的责任感。正因为有这种责任感，他们的能力才能不断提高，平台也才能不断扩大。具备担当意识和责任感的铁路客运服务人员，必然会在工作中获得更多的发展机会。

敢于担当，才能大有作为。面临大事与难事，可以看出一个人的担当；面临顺境与逆境，可以看出一个人的气度。

7. 丢得起面子

铁路客运服务人员中也有个别人看不起一些基础性的工作，他们认为从事基础性工作的人是“卑微”的。其实，这种对“卑微”的认识，充满了虚假性。劳动是没有贵贱之分的。没有卑微的劳动，只有卑微的心灵。把自己看得太重的人，总觉得全世界都在和自己作对，他们害怕“丢脸”，却没有想到：干这样一些看起来似乎丢脸的“卑微”的小事，恰恰是你在工作班组能立足、在客运服务领域能发展的前提。

能看淡面子的人拥有非同寻常的胸襟和肚量，有着良好的修养，为人处世充满着智慧。能放得下架子的人，凡事以身作则，事必躬亲、身体力行、躬行实践，以做好工作为首要之大事，这样的人值得尊敬。

永远要记住：不是每个人在刚工作时，都能有高起点。成功需要积累和磨炼。做好身边的小事，才能担当大任。丢掉虚假的“卑微观”，就是丢掉无用的“面子观”，只有这样，才能创造优异的工作业绩。

面子是自己给自己的，不是别人给的。害怕丢面子会让自己丢一辈子的面子，害怕失败会失败一辈子！

当一个人需要外在的排场为自己撑起脸面和威严时，排场越大，越显出他的器量狭小和见识短浅；而越是谦卑地低下自己的头颅，背后所蕴藏的，往往是宽宏的器量和深远的见识。一个人的器量与见识，决定着其个人成就的大小，甚至事业的成败。

8. 受得了批评

善于接受上级领导和旅客的批评、敢于面对打击并努力纠正自己缺点和不足的人会取得双赢的结局：首先是赢得了自己的成长，工作起来会更加得心应手；同时也赢得了领导的器重。

有的铁路客运服务人员自以为是，不善于接受别人的意见和批评，不敢面对打击，最终无法改正自己的弱点，从而无法取得成功。

那些善于接受批评，敢于面对打击，把挫折当作锻炼，把挫败当作磨炼，抵抗得住质疑，坚持到最后的人，往往就是那些获得他人瞩目的人。一个不断战胜自己，不断用成功回击别人质疑的人，才是真正的强者。

梦想着成功的人比比皆是，上天不可能让每个人都成功，因此失败和挫折就是淘汰掉一部分人的最好方法。批评让人成长，勤奋助人成才，在挫折与失败面前，只有那些善于接受批评、敢于面对打击、勇于改善自我的人才有可能获得别人无法企及的成绩。

9. 改得了错误

在铁路客运服务工作中不可能不犯错误，但有些人却总是想方设法掩饰自己的错误，这样的人最终会被自己所犯的错误拖累，相反，正确地面对错误，然后认真改正，则能减少错误的发生。

改正自己不足的人是聪明的人，因为聪明的人看得懂自己错在哪里，错了就会改。改正自己缺点的人可以算得上是精明的人，因为精明的人知道自己在哪里会犯错，会让自己少犯错。改正自己所有错误的人可以算得上是高明的人，因为高明的人看得远，他能经常检查自己是不是又自负了，又骄傲了，又看不起别人了，他会对自己不满，对自己不满的人，才能圆满，才能很好地控制自己不犯错。

要改正错误，就要多思、多想、多听、多看、谨言、慎行。我们在做事之前要先想后果，要先往远处想，谨慎再谨慎，以求避免对他人的伤害，减少自己将来的悔恨。

简而言之，在铁路客运服务工作中，严谨、严格地要求自己做好以上 9 项自我修炼，就能成就卓越的自我！

人生不是一场物质的盛宴，而是一次灵魂的修炼，要使它在谢幕之时比开幕之初更为高尚。

小分享（一）

突破心智，进行自我修炼

专心打造自己，让自己成为一个优秀的人，一个有用的人，一个独立的人，比什么都重要。

无论是学习、生活还是工作，心智模式和思维模式在很大程度上会影响我们。自我管理、精力管理及效率管理的问题，其实归根到底是要突破心智，进行自我修炼。

我们究竟应该如何突破心智，更好地进行自我修炼呢？

我们可以从以下几个方面来进行提高。

一、要有提升自我管理的意识

我们能够管理和掌控的只有我们自己，我们只能进行循序渐进的自我管理。如果一个人可以学会自我管理的话，那么他会很高效，也会收获更多的东西。

自我管理中的精力管理和效率管理会使我们收获更多的东西。比如可以更自由地安排自己的事情。很多时候，自我管理不是督促我们去做更多的事情，而是不断地告诉我们要不断地提升自己的价值，做一些高价值的事情。

行动建议：强化自我管理能力。

规划、行动、反思改进是自我管理的三要素。这三个要素可以使我们在生活和学习中能够更好地去做更多的事情，也可以接触更多的朋友，完成更有价值的工作。

二、不断积累

自我管理能力的提高靠积累，要深信积累的力量。

有一句话是这样讲的："量变引起质变"，这就是积累的过程。当然对于青年学生来说，还有一个好的地方就是可以用成长和习惯来做积累，也就是每天进步"一点点"。

行动建议：重视习惯的养成。

不妨用 21 天时间来养成一个习惯。也就是说，定一个目标，在 21 天里养成，然后每天都来记录自己完成的进度，在这个过程中可以进行目标的调整，还可以不断地挑战自己。或许这就是每天进步"一点点"的有效途径。

三、运用心智，获得解放

一个人的心智就是其过往获得的一切知识及经验的总和（包括基于这些知识和经验造就的思考方法、思考模式）。

无论正向还是反向，心智一旦开启，就会不断自我积累，自我过滤，直至根深蒂固。

很多时候我们的思维模式和心智模式是比较重要的，并且这也影响着我们的成长和发展。一个人成长、发展的关键在于心智，因此我们要多多开启心智，从而更好地修炼自己和完善自己。

行动建议：习惯在路上行走。

这里的在路上行走指的是读书、写作、实践，也就是像那句话说的："心和身总有一个要在路上。"这样的方式不仅可以使得我们开启自己的大脑，还可以锻炼身体，还能够结识更多的朋友。所以在这里建议大家养成读书、写作的习惯，当然也包括实践。

四、越早醒悟越好，越早准备越好

万事皆可提前准备，万事皆需提前准备。

拖延的人并非不做事——他们做事，甚至做很多事。拖延的人也并非不努力——他们花很长时间去做事，但做的只是很简单的事。他们每次回避困难的时候，往往已经给自己找了许多的借口。

我们没有完成的事情，我们失败过的事情，回过头来仔细研究才发现只是我们不懂得准备，只是因为我们没有做好前期工作。懂，很重要，动，更重要，因此我们要在正确理解的基础上快速行动起来。

行动建议：提前一天完成计划中的事情。

无论是工作还是生活，都要趁早去规划。我们要懂得真正地学会规划自己的生活和工作。同时，我们也要习惯提前准备，很多事情，在规划之后我们不妨来践行一下，提前一天完成计划。这样在工作和学习中我们才能够得到高价值的回报。

五、学习是投资回报率最高的行为

任何知识的获取，都是不可逆的。

学习最重要的起点是：起码学会一种技能。

如果想要进行系统的学习，那么读书会好一点；如果想要进行碎片化的学习和快捷的学习，那么通过网络学习会好一点；如果想要更快速地学习，那么向别人学习是再好不过了。如果想要有所收获，那么学习就是最好的方式。在学习和生活的过程中我们一定要不断地去修炼自己的学习能力。

行动建议：熟练使用各种工具提升自己的学习能力。

通过读书、上网等方式进行学习，从而更好地打造属于自己的最具核心竞争力的学习能力。

六、学会把自己的时间切分为“时间片”

要把自己的时间安排好，推荐运用日程安排表法，即以日历为样板，建立相应的 Excel 表格，然后在表格里填上自己所要规划的事情，可以从月初开始填入，然后不断地完善。

对于大块时间，我们安排好之后，其实也就是把自己的时间切分为“时间片”，如何打造一个不一样的时间片就成了我们学习和修炼的最重要的问题。我们除了要拥有制定时间预算的能力之外，还要练就自己的专注力。

行动建议：练就自己的专注力。

专注力会使我们在很短的时间里有高效的输出，也能够使我们在短时间里不断地在自己需要处理的各个事项里进行快速切换。可以随身携带一本书，在公交车上，或者任何吵闹的地方看书，能够看进去的时候也就是自己的专注力练成功的时候。

以上就是在突破心智和自我修炼的时候所常用的六招，希望大家在自我修炼的路上能够获得更多的经验。

小分享（二）

生活中有各种各样的镜子，有真实存在的镜子，还有每个人心中的镜子，有人在岁月的流逝中，照见了容颜的改变；有人在人生的戏剧中照见了真正的自我；但也有人出于自卑不愿面对或不能面对自己。

要想战胜别人，必须战胜自己，修正错误；要想评论别人，首先对自己要有个评判；要想了解别人，必须首先了解自己。只有这样，才能有自知之明，才能认识自我。

以人为镜，首先要能认识自己，做到自鉴、自省、自重、自励。以别人的优缺点为镜，以别人的得失成败为镜，从中可以汲取很多的养料，一个善于学习的人，到处都可以找到学习的镜子。我们应该善于以人为镜，修正错误，趋向完美。每个人都应树立起一面明镜，不断完善自己。

职场人士需要一面心灵的镜子，用自己“照”自己，用别人“照”自己，时刻告诉自己处于什么状态。

小分享（三）

现代心理学认为：“激励”是调动人的主观能动性和开发有效潜能的最重要手段，正如成语故事中的勾践，明确的复仇兴国目标使他在任何艰难困苦之中都能坚持到底，最终雪耻兴国，名垂千古。

一个没有受过激励的人，仅能发挥其能力的 20%～30%，而当他受到激励时，其能力可发挥至 80%~90%，即一个人在经过充分的激励后，所发挥的能力相当于激励前的 3～4 倍。

所以一个人在其他方面都具备的情况下，为确保成功的概率，激励的作用是不可忽视的，这其中包括外在的激励和内在的激励。如果二者都有的话，事情成功的可能性就大大增加了。

自我激励公式：

$$M=V\times E$$

此处的 M 指个体从事某项活动积极性的大小，称为激励水平。

V 指人们对某一目标的重视程度与评价水平，即人们在主观上认为奖酬价值的大小，即效价。

E 指某一特别行为会导致一个预期结果的概率，即期望值。

该公式指出了人们的努力行为与其所获得最终奖酬之间的因果关系，说明了激励过程是以选择合适的行为达到最终的奖酬目标的过程。

要想获得较大的激励，根据这个公式，我们可以从这两个方面入手：首先是弄清楚所要做的事情对于自己的重要性，另一个就是要弄明白做某件事情成功的可能性有多大。我们应该对前者多下功夫，换句话说，我们要把事情对于自己的重要性彻底弄明白，尽可能把它的数值做大，对于后者即便成功的可能性小，但由于前者足够大，从而使结果成为一个可观的数值。

小分享（四）

如何进行自我激励

六个自我激励的“黄金”步骤。

（1）你要在心里，将你希望达到的目标数字化。例如“我要做到很少的投诉”是没有用的；你必须确定投诉量具体低于多少。

（2）确定你将会付出什么努力与多少代价去换取你所要达到的目标，世界上是没有不劳而获的事情的。

（3）规定一个固定的日期，一定要在这个日期之前把你要求的目标实现。因为没有时间表，你的“船”永远不会“泊岸”。

（4）拟定一个实现你理想的可行性计划，并马上进行。你要习惯“行动”，不要再停留于“空想”之中。

（5）将以上四点清楚地写下来。

（6）不妨每天两次，大声朗诵你写的计划的内容。一次在晚上就寝之前，另一次在早上起床之后。

小分享（五）

列车长修炼手册

确保铁路运输安全，为旅客提供安全、高效、便捷、优质的服务是每一位列车乘务员应尽的责任和义务。如何才能成为一名合格的列车乘务员？答案是业务学习！唯有具备过硬的职业技能及素养，方能将各项工作落到实处。

列车乘务员表面上光鲜亮丽，但他们的工作并不轻松。列车乘务员需要深入学习铁路的文化理念，了解铁路的发展背景，还需要掌握许多的技术知识，了解旅客的需求，在旅途中向旅客提供舒适、安全的乘车环境。乘务员提高乘务服务质量的关键是什么？首先是个人的文化修养，其次是对岗位工作重要性的认识，乘务员只有对乘务工作有了正确认识，才能向旅客提供优质的服务。

列车长作为铁路系统基层领导，通过带领班组全体职工，做好本职工作，激发职工积极性和工作热情，为旅客服务，并能够及时妥善处理列车上的突发事件。

亲情关怀是服务的理念，旅客是服务的主体，每一名乘务员是服务的载体。如何成为一名领导信任的列车长？如何成为一名职工支持、拥护的列车长？如何成为一名旅客称赞的列车长？这就要求我们不但要有强烈的责任心、出色的业务能力，更为重要的是还要有对班组职工无微不至的关怀和对旅客的爱护。

一个有凝聚力、能战斗的班组的形成，必须依靠公正、公平、公开的奖惩考核方式。只有在公正的奖惩制度的约束下，才能更好地激发职工的工作热情，使他们全身心地投入工作。同时，通过各种学习会、返乘会、民主生活会，同职工谈心、交流，使之畅所欲言，进而创造良好的氛围，使每个人把班组当成家。

班组建设涉及各个方面，职工思想稳定，工作热情高涨，是开展工作的第一步。提高职工业务水平，提升业务技能，是开展工作的第二步，在此基础上，定期开展业务技能竞赛，以创造一个人人争先的良好氛围。

班组建设的目的是将服务定位在“视旅客需要为第一”的基础上，把满足旅客需要作为服务工作的根本出发点和落脚点，并针对旅客需要的不断变化，调整自身的服务标准、服务方式、服务内容。实施品牌战略，打造铁路列车的特色服务品牌。要通过多种方式获知旅客的需求信号，主动发现服务机会，并提供及时、恰当、满意的服务，以满足旅客的高期望值。还要创造新的服务“品牌”，引导、教育和鼓励乘务员积极适应旅客需求的层次性、多样化，不断完善和创造“预测式”“提示性”“品位化”等个性化服务模式，使旅客享受越来越高质量的服务。通过提供差异化的特色服务来满足不同层次旅客的不同需求，实现列车服务向“主随客变”的方向转变。

小总结

（1）在了解自我含义的基础上，进一步理解自我沟通的概念和类型，并通过了解自我沟通的特点来辨析自我沟通的障碍，重点掌握自我沟通的方法。

（2）重点掌握铁路客运服务人员自我沟通的概念，熟练掌握铁路客运服务人员自我沟通的方法和技巧。

（3）重点掌握铁路客运服务人员自我认知的相关知识，熟练掌握铁路客运服务人员认识自我的方法、途径及原则。

（4）掌握情绪知识，了解情绪管理的概念及内涵，重点掌握铁路客运服务人员情绪管理的方法，努力提升情绪控制能力。

（5）了解自我修炼的含义，掌握铁路客运服务人员自我修炼体系的建立途径，重点掌握铁路客运服务人员的“九项修炼”知识。

项目七
精通“人际沟通”

项目导语

人际沟通是铁路客运服务人员必备的技能，本项目将对铁路客运服务人员的人际沟通技巧进行系统的介绍。

知识点

- 人际沟通和铁路客运服务人员人际沟通的相关理论；
- 铁路客运服务人员与工作对象沟通、倾听与分享、口头沟通、书面沟通、非语言沟通的方法和技巧。

技能目标

- 能够识别铁路客运服务人员人际沟通中的障碍；
- 能够通过有效的训练方法使相关技能得到提升。

项目结构框图

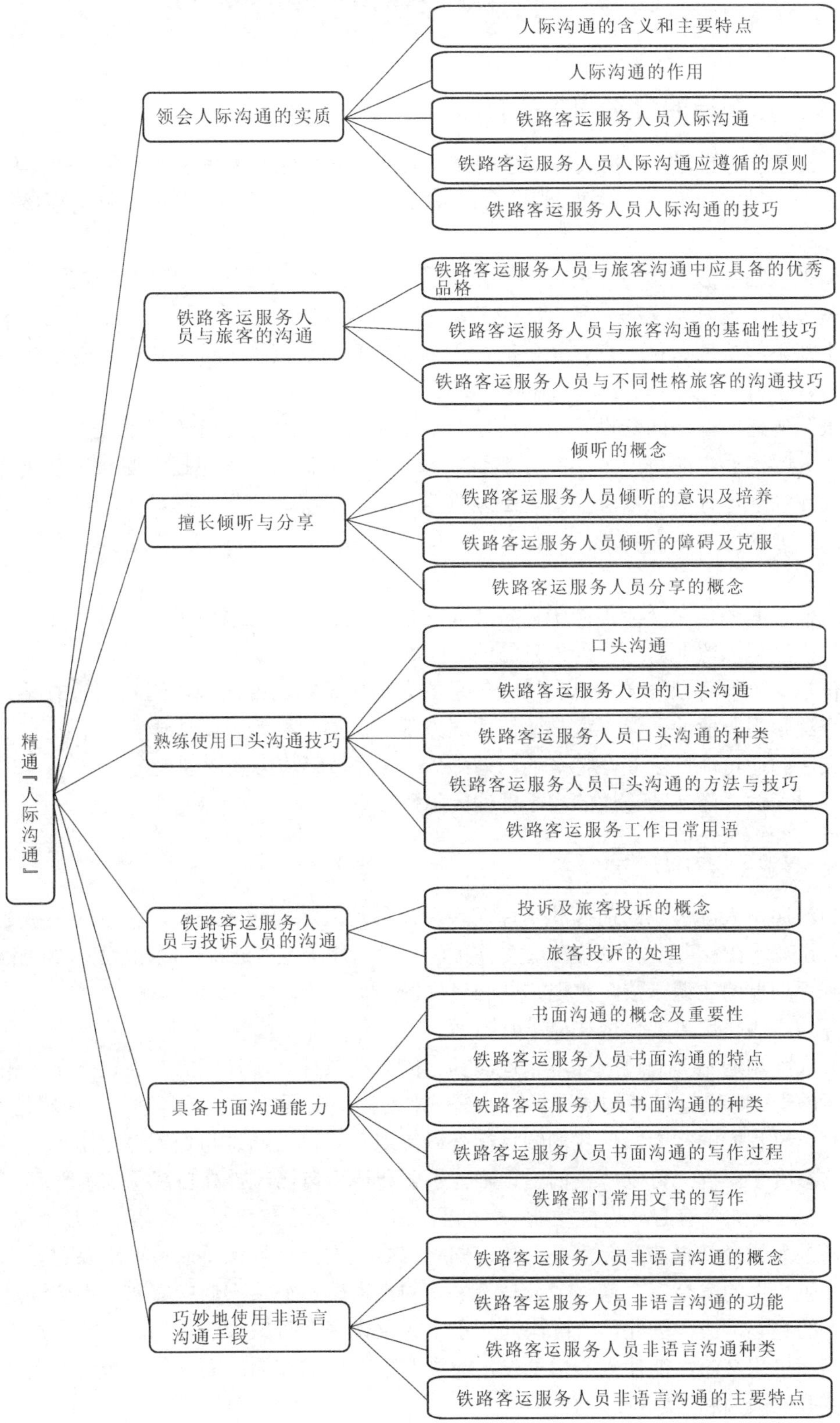
精通“人际沟通”
领会人际沟通的实质
人际沟通的含义和主要特点
人际沟通的作用
铁路客运服务人员人际沟通
铁路客运服务人员人际沟通应遵循的原则
铁路客运服务人员人际沟通的技巧
铁路客运服务人员与旅客的沟通
铁路客运服务人员与旅客沟通中应具备的优秀品格
铁路客运服务人员与旅客沟通的基础性技巧
铁路客运服务人员与不同性格旅客的沟通技巧
擅长倾听与分享
倾听的概念
铁路客运服务人员倾听的意识及培养
铁路客运服务人员倾听的障碍及克服
铁路客运服务人员分享的概念
熟练使用口头沟通技巧
口头沟通
铁路客运服务人员的口头沟通
铁路客运服务人员口头沟通的种类
铁路客运服务人员口头沟通的方法与技巧
铁路客运服务工作日常用语
铁路客运服务人员与投诉人员的沟通
投诉及旅客投诉的概念
旅客投诉的处理
具备书面沟通能力
书面沟通的概念及重要性
铁路客运服务人员书面沟通的特点
铁路客运服务人员书面沟通的种类
铁路客运服务人员书面沟通的写作过程
铁路部门常用文书的写作
巧妙地使用非语言沟通手段
铁路客运服务人员非语言沟通的概念
铁路客运服务人员非语言沟通的功能
铁路客运服务人员非语言沟通种类
铁路客运服务人员非语言沟通的主要特点

任务一 领会人际沟通的实质

一、人际沟通的含义和主要特点

（1）人际沟通的含义是指人与人之间在共同活动中彼此交流思想、感情和知识等的过程。它是沟通的一种主要形式，主要通过语言、非语言（表情、手势、体态及社会距离等）手段来实现。

（2）把人的观念、思想、情感等看作信息，把人际沟通看作信息交流的过程，这种观点可以说是迈出了很有意义的一步，其用信息论的观点来解释人际沟通的整个过程，但是，在方法论上却不能认为这种观点是正确的，因为这种观点忽略了人际沟通的某些重要特点。人际沟通有以下特点。

①人际沟通不同于两套设备间的简单“信息传输”，其中每一个个体都是积极的主体。也就是说，人际沟通中的每一个参加者都要求对方具有积极性，不能把沟通伙伴看成是某种客体，因此在沟通过程中，信息发出者必须判定对方的情况，分析他的动机、目的、态度等，并预期从对方的回答中得到新信息。人际沟通的过程不是简单的“信息传输”，而是一种信息的积极交流。

②人们之间的信息交流不同于设备之间的信息交流，沟通双方借助符号系统相互影响。人与人的交流是以改变对方行为为目的的。

③信息交流只有在发送信息和接收信息的人掌握统一的编码和译码系统的情况下才能实现。这个法则用一般的话说，就是要使用双方都熟悉的同种语言或非语言说话。

④人际沟通可能产生完全特殊的沟通障碍。这些障碍与某些沟通渠道的弱点，以及编码、译码的差错无关，而是社会性的和心理性的障碍。

二、人际沟通的作用

人际沟通是人际关系的前提和条件，人际关系是人际沟通的基础，两者的关系是相辅相成的。人际沟通在社会生活中具有重大意义。人们只有通过沟通，才能相互影响、相互了解，才能达到行动上的协调一致，实现共同的目标。

人际沟通的作用主要体现在以下几方面。

（1）人际沟通是人们适应环境、适应社会的必要条件。沟通是人与人之间发生相互联系的最主要的形式。通过信息沟通，我们了解周围的许多情况，哪些是有利的，哪些是不利的，从而及时调整我们的行为，使我们的目标得以实现。同时，通过与他人进行比较，了解他人对自己的态度和评价，可以使我们更正确地了解和认识自己，提高自我意识水平。

（2）人际沟通具有心理保健功能，有助于保持人们的心理健康，能促进良好个性的形成。人际沟通是人类最基本的社会需要之一，同时也是人们同外界保持联系的重要途径。通过沟通，保证了个人的安全感，增强了人与人之间的亲密感。如果沟通的需要得不到满足，就会影响个人的身心健康，因此，人际沟通对于个人来说是不可缺少的行为。保持人与人之间充分的情感和思想交流，能使人心情舒畅，起到心理保健的作用；而与他人沟通不充分的人，往往有更多的烦恼和难以排除的苦闷。

（3）人际沟通是心理发展的动力，提供了人们身心发展所必需的信息资源。通过人际沟通，人与人之间交流各种各样的信息、知识、经验、思想和情感等，为个体提供了大量的社会性刺激，从而保证了个体社会性意识的形成与发展。婴儿一出生就通过与父母的沟通获得生理和心理的满足。随着年龄的增长，个人与他人沟通的范围日益广阔，接受各种社会思想，形成一定的道德体系，逐渐完成了各个年龄阶段的人生发展课题，社会意识由低级向高级迈进，形成了健全的人格特征以适应复杂的社会生活。

（4）人际沟通有促进信息交换，实现有效决策的功能。人类是决策者，我们无时无刻不在做决策，有时可能是靠自己就能进行决策，有时却是和别人商量后一起做出决策。沟通满足了决策过程中的两个功能，即信息交换与影响他人。正确和适时的信息是做有效决策之“钥”。我们经由沟通来获得许多信息，而我们也借助沟通来影响他人决策。

（5）人际沟通是营造高效工作团队的重要条件。人类得以生存、发展的一个主要条件是人与人之间能够通过沟通建立各种关系，相互分工，相互协作，协调一致，实现目标。同样，在我们为某一事业奋斗的过程中，也需要努力与他人合作。一个人的能力是有限的，且各有其擅长的一面，也有其不足的一面，这就需要把个人的知识、专长和经验融合在一起，构建一个高效的工作团队，才能获得成功。这一目标只有通过人们的相互沟通才能实现。人际沟通有助于提高部门领导整合差异、缓解压力、处理冲突的技巧。

人际沟通也有积极和消极之分。良好的、积极的人际沟通有助于人们保持心理的健康；不良的、消极的沟通会破坏心理平衡，造成心理冲突，给人的生活、工作带来不利的影响，因此，我们对沟通的内容和方式应该进行主动性的选择，提高自己的沟通质量。

小分享

你听到别人说话时，真的听懂他说的意思吗？如果不懂，就请听别人说完吧。“听的艺术”：①听话不要听一半；②不要把自己的意思，投射到别人所说的话上。

三、铁路客运服务人员人际沟通

铁路客运服务人员人际沟通最核心的内容是铁路客运服务人员与旅客之间的信息交流，也就是铁路客运服务人员和旅客在共同活动中彼此交流各种观念、思想和感情的过程。这种交流主要通过铁路客运服务人员的言语、表情、手势、体态及社会距离等来表示。

铁路客运服务工作从本质上来说，代表的是一种人际交往关系。作为“列车、车站的工作人员”，需要拥有一个正面的、积极的心态，用现在流行的话说，就是要表现出“正能量”。铁路客运服务人员的态度在为旅客服务过程中占了首要地位，我们可以试着换位思考一下，从旅客的角度出发，如果我是旅客，我希望可以得到一个什么样的服务？每一个铁路客运服务人员都要学会说话的艺术，善于跟普通旅客沟通、跟老年旅客沟通、跟儿童旅客沟通，以及跟情绪不稳定旅客等特殊旅客沟通。面对不同的旅客，应该使用不同的语言技巧。同时，我们的笑容也是为旅客服务时的强大“武器”，没有人喜欢受到冷漠的对待，没有人喜欢呆板无趣的教条式的对话，凡事要“请”字当头，多说“谢谢”。你对待旅客的态度，旅客是可以感受到的，在为旅客服务的时候，用心感受一下，你会发现，旅客其实也有着“可爱”的一面，他们也会跟你说，“谢谢，你辛苦了”。不得不说，听到这句话的时候，心里非常感动，自己的辛苦付出原来旅客都看在眼里，是被理解和被认可的，这种喜悦相信很多铁路客运服务人员都体会过。

铁路客运服务人员为旅客服务的时候，需要多一份责任感，用我们的爱心、包容心、同情心和耐心，把旅客当作我们的家人和朋友，当他跟你说需要帮助的时候，我们可以很热情地回应："好的，您稍等，我马上来！"让旅客感受到家人般的关怀，无形中提升了旅客的满意度。

立岗迎客时、引导旅客入座时、巡视车厢时、提供餐饮时，到站前告知时间与温度、道别时等，都是跟旅客沟通的良机，乘务人员知冷知热的一句话，都可以让旅客为乘务服务加分。

学会说话，恰到好处地说话，巧妙地运用我们的语言技巧，在工作中锻炼提升我们的服务能力，一定可以为旅客带来更好的服务感受，为旅客打造一个和谐、温馨的旅途氛围，有力地提升我们的服务品质，提高旅客对乘务服务的满意度。

四、铁路客运服务人员人际沟通应遵循的原则

1. 平等的原则

铁路客运服务人员人际沟通要遵循平等的原则。平等原则是相对的、现实的，人都有友爱与受人尊重的需要，同样铁路客运服务人员与旅客的有效人际沟通也是建立在平等原则的基础上的，铁路客运服务人员与旅客需要相互尊重，需要相互的平等对待，在礼仪面前人人应该平等。无论是公务还是私交，不论职务高低，不论家资贫富，都没有高低贵贱之分，要以朋友的身份进行交往，才能融洽。平等，是人与人之间建立情感的基础，只有以平等的姿态出现，不盛气凌人，不高人一等，给别人以充分的尊重，才有可能形成人与人之间的心理相容，产生愉悦、满足的心境，形成和谐的人际交往关系。

2. 相容的原则

相容即铁路客运服务人员与旅客之间的融洽关系，在与旅客相处时要宽容、忍让。相容表现在对工作对象的理解、关怀和喜爱上。在铁路客运服务人员人际交往中由于各自成长环境、道德修养、个性特征等差异的存在，沟通和交往中出现认识不一致或因误会、不理解而产生矛盾是不可避免的，这就要求工作中遵循包容原则，理解旅客，在非原则性问题上不斤斤计较，而且在旅客明显对自己有误解的时候，也能以德报怨，求同存异。所谓"君子和而不同，小人同而不和"，君子不但要成人之美，更要有容人之德，宽容指不仅要宽容别人的短处，也要宽容别人的长处。求同存异，互学互补、处理好竞争与相容的关系，才能更好地完成客运服务工作。

3. 互利的原则

互利指铁路客运服务人员与旅客的交往要互惠互利，可表现为双方关系的相互依存，通过物质、能量、精神、感情的交换而使各自的需要得到满足。人际沟通是一种双向行为，只有单方获得好处的人际交往是不能长久的。互利原则要求我们了解旅客的价值观倾向，多关心、多帮助旅客，尽量让旅客的得大于失，从而维持和发展与旅客的良好关系。互利原则，既包括物质方面的，也包括精神方面的，但互助互惠并不是等价交换，更不是庸俗的交易，而是一种自觉自愿的相互付出、相互奉献。既要考虑双方的共同价值和共同利益，满足共同的心理需要，又要促进相互间的联系，深化双方的感情。

4. 信用的原则

信用指铁路客运服务人员诚实、不欺骗、遵守诺言，进而取得旅客的信任。与守信用的人交往有一种安全感，与言而无信的人交往内心充满焦虑和怀疑。一个心地坦诚、纯洁无私的人受到大家的欢迎，那种矫饰、伪装、抑制自己的真情，闪烁其词，敷衍搪塞的人是难以获得美好的感情的。当然，铁路客运服务人员也应该看到社会环境，人际关系的复杂性。真

诚是铁路客运服务人员人际交往的第一要素，但并不是唯一要素。

除了上述这些铁路客运服务人员人际沟通的基本原则外，还要注意和旅客保持适度距离，不要过于亲近，要虚心听取不同意见，不要好为人师，要自尊自爱，不要热衷于接受旅客的恭维等。

五、铁路客运服务人员人际沟通的技巧

沟通是人与人之间进行信息交流的必要手段，每一个社会人都离不开沟通，铁路客运服务人员在工作中更离不开人际沟通。作为一名铁路客运服务人员，要为工作对象（旅客）提供良好的服务，就要与旅客进行有效的沟通。

沟通是一门学问、一门艺术，良好的沟通技巧能让铁路客运服务人员与旅客产生很好的共情，增进铁路客运服务人员与旅客的互相了解，让双方在心情舒畅中达成共识。在铁路客运服务人员人际沟通中，我们应该注意到一点：沟通不是简单的你+我=我+你，即在沟通中，如果双方没有共鸣，你说你的，我说我的，其结果必然是不欢而散。

有些人无论在生活中，还是在工作中，人际关系都处理得非常和谐，这是因为他们掌握了有效的沟通技巧。关于有效沟通，有很多研究和分析的资料，这里，我们总结几条实用、有效的铁路客运服务人员人际沟通技巧。

（1）从沟通构成的角度看，人际沟通一般包括三个方面：沟通的内容，即文字；沟通的语调和语速，即声音；沟通中的行为姿态，即肢体语言。这三者的比例为文字占 7%，声音占 48%，行为姿态占 45%。同样的文字，在不同的声音和行为下，表现的效果是截然不同的。所以有效的沟通应该更好地融合这三者。作为铁路客运服务人员，在与旅客进行有效人际沟通的过程中，更要把语言、声音和肢体语言有效地融合。

（2）从心理学角度看，人际沟通包括意识和潜意识层面，而且意识只占 1%，潜意识占 99%。铁路客运服务人员有效的人际沟通必然是在潜意识层面上，有感情、真诚地与旅客沟通。

（3）铁路客运服务人员在人际沟通中要进行“身份确认”，针对不同的沟通对象，如工作班组领导、同事、旅客等，即使是相同的人际沟通内容，也要采取不同的声音和行为姿态。

（4）铁路客运服务人员在人际沟通中可以通过重复对方沟通中的关键词，甚至能把对方的关键词语经过自己的修饰后，回馈给旅客。这会让他们觉得他的沟通得到你的认可与肯定。

（5）铁路客运服务人员人际沟通中的聆听很重要，聆听不是简单的听就可以了，需要你把沟通的内容、意思进行全面把握。例如，有很多铁路客运服务人员在与旅客进行人际沟通中有时会不等对方把话说完，就急于表达自己的想法，结果有可能无法达到深层次的共鸣。

（6）铁路客运服务人员在工作中可以使用“先跟后带”技巧。“先跟后带”是指，即使你的观点和旅客的观点是有差异的，在沟通中也应该先让对方感觉到你是理解他的，然后再通过语言和内容的诱导抛出你的观点。

任务二　铁路客运服务人员与旅客的沟通

一、铁路客运服务人员与旅客沟通中应具备的优秀品格

客运服务在本质上是一种铁路客运服务人员人际交往关系，这种关系由服务者与被服务

者和服务环境三元素组成，其中，服务者是影响服务质量的最主动、最积极的因素，其能力和素质的高低对服务水平具有决定性的作用。具有良好的素质和能力的服务者可以在服务过程中营造令人愉快的氛围，使服务三元素之间的关系达到和谐统一，这种和谐统一的美就是优质服务。优质服务需要具有优秀个人素质和能力的服务人员，而素质是个人品格、性格、文化等相关因素的综合反映，其中品格是决定个人素质的关键因素。铁路客运服务人员应具有以下个人品格：责任心、爱心、包容心、同情心和耐心。

1. 责任心

通俗地说：责任心就是一个人自觉地把分内的事情做好。客运服务工作既是服务工作，也是安全工作，既关系到班组服务水平的高低，更关系旅客生命和国家财产安全，客运服务工作至关重要，需要铁路客运服务人员以高度的责任心认真对待，可以说，责任心是一名优秀铁路客运服务人员应该具备的最基本素质。同时，铁路客运服务的构成和铁路客运服务工作的特点也要求铁路客运服务人员必须具有高度的责任心。每个铁路客运服务人员要以高度的责任心自觉地履行自己的职责，做好分内的工作，铁路客运服务人员要相互配合，为优质服务打好基础。另外，服务工作灵活性较强的特点也决定了优秀的服务有赖于强烈的责任心。完成客运服务规定的程序只是铁路客运服务工作最基本的一步，真正优秀的服务需要铁路客运服务人员发挥主观能动性，竭力满足旅客的合理需求，甚至在旅客开口之前提供服务，这样的要求，没有高度的责任心是不可能做到的。

2. 爱心

爱心，首先是对铁路客运服务工作本身的热爱，热爱服务工作的人都知道，看似轻松的客运服务工作，实际是非常劳累和枯燥的工作，如果没有建立对客运服务工作深刻理解基础上的热爱，就很难长久地保持对这份工作的激情，具体地说，对客运服务工作的热爱就是要甘于平凡、乐于助人，要能够从枯燥的工作中，认识到简单的动作对于千百万旅客生命和国家财产的重要性，从繁复累赘的客运服务中感受到人性的美好，从日复一日的迎来送往中体会到人与人之间的尊重，从而真正理解客运服务工作的意义。有对客运服务工作的热爱，才能吸引铁路客运服务人员积极探索服务工作的有关技巧，激发他们的工作热情，克服工作中的各种困难，对客运服务工作本身的热爱是铁路客运服务人员做好服务的原动力。

爱心是对旅客的友善，服务是人际交往，优质服务是愉快的人际交往，是美好情感在人与人之间的共鸣，而爱心是美好情感的基础。铁路客运服务人员作为“铁路客运服务”这种特殊人际交往过程的主体，应把握住交往过程的主动权，用对旅客的爱心来营造优质服务的氛围。一个优秀的铁路客运服务人员，首先应该是一个与人为善、充满爱心的人，以爱心为基础的服务才是真诚的服务。没有真挚的爱心，只依靠技能、技巧来服务旅客的铁路客运服务人员，永远不可能真正留住旅客，也就不可能成为一名优秀的铁路客运服务人员。

爱心是对工作伙伴的体贴。铁路客运服务工作需要铁路客运服务人员相互配合，没有良好的合作就不可能有完美的服务。作为铁路客运服务人员、要相互关照，及时沟通，彼此谅解，要多替别人着想，尽量给他人提供方便。俗话说：“予人方便，予己方便。”孔子也曾说过：“己所不欲，勿施于人。”优秀的铁路客运服务人员对于这些做人的道理一定有深刻的认识。

3. 包容心

优秀的铁路客运服务人员一定是一个可以包容旅客或同事的“过失”的人，铁路客运服务人员和旅客的关系是一种特殊的人际关系。“旅客”作为普通受服务者，其言行遵守法律、法规便可，而我们的铁路客运服务人员除了必须遵守法律、法规之外，还要遵守铁路制度、职业操守、社会公德，甚至还要对旅客的感受负责，因此，这种人际关系没有“公平”可言。旅客作为相对的“自由人”可以在法律、法规允许的范围内，在自己的道德认知水平上提出需求，宣泄个人的情绪，这些需求和情绪完全可能超出普通人的心理承受范围，给别人带来伤害，而铁路客运服务人员却必须包容这些一般人难以忍受的言行，要具有超过普通人对伤害的接受度，这就考验着铁路客运服务人员的包容心。

具有包容心是铁路客运服务人员的职业需要，同时也是铁路客运服务人员自我保护的需要，包容不是简单的忍受，而是理解、同情、练达、包涵。从事铁路客运服务工作，遭受旅客带来的“不公”是避免不了的事，我们必须包容这些“不公”，并将其化为顺理成章的理由，才不会给自己的身心造成伤害，才可以始终如一地坚持对这份工作的理解和热爱。包容心不仅可以化解铁路客运服务人员与旅客之间的不快，还能化解铁路客运服务人员工作和生活中的负面情绪，保持阳光心态，在任何时候都快乐而积极地为旅客服务。

4. 同情心

同情在一切内在的道德和尊严中为最高的美德。同情心就是当他人有困难或遭到不幸时，自己的内心世界产生的一种不好受、怜悯，进而想在道义上、方法上或物质上帮助他人解决困难的内心感受，是感人之所感，甚至是人与人之间的一种“心灵感应”。如果把爱心比喻成宽广的大海，同情心就是那海面上朵朵美丽的浪花，蔚蓝的海面令人平静，而洁白的浪花使人激动。铁路客运服务工作面对的旅客来自天南海北，他们有着不同的背景和经历，当他们聚集在列车、车站特殊的空间里，会有各种不同的心理感受。一般来说，前往陌生的异地或很少乘坐高速铁路列车出行的旅客希望得到我们铁路客运服务人员不动声色的及时指点，来化解紧张的情绪和茫然的感觉，生病的旅客需要特别的关照和问候来克服病痛和不安，无人陪伴独自出行旅客需要更多的陪伴来抵御陌生环境的孤独感，老年旅客需要及时的帮助，以避免手脚不便造成的困扰和尴尬。富有同情心的铁路客运服务人员能够从旅客的举止言行中敏锐地察觉到不同的旅客的困难和需求，及时提供细心的、周到的、有针对性的服务。富有同情心的铁路客运服务人员能够很好地展示优质服务的魅力，从而使服务工作达到令人“动心”的效果。

5. 耐心

耐心是在工作中化解矛盾的一种重要素质。首先，优质服务是服务三元素共同营造的和谐统一的美好境界，在服务的三元素之中最难把握的就是服务对象——旅客的情绪和举动。要使旅客在旅行中愉快、自愿地配合我们的工作，需要我们不厌其烦地关心和满足他们的合理需求，及时化解出现的问题和矛盾，努力营造一种积极的氛围来感染旅客。尤其是在列车运行过程中，旅客情绪激动的情况下，更需要以极大的耐心来安慰或感动他们。

耐心也是使铁路客运服务人员把“职业要求”转化为“职业素质”的一种力量。从新入职的铁路客运服务人员到优秀的铁路客运服务人员，每个人都有一段距离需要跨越，这期间必须有这样或那样的困难和阻力，能否最终跨越则需要客运服务人员保持足够的耐心，只有耐得住辛苦、委屈、压抑、枯燥和诱惑力的人才能获得成功。所以，要想成为一名优秀的铁路客运服务人员，就必须在日常的工作、生活和学习中持之以恒地磨炼自己，反复地总结、思考，坚持不懈地努力。

优秀个人品格的培养是铁路企业文化建设中不可忽视的一部分，铁路企业职工思想政治工作要注重对铁路客运服务人员的个人品格培养，帮助每个铁路客运服务人员在思想认识上正本清源，向着好的标准看齐。

二、铁路客运服务人员与旅客沟通的基础性技巧

1. 交谈时用词要恰当、灵活

在为旅客服务时，要避免交谈中出现令人感到尴尬或忌讳的字词，面对不同层次的旅客，服务语言也要有所不同，要保证说出来的话能够通俗易懂。

2. 态度诚恳、亲切

在与旅客交谈时，首先要把握“以旅客为中心”的原则，态度诚恳。与旅客交谈时还要注意使用礼貌用语，如“请”“谢谢”“对不起”“打扰了”等。

3. 声音要温柔、动听

铁路客运服务人员作为服务工作者，说话发音要准确，吐字要清晰、自然，声音要温柔、大方。铁路客运服务人员的声音应根据自身条件的不同来寻找适合自己的语调和音量，不要一味地追求温柔、动听，过于温柔、动听反而会让旅客感到不舒服。

4. 体态语要谦逊、亲和

体态语是声音语言的辅助表达工具，能够帮助声音语言更好地传递情感信息。谦虚、善意的体态语会让旅客感觉受到尊重，和蔼可亲的体态语让旅客有回家的感觉。

5. 巧妙使用商讨式语气

商讨式语气是铁路客运服务人员在进行沟通时经常用到的一种交谈方式。用商量的语气与旅客交谈，让旅客得到充分的尊重，使其能配合或协助完成一些事项。在使用商讨方式交谈时，一定要注意意思的表达，不要让旅客理解为“他说的重要，我说的就不重要”，应先肯定商讨的对象，然后再提出需要商讨的问题，要让旅客受到尊重的同时觉得自己也做了件助人为乐的好事。

6. 善于使用征求式语气

征求式语气是铁路客运服务人员在服务工作中最常用到的。在向旅客提出要求时，铁路客运服务人员用征求意见的口气去询问，语气温柔和蔼，会让旅客感到自己得到了应有的尊重，自然也就会配合铁路客运服务人员的工作。征求式的语气常用于需要旅客配合工作的情况，询问时，铁路客运服务人员要灵活机动，如果效果不好，应当更换交谈方式，不要生搬硬套地只用一种交谈方式，以免造成与旅客关系的恶化，不利于事情的解决。

7. 适时使用恳求式语气

恳求式语气一般用于铁路客运服务人员处于弱势时，通过“以情动人”，松懈对方的情绪。

8. 注意使用委婉式语气

铁路客运服务人员在服务过程中，常会遇见一些不能直接劝解的问题，对于此类问题，可以用委婉的语气与旅客交谈。对于无理取闹的旅客，铁路客运服务人员需要有更多的耐心，用委婉的语气对其进行劝导。

三、铁路客运服务人员与不同性格旅客的沟通技巧

1. 旅客的性格分类

铁路客运服务人员的工作对象即客运服务中面对的对象，主要是指广大的旅客。旅客各不相同，为了更好地做好铁路客运服务工作，提高铁路客运服务质量，熟悉旅客的分类极为重要。旅客的分类是一个很复杂的问题。可以从不同的角度对旅客进行分类。如：按气质分

类，按能力分类，也可从自然构成、社会构成、身份构成及旅行要求和旅行目的等方面来对旅客进行分类。本书仅从性格上，对旅客进行分类。

1）急躁型旅客

急躁型旅客的性格特征：对人热情、感情外露、说话直率而快，这种类型的旅客容易激动，通常喜欢与人争论问题。他们对服务的评价易走极端。他们在旅行中较为粗心，经常丢东西。

2）活泼型旅客

活泼型旅客的性格特征：活泼好动，反应快，理解能力强，显得聪明伶俐。他们动作敏捷、灵活、多变。旅行中他们对人热情大方，喜欢与人交往和聊天，喜欢打听各种新闻。他们情感外露，并且变化多端，经常处于愉快的心境之中。

3）稳重型旅客

稳重型旅客的性格特征：喜欢清静的环境，很少主动与他人交往，交谈起来很少滔滔不绝和大声说笑，情感很少外露，自制能力很强，做事总是不慌不忙，力求稳妥，很少打扰别人。他们反应慢，希望别人讲话慢些或重复几次，自己讲话也慢条斯理，显得深思熟虑。他们的注意力比较稳定，对新环境不易适应，但一旦适应了又对乘坐过的列车或打过交道的服务人员产生留恋之感。

4）忧郁型旅客

忧郁型旅客的性格特征：感情很少向外流露，心里有事一般不愿对别人讲。旅行中表现为性情孤僻、不合群、沉默寡言，不喜欢在公共场合与人交往和聊天。这类旅客对事情体验深刻，自尊心强，很敏感，好猜疑，想象力丰富。他们在遇到困难或挫折时，会表现得非常痛苦，如丢失东西，或与人发生纠纷后会长时间不能平静。他们行动迟缓、反应慢。

2. 与不同性格旅客沟通的技巧

大致了解客运服务工作对象的性格特征后，接下来的工作就是根据旅客不同的性格特征，采用不同的沟通方式，提高工作水平。

1）针对急躁型旅客的沟通技巧

在沟通工作中，对于急躁型旅客，言谈要注意谦让，不要激怒他们，不要计较他们有时不顾后果的冲动言语，一旦出现矛盾，应当尽量回避。随时提醒他们别乱扔、乱放和丢失东西。

2）针对活泼型旅客的沟通技巧

在服务工作中，对于活泼型旅客，同他们交往时，尽量满足他们在交往时爱讲话的特点。旅行中铁路客运服务人员应主动向他们介绍车站和列车设施，以及各地风光和特产，以满足他们喜欢交流的心理。

3）针对稳重型旅客的沟通技巧

在服务工作中，对于稳重型旅客，应当注意讲话的速度，重点内容适当重复一下。一般不要过多地与他们交谈。如需交谈，应尽量简单明了，不要滔滔不绝，以免他们反感。

4）针对忧郁型旅客的沟通技巧

在服务工作中，对于忧郁型旅客，应当十分尊重，与他们交流要清楚、明了、和蔼可亲。尽量少在他们面前谈话，绝对不要与他们开玩笑，以免产生误会和猜疑。当他们遗失物品、生病时，应当给予特别的关心和帮助，想办法安慰他们，使之感到温暖。

以上旅客分类与沟通技巧，仅仅针对客运服务工作中所面对的旅客的共性心理特征。实际上，旅客的心理活动除受自身条件制约外，还受客观事物的影响，所以在客运服务工作中，既要掌握旅客的共性心理，又要探索和理解旅客的个性心理，这样才能避免服务的片面性和盲目性，才能提供更加主动、更有针对性的服务，才能真正提高我们的客运服务水平。

任务三　擅长倾听与分享

一、倾听的概念

倾听，属于有效沟通的重要组成部分，倾听的作用是求得思想达成一致和感情的通畅。狭义的倾听是指凭借听觉器官接收言语信息，进而通过思维活动达到认知、理解的全过程；广义的倾听包括文字交流等方式。倾听的主体是听者，而倾诉的主体是诉说者。两者“一唱一和”有排解矛盾或者宣泄感情等作用。倾听者作为真挚的朋友或者辅导者，要虚心、善意地为诉说者排忧解难。

倾听不是简单地用耳朵来听，它也是一门艺术。倾听不仅要用耳朵来听说话者的言辞，还需要一个人全身心地去感受对方在谈话过程中表达的语言信息和非语言信息。

倾听是铁路客运服务人员在客运服务工作中，与旅客进行有效人际沟通的前提，是铁路客运服务人员接收旅客口头语言信息，确定旅客讲话的含义以做出正确反应的过程。

二、铁路客运服务人员倾听的意识及培养

1. 铁路客运服务人员倾听的过程

铁路客运服务人员倾听是一个在客运服务工作中的能动性的过程，是铁路客运服务人员在客运服务工作中对感知到的信息经过加工处理后能动地反映自己思想的过程，铁路客运服务人员倾听的过程大致可分为准确感知、正确选择、有序组织、合理解释或理解四个阶段。这四个阶段相互联系、相互影响，任何一个阶段出现问题，铁路客运服务人员的倾听都可能是无效的。作为铁路客运服务人员（信息接收者）要注意仔细地聆听，倾听是一种完整地获取有效信息的方法。倾听包含了四层意思，即听到、注意、理解、记住，铁路客运服务人员倾听的过程包括接收旅客发出的信息、选择性地注意、赋予信息正确的含义、记忆信息。

（1）在与旅客沟通时不要急于表达自己的意见，要礼貌地请旅客先发表意见。以身体稍稍倾斜面向旅客的姿态，来表示你在尊重并聆听旅客讲话。

（2）铁路客运服务人员要暂时放弃自己的好恶，尽量“放空”自己，才能听进旅客的话。不要轻易打断旅客的话，要让旅客把事情叙述完整，感情表达清楚，不满发泄出来。在倾听过程中，用简单的肢体语言（微笑、点头）来表示你紧跟着旅客的思路。

（3）在倾听后不要急于否定旅客，不要匆忙下任何结论，这种做法是非常危险的，有时候会制造误会，要给予自己时间去思考和判断。

2. 铁路客运服务人员倾听的类型

按照倾听的目的，铁路客运服务人员倾听分为：获取有效信息式倾听、质疑式倾听、移情式倾听、享乐式倾听。所谓移情式倾听是在倾听中设法从旅客的观点来理解他们的感受，并把这些情感反馈回去。

按照倾听的专心程度，铁路客运服务人员倾听分为：投入型倾听、字面理解型倾听、随意型倾听、假专心型倾听、心不在焉型倾听。假专心式的倾听者在沟通过程中不做任何努力，

因此所获得的信息毫无价值，不能解决旅客提出的问题，也无法满足旅客的诉求。

人们在听别人说话时，注意的程度由浅到深可以分为六个层次，以此为据，我们把铁路客运服务人员倾听分为以下六个层次。

（1）第一层：心不在焉。知道对方在说话，耳朵也听见了声音，但陷入自己的想象或情绪中，眼神凝滞。

（2）第二层：随口应答。条件反射式的随声附和。

（3）第三层：记住“尾巴”。如果说话者反问：“你听清我刚才说什么了吗？”听者会重复最末尾的几个字。

（4）第四层：能够回答问题。已听进大脑，记住了内容，被提问能回忆起来。

（5）第五层：能对其他人讲。当我们不放心对方是否记得自己交代的重要信息时，可以让对方重复一遍，或让他说给周围的人听。

（6）第六层：能教别人。当我们要学习某项知识信息时，把自己看成是老师而不是学生，就会以最积极的姿态去听，效果也最好。

三、铁路客运服务人员倾听的障碍及克服

1. 铁路客运服务人员倾听的障碍

（1）铁路客运服务人员因语言因素引起的障碍。讲话速度与思考速度的差异：人们的思维远比讲话的速度快。讲话的低速度和思维的高速度之间的差异给不熟练倾听者带来麻烦。当讲话者缓慢地叙述着，听讲者的思绪可能走向不同的方向，例如，开始考虑家庭、好友及个人问题等，而不再注意讲话的内容。

（2）旅客（作为倾听者）引起的障碍。体质不佳，身体障碍，如疲惫、疾病会影响有效倾听。上午 7:30—10:30 为人在一天中精力最旺盛的阶段，11:00 至下午 1:00 左右，人的精力处于低谷，人在下午时段的精力平均水平不如在上午时段的精力平均水平高。一般来讲，在精力低潮阶段，疲劳会影响有效倾听。除了疲劳，疾病也会减弱一个人的倾听能力。当一个人患重感冒就很难成为专注的倾听者，也就是说，任何疾病或身体不适都会作为内在干扰而影响倾听。

（3）感情过滤引起的障碍。每个人都会选择自己喜欢听的来听，可以说，在倾听过程中，情感起到了听觉过滤的作用，有时它会导致盲目，而有时它排除了所有的障碍。

（4）心理“成见”引起的障碍。这主要包括偏见、思想僵化、缺乏信任。

（5）性别差异引起的障碍。男性和女性倾听的态度和方式是不同的。男性和女性在交谈时，双方必须了解这种差异所造成的障碍。

（6）外部因素引起的障碍。外部因素大致有以下几个方面：喧闹声、手机铃声、意外事件、交谈环境、说话者的谈吐举止、说话者的发音特点等。

2. 克服倾听障碍的对策

（1）创造良好的倾听环境。如适宜的时间、适当的地点、平等的氛围等。

（2）提高倾听者的倾听技能。例如完整、准确地接收信息，正确地理解信息，适时、适度地提问，及时给予反馈，防止分散注意力等。

（3）改善讲话者的讲话技巧。

四、铁路客运服务人员分享的概念

分享是指与他人一同享受、使用、行使，这种共享可以是精神上的，也可以是物质上的。

如让他人分享自己的喜悦，让别人也感觉到自己的感受，或者向别人述说自己的感受。

分享是一种快乐，是我们跳出自己思想的狭隘，让那种思想的碰撞在我们内心深处获得“土壤”，并享用人生无穷的馈赠。分享是一种幸福，一个人的世界很孤独。分享会让心情在充分舒展的空气中升华。分享是一种源泉；让我们在那种无拘束的表露中互相寻找前进的动力。

铁路客运服务人员分享是指在客运服务工作中，在与旅客有效沟通的基础上享受彼此的欢乐，分担彼此的烦恼，在处理铁路客运服务工作中的问题或矛盾时进行情感上的沟通，达成共识，共享精神上的愉悦。

分享其实更多的是跟沟通者一起描绘一个美好的未来。分享的目的其实是让铁路客运服务人员知而后行，但目前，铁路客运服务人员的分享大多还停留在知的层面，一些铁路客运服务人员在刚从业的时候总希望将自己所知道的东西分享得越多越好，好让旅客觉得自己有“料”，殊不知这只不过是铁路客运服务人员自我感觉良好罢了。其实不在乎到底分享了多少内容，更重要的是分享的针对性，有针对性的分享是提高工作效率的有效手段。

小分享

分享的重要性

孔融让梨的故事从古流传至今，不仅反映了要尊老爱幼，同时也教育人们学会分享。分享是一种美德。懂得分享的人更能爱自己、爱他人。

分享的障碍大致有以下三点。

（1）对自己没信心。持这种态度的人，能够充分认识到分享的重要性和必要性，也有分享的初衷和愿望，但是对分享缺乏信心，片面地认为分享不是一件容易的事儿，只有那些“大 V”“大咖”，成功人士才有资格、有能力分享。自己作为一介无名之辈、只有认真聆听的份儿。自己那点墨水拿出来分享，不让人笑掉大牙才怪，何必自取其辱呢？其实，“金无足赤，人无完人”，只要肯挖掘，肯展示，每个人都有自己的闪光点。

（2）对分享有偏见。持这种思想观点的人，认为分享是在浪费精力和时间，与其跟别人分享，还不如省出时间和精力来，集中精力干自己想干、该干的事情。这种观点没有看到分享的潜在价值。

（3）怕自己被超越。持这种思想观点的人，心胸狭窄，认为分享会降低自己对某种资源的“独占性”。

正是“对自己没信心”“怕自己被超越”之类的不正确的思想在作怪，禁锢了我们的思想，阻碍了我们的沟通交流，错失了我们成长的良机，使我们在茫茫人海、芸芸众生中，独自前行，摸索前进，即使最终到达成功的彼岸，也付出了超长时间的努力。

现实生活中，想分享的人不少，但会分享的人却不多，干好任何一件事情，都要讲究方法和策略，分享也不例外。

①真正的分享不是“单相思”，需要找准对象才行，有些人，自己分享的热情很高，按捺不住分享的欲望，逢人便说，遇人就讲，以为这才是分享，但为什么其收获不明显呢？究其原因，就是没有找准分享对象。所以，在分享之前，不妨先冷静地思考一下，我们分享的内容是什么，属于哪个领域？适合哪类人群，对象是哪个年龄段的？找准了目标对象和受众之后，再进行有针对性的分享，肯定会引发共鸣，收获多多。

②真正的分享不是单纯“输出型”的，需要双向互动才行！分享不是单向运动，你说我听，一味地输出，而是一个双向交流互动的过程。分享人在分享的过程中，被分享人也应发表看法，提出意见，反过来对分享人的分享产生促进和影响。从这个意义上讲，分享人既是“输出者”，同时又是“输入者”，他输出的是自己的观点和看法，收获的是被分享者的真知灼见，看似“舍”实则“得”，在相互切磋中实现了共同进步、共同成长、共同提高。

任务四 熟练使用口头沟通技巧

一、口头沟通

1. 口头沟通的概念

所谓口头沟通是指借助口头语言实现的信息交流，它是日常生活中最常采用的沟通形式，其主要包括：口头汇报、讨论、会谈、演讲、电话联系等。

口头沟通也是沟通的种类之一，其与书面沟通相对应。口头沟通通过口头语言形式进行信息交流，例如，座谈讨论、大会发言、演讲辩论、电话会议、双方会谈等，都属于口头沟通的范畴。

2. 口头沟通的优点

（1）能观察对方的反应。

（2）能立刻得到回馈。

（3）有机会补充说明及举例说明。

（4）可以用声音和姿势来加强沟通效果。

（5）能确定沟通是否成功。

（6）有助于建立共识与共鸣。

（7）有助于改善人际关系。

3. 口头沟通的缺陷

（1）通常口说无凭（除非录音）。

（2）效率较低。

（3）不能与太多人双向沟通。

（4）有时会因情绪不佳而说错话。

（5）言多必失。

（6）对不善言辞者不利。

二、铁路客运服务人员的口头沟通

口头沟通是一门很大的学问，人与人相处需要口头沟通，我们在工作中与领导、与同事、与旅客，在生活中与家人、与友人和与所有其他接触到的人都会进行口头沟通，可以说，口头沟通无处不在。铁路客运服务人员口头沟通与铁路客运服务人员书面沟通相对应，是指铁路客运服务人员通过口头言语形式与旅客进行信息交流（即铁路客运服务人员在客运服务工作中与旅客之间的口头语言交谈）。

三、铁路客运服务人员口头沟通的种类

1. 交谈

交谈是铁路客运服务人员口头表达活动中最常用的一种方式。铁路客运服务人员在乘务工作中需要与旅客进行口头沟通，这是不可缺少的一项语言活动。交谈是以两个人或几个人之间的谈话为基本形式，进行面对面的学习讨论、沟通信息、交流思想、谈心聊天的言语活

动。铁路客运服务工作中需解决问题时，通常铁路客运服务人员与旅客之间以对话为基本沟通形态。

交谈是一门艺术，而且是一门古老的艺术。交谈的艺术性体现在：尽管人人都会，然而效果却不太一样。所谓“酒逢知己千杯少，话不投机半句多”，这正说明了交谈的优劣直接决定着交谈的效果。与人进行一次成功的谈话，不仅能获得知识、信息的收益，而且感情上也会得到很多补偿，会感到一种莫大的享受。交谈是建立良好人际关系的途径，是连接人与人之间思想感情的桥梁，是增进友谊、加强团结的一种动力。“良言一句三冬暖，恶语伤人六月寒”，这说明交谈在交往中的作用是举足轻重的。交谈不仅是人们交流思想的重要手段，而且是人们学习知识、增长才干的重要途径。善于同有思想、有修养的人交谈，就能学到很多有用的知识，“与君一席谈，胜读十年书”就是对交谈意义深刻的总结。按照性质和目的的不同，可以将交谈划分为聊天、谈天、问答和洽谈四种类型。

2. 发言

这里说的发言不是事先准备好的发言，而是受到某些事物的刺激或在谈话时联想和诱发出来的，这种发言是临时性的发言。即席发言首先要注意观察周围事物的变化，在认真听取别人发言的基础上，有言可发；其次，要思维敏捷，善于进行逻辑归纳和综合，通过对方的发言，迅速形成体现自己思想脉络的发言提纲；最后，要有广博的知识，占有丰富的材料。

3. 演讲

演讲又叫讲演或演说，是指在公众场所以有声语言为主要手段，以体态语言为辅助手段，针对某个具体问题，鲜明、完整地发表自己的见解和主张，阐明事理或抒发情感，进行宣传鼓动的一种语言交际活动。根据演讲的目的，可以将演讲分成劝导型、告知型、交流型、比较型、分析型、激励型，也可以分为凭记忆讲、有准备的脱稿讲和照稿宣读等。

（1）凭记忆讲。这种演讲是将事先写出的稿子，记在脑子里，然后用语言表达出来，这里要讲究记忆的方法，要克服困难，花费相当大的精力用脑子记，这种演讲的优点是眼光始终注视观众，可以观察到观众的表情，不足的是，演讲时精神较为紧张，担心讲错、容易遗忘。

（2）有准备的脱稿讲。这种演讲不必写稿子，写个提纲就可以了。提纲主要包括论点、事例和必要的数字，其不受书面词句的限制，可避免因记忆错误使演讲出现“卡壳”。有准备的脱稿讲，可较自由地发挥，讲起来也会生动、形象、深刻，这种演讲要认真准备，思维和反应要快，提纲要一目了然，切勿遗失。

（3）照稿宣读。这种演讲一般适用于重大的会议或技术性很强的会议。口头表达的方式特点，是把主体与客体在时间与空间上紧密结合，讲、听直接见面，随时观察听者的反应，灵活调整内容，调节气氛。如果是对话、讨论、谈话、辩论，则可直接听到对方的意见，进行针对性强的回答。

四、铁路客运服务人员口头沟通的方法与技巧

1. 铁路客运服务人员口头沟通的基本方法

口头沟通应该注意语言的应用，如幽默的语言可以使自己在人群中更具有感染力，利于交流；又如含蓄的语言可以提升自己在他人眼里的档次，会招来更多关注你的人，有利于交更多的朋友。当然，除此之外还有很多语言都能对自己的人际交往产生这样或那样的影响。另外，场合问题也是不可小视的，如涉及重要事项时就需要用到含蓄的语言以提升自己在旅客眼里的权威性，此时如果用幽默的语言就必定会给旅客一种不被重视的感觉，不利于工作

的顺利进行，因此，要成功地与人交谈，使交谈产生更多的收获和乐趣，我们必须学习一些基本的口头沟通方法。

（1）选择恰当的时机和地点。

（2）根据对象选择交谈话题。

（3）事先了解交谈的内容。

（4）把握交谈的尺度。

（5）用眼来“聆听”对方的谈话。

（6）避免讨论无法讨论的问题。

（7）善于提问和反馈。

2. 铁路客运服务人员口头沟通的基本技巧

铁路客运服务人员口头沟通要领：语言是人们传递情感和意愿的媒介，是表达思想和与外界沟通的一种工具。铁路客运服务人员与旅客进行语言交流时，应注意掌握好语音、语调、语速，选词要恰当，用语要得体。在提供客运服务时，要求用普通话与旅客进行交流，针对不同的旅客还可以使用方言、手语、外语。铁路客运服务人员在客运服务工作中，语言的表达是十分重要的。客运服务过程中的语言运用多以声音语言为主，体态语言为辅。语言的使用也要讲究艺术。铁路客运服务人员在与旅客口头沟通时，一定要把握基本技巧。

（1）态度诚恳、亲切有礼。铁路客运服务人员在与旅客交谈时，首先要把握“以旅客为中心”的原则，不要在谈话中多次使用“我”这类人称，以免突出了自己，忽略了旅客。态度诚恳，要“以情动人”，虚情假意的语言同样会让人感觉不舒服。与旅客交谈时还要注意使用礼貌用语，如用“请”“谢谢”“对不起”“打扰了”等礼貌用语。

（2）用词要恰当、灵活。交谈时，铁路客运服务人员的用词也需要考究。在为旅客服务的同时，要避免交谈中出现令人感到尴尬或避讳的字词，机智灵活，话要想好后再说。面对不同层次的旅客，服务语言也要有所不同，用词选字要根据旅客的接受能力来确定。保证说出来的话能够通俗易懂，不要让旅客觉得“不知所云”。

（3）体态语要谦逊、亲和。体态语是声音语言的辅助表达工具，其能够帮助人们更好地传递情感信息。铁路客运服务人员在与旅客交谈时，表情是很重要的。“伸手不打笑脸人”，从铁路客运服务人员与旅客谈话时的表情和举止中，旅客可以得到是否被友好对待的信息。谦虚、善意的体态语会让旅客感觉受到尊重，和蔼可亲的体态语让旅客有回家的感觉。

（4）声音要温柔、动听。铁路客运服务人员作为服务工作者，说话发音要准确，吐字要清晰、自然，声音要温柔、大方。语调的抑扬顿挫可以让旅客感觉到铁路客运服务人员的感情，动听的声音可以增加一定的魅力。铁路客运服务人员的声音应根据自身条件的不同来寻找合适自己的语调和音量，不要一味地追求温柔、动听。

小分享

口头表达训练的十三种方法

一、朗读、朗诵

作用：训练口齿的伶俐性。

方法：（1）准备一份当天的报纸；（2）大声地读出来；（3）持续15~30分钟。

二、对镜练习

作用：训练自己的眼神、表情等肢体语言表达能力。

方法：在家中或者办公室对着镜子练习，不要被打断，练习过程中注意自己的语速与表情变化，重复三遍。

三、录音、录像

作用：对自己的演讲进行录音、录像，反复观摩找出问题，并不断改善。看一次自己的演讲录像比上台十次的效果更佳。

方法：录音必须是一次完整的录音，原则上要求先演练再改进，切记不要说错了马上改；录像可方便关注自己的动作与表情是否合理到位。

四、速读练习

作用：锻炼口齿的灵活性。

方法：（1）准备一篇优美的散文；（2）拿字典把文章中不认识的字、不太熟悉的字查出来；（3）开始朗读，第一次朗读的速度不要太快；（4）逐步加快，最后达到所能达到的最快速度；（5）读的过程中不要有停顿，吐字要清晰，尽量发声完整，不吞字吞音。

五、卧躺朗读

作用：卧躺式朗读采用腹式呼吸，而腹式呼吸是最好的练声、练气方法，其有利于掌握运气技巧和共鸣技巧，使自己呼吸流畅，声音洪亮，音质动听，具有穿透力。

方法：每天睡觉之前，躺在床上大声地朗读十分钟；每天醒来，先躺在床上唱一段歌，再起来。坚持一至两个月。

六、即兴朗读

作用：增强记忆力、快速理解力和即兴构思能力。

方法：空闲时，随便拿一张报纸或一本书，任意翻到一段，然后一气呵成地读下去。在朗读过程中，能够有意识地上半句看稿子，下半句离开稿子看前面。

七、复述法

作用：这种练习旨在锻炼语言的连贯性及现场即兴构思能力和语言组织能力，如果能面对众人复述还可以锻炼胆量，克服紧张心理。

方法：（1）首先找一位同伴，一起训练，请对方讲一个话题或一个故事；（2）自己先认真倾听，然后再向对方复述一遍；（3）让对方给予反馈，找出自己的优点、缺点；（4）再重复一遍。

八、背诵法

作用：背诵包括背和诵两个部分，即记忆能力的培养和口头表达能力的培养。

方法：尝试去背诵一些经典的文章、优美的词句、经典的语录。时间一长，那些文章字句自然就可以为己所用了。

九、描述法

作用：描述法就是把看到的景、事、物、人用描述性的语言表达出来。描述法可以说是比以上方法更进一步。这里没有现成的演讲稿、散文等作为练习材料，而要自己去组织语言进行描述。因此描述法训练的主要目的在于训练语言组织能力和语言的条理性。

方法：在描述时，要能够抓住特点。语言要清楚、明白，逻辑性强，有一定文采。一定要用描述性的语言，使表达尽量生动、活泼。描述法也有助于提高应用优美词语的能力。

十、模仿法

作用：通过模仿不同的人物，培养人的适应性、个性，以及适当的表情、动作，以提高表达能力。

方法：（1）模仿专家，在生活中找一位播音员、演员等专业人士，把他们的声音录下来，然后进行模仿；（2）角色模仿，比如模仿领导的讲话、模仿律师的答辩等，还可以选择小品中的角色或影视作品中的人物进行模仿；（3）专题模仿，几个好友相聚一处，大家轮流模仿小情节，看谁模仿得最像，此法简单易行，娱乐性好。

十一、讲故事

作用：能帮我们积累大量素材，故事讲得生动、入心，自然就能与听众产生共鸣，培养情感。

方法：故事种类很多，关键是在合适的时间、合适的场合讲合适的故事，如果故事是虚构的，那就要在演讲前多多练习，才能讲出味道。

十二、写日记

作用：写日记是最好的自我沟通方法，每天写上几百字，既整理自己的思路，又能梳理自己的情绪，释放一些不快，缓解压力，还可以锻炼遣词造句的能力。

方法：将脑子闪现出的想法用通俗易懂的方法记下来，或将心中的不快用感性的方式写下来，也可用时间逻辑的方法，记录每天做了什么，然后开口讲出来。

十三、多上台

作用：上台讲是全方位提高口头表达能力的方法，不仅能锻炼胆量，还能训练自己的语言架构能力。

方法：很多人抱怨面向公众讲话的机会很少，其实这是一种误区，例如每次开会，发表一下自己的观点；积极参与团队活动，主动与其他团队成员沟通；甚至召开家庭会议，把家庭也当成练习口才的舞台。总之，不管面对的是谁，把握机会多多练习就好。

五、铁路客运服务工作日常用语

（一）常用语

1. 乘车信息用语

旅客们，你们好，为了您下次乘车方便，我把沪宁线路的首末班时间告诉大家，首班时间××，末班车时间××，间隔××分钟。

2. 安全用语

旅客们请注意，车辆在行驶中发生晃动，请您坐稳，以免受伤。

3. 疏导用语

上车请往里走，请旅客们放置好自己的行李物品。

4. 照顾用语

车上人多拥挤，请大家互相照顾一下。

5. 卫生用语

为了保持车厢整洁，请不要将垃圾扔在通道内，车厢两端备有垃圾桶。

（二）必用语

（1）开场语：旅客们，你们好，我是××车乘务员，欢迎乘坐××次列车，本次列车开往××方向。

（2）刚上车的旅客，请准备好车票，配合查票。

（3）车辆启动，下一站是××站。

（4）前面车辆转弯，请站好坐稳。

（5）列车马上到达××站，有下车的旅客，请做好下车准备，随身携带的行李、物品请不要遗忘在车上。

（6）车辆靠站，请注意安全，不要拥挤。

（7）××站到了，请下车，开门请当心，欢迎再次乘坐本次列车。

（8）各位旅客你们好，下站是本次列车的终点站，感谢大家一路上对我们工作的支持与合作，欢迎您下次乘坐。

任务五　铁路客运服务人员与投诉人员的沟通

一、投诉及旅客投诉的概念

投诉是指权益被侵害者本人针对涉事组织、涉事人侵犯其合法权益的事实，向涉事组织、新闻媒体及有关国家机关主张自身权利。

旅客投诉，是指旅客出行过程中，与铁路客运服务人员、运输设备设施、运输流程发生权益争议后，请求旅客权益保护组织调解，要求保护其合法权益的行为。

小分享

处理投诉时和旅客真诚交流

铁路部门作为与人打交道的服务行业，出现投诉在所难免。我们常说一句话：出现投诉并不可怕，可怕的是对待投诉的消极态度。在收到列车晚点广播后，车上的旅客当然很气愤，因为在快节奏的现代社会中，由于晚点，可能失去一个商机，可能要推迟了三五个小时才能到达，可能今天所有的安排被全部打乱了。铁路客运服务人员，穿上了铁路制服，就担负了一份责任，为把每一位旅客安全送达目的地，他们辛苦着、努力着。

被旅客投诉，这是很正常的事情。应当理性面对，如果是工作不到位，自然要接受批评，加以改进；如果并非自身的原因，做好宣传解释工作也是应该的。要正确面对媒体监督。旅客经常会向媒体投诉，一些媒体也进行过失实报道。铁路部门要主动做好与媒体的沟通，引导他们实事求是地报道。要做好预案，懂得如何面对旅客投诉，比如制订赔偿制度，统一解释口径，等等。如果没有预案，那么应对投诉确实会被动。总的来讲，面对旅客投诉，要坚持以事实为原则，合法合理地处理。同时要做好舆论引导工作，也许某些不负责任的媒体，在一定范围内会对铁路部门造成一些负面的影响，但是谣言总是经不起真理与事实的检验。认真、实事求是的态度，才能赢得公众的理解、支持！

随着社会的发展，高速铁路必将是运输市场的宠儿，但也要通过旅客的慧眼去发现问题，用旅客的视角找出高速铁路忽略的细节，促使服务程序和细节更加完美。

二、旅客投诉的处理

随着服务经济时代的到来，运输服务业的竞争日趋激烈，人们对服务的认识越来越深入，越来越多的旅客开始注重保护自身权益，他们在享受优质服务的同时，对服务的期望值也越来越高，对于不断提升服务形象的高速铁路运输企业而言，满足旅客日益增长的期望值越来越困难，有效地处理好旅客的投诉，把旅客的不满转化为旅客的满意，保持他们对高速铁路的信任和喜爱，使高速铁路能在运输市场竞争中赢得优势，已成为铁路客运服务工作的重要内容之一。

1. 投诉产生的原因

1）铁路运输企业自身的原因

例如当旅客来车站购票乘车时，遇以下情况，极易产生旅客投诉。

（1）运能不足，无票可购（春运、暑运、黄金周期间）。

（2）售票窗口开设不足，造成旅客排长队，久候生怨。

（3）硬件设施的不足，例如无自动售票机（窗口取异地票会产生异地取票费）或自动售票机数量较少、售票窗口与旅客站立位置间的距离较远（递送钱、票时不方便）、话筒效果较差（导致售票员与旅客间产生误会从而导致投诉）。

2）铁路客运服务人员的原因

旅客一般针对铁路客运服务人员的服务态度进行投诉。

（1）不负责任的行为，例如旅客咨询有无车票时，售票员不进行电脑查询，单凭主观印象来回答旅客；当旅客咨询列车时刻时，乘务员给旅客说个大概时间；遇旅客取票时，有异地票时不告知旅客要收取异地取票费；不问清行李的归属，直接挪动，让旅客产生反感情绪。

（2）冷冰冰的服务态度，例如当旅客咨询相关问题时，铁路客运服务人员面无表情、语气生硬、动作粗鲁。

（3）爱理不理的接待方式，例如当旅客需要帮助时，铁路客运服务人员还是自顾自地做别的事，或将旅客的提问、要求置之不理，或“有一句没一句”地回答旅客的提问和要求。

（4）工作失误，不积极处理、纠正，甚至将过失强加于旅客，例如乘车日期、席别、到站发售错误，却让旅客自己去改签或退票；由于不熟悉乘务业务，给旅客的旅行造成不便，等等。

（5）与旅客发生争吵，遇纠纷时，出言不逊、不够礼貌、冷嘲热讽、与旅客“对骂”。

3）旅客自身原因

（1）自身失误，例如有的旅客自己误购车票后，无法弥补过错，就会故意刁难售票员，若我们工作人员处理不当就会产生投诉。

（2）情绪的发泄，旅客若在别的地方遭遇不公待遇，乘车时，若所提要求无法得到满足，极可能采取一系列的行动来发泄其不满情绪，例如通过投诉把自己的烦恼、怒气和怨气发泄出来，以维持其心理上的平衡。

（3）掩盖问题，例如旅客有逃票或携带违禁品等不符合法律、法规规定的行为时，以投诉相威胁。

2. 处理投诉的方法和技巧

1）处理投诉的方法

（1）做好接待旅客投诉的心理准备。

①要有“旅客总是对的”的意识。即使旅客错了，也要把“对”让给旅客，只有这样，才能减少与旅客的对抗情绪。

②理性看待投诉。只要是服务行业，就无法避免遇到消费者的抱怨和投诉事件，即使是最优秀的服务企业，也不能保证永远不会受到投诉。我国铁路市场化的历史不长，与服务相对接的各项标准、规章还在不断完善和补充之中，新服务理念的树立还需要一个过程，因此，在服务的过程中引起旅客投诉是正常的，因旅客投诉而引发恐惧感，是不成熟的表现。对旅客投诉必须有一个清醒的认识，这样才能更好、更有效地改进服务工作，提升服务质量。

对待旅客的投诉不要“山雨欲来风满楼”，要以积极的心态面对，要懂得旅客的投诉能帮助我们提高服务质量，不断完善和改进我们的服务制度和措施。同时，旅客的投诉也能提高我们铁路客运服务人员处理问题、解决问题的能力。

③掌握和判断旅客投诉的三种心态。

a）求发泄型：旅客遇到令人气愤的事，心有怨气，不吐不快，于是投诉。

b）求尊重型：旅客投诉就是为了挽回面子，求得尊重，即使我们没有过错，旅客为显示自己的身份，在同行的朋友或旅客面前“表现”，就会投诉。

c）求补偿型：有些旅客无论对错或问题大小，都要进行投诉，其真实的目的并不在于解决问题本身，也不在于求得发泄和尊重，而在于求得补偿，尽管他可能一再强调“这并不是钱的问题”，但其真实目的还是要求赔偿。

（2）把握好处理投诉的五个原则。

①旅客至上的原则。

接到旅客投诉，首先要站在旅客的立场上考虑问题，要有“应该是我们的工作没有做好，给旅客带来了麻烦”的心理准备，同时我们还要相信，旅客的正常投诉总是有他一定的理由，这是一个非常重要的服务观念，有了这种观念，铁路客运服务人员才能用平和的心态处理旅客的抱怨，并且会对旅客的正常投诉行为给予感谢。

旅客至上的原则，要求铁路客运服务人员对进行投诉的旅客施以最高的礼遇，而不能有丝毫的怠慢和无礼。例如，铁路客运服务人员语气生硬地说：“多大的事，喊啥喊？”“我们就是这样的车况，有钱坐飞机呀！”等，这种说话的腔调，旅客不投诉才怪呢！

②承担责任的原则。

很多铁路客运服务人员面对旅客投诉的第一反应是：“我是不是真的错了”“如果旅客向上投诉，我应该怎么解释”。一旦有了这种想法和解决问题的习惯，铁路客运服务人员在接到旅客投诉时会把自己放在旅客的对立面。往往第一句话就会说：“如果真是我的错，我一定改正并帮助您解决。”这看似很有礼貌，但却是一个十分糟糕的开头，因为这种说法将自己的角色定位在第三者，而不是代表当事人，同时也不利于缓和旅客激动的情绪。铁路客运服务人员必须清楚地认识到：旅客的投诉有时只是想从客运服务人员那里得到心理安慰，寻求受重视的感觉。

面对旅客投诉和不满情绪，铁路客运服务人员应首先向旅客道歉并表示愿意承担责任，表明了这种态度，旅客的气就已经消了一半了。

③隔离当事人的原则。

隔离当事人原则是指一旦遇到旅客投诉，要尽快做到“两个隔离”，一是将投诉人与身边的其他旅客隔离，以免旅客之间相互影响；二是将投诉人与被投诉人隔离，避免事态进一步恶化。隔离当事人最好的办法是将投诉人带到餐车、无人的软卧包厢或者其他的安静处所，这样一方面显得尊重投诉人，另一方面也能缓和投诉人的情绪。

通常来说，旅客投诉首先找到的是铁路客运服务人员，因此，铁路客运服务人员要视情况处理，如果旅客反映的情况不是很严重要先自己解决。旅客将问题投诉到上级领导，领导也没有必要将被投诉人员找来，摆出一副“对质”的架势，这样往往会弄巧成拙。

④包容旅客的原则。

包容旅客，是指铁路客运服务人员对旅客的误解及无故的指责要给予理解的态度，包容旅客的核心是善意的理解。误解本身是一种错误的认识，只要给予旅客善意的理解，误解就会消除。然而，现实中误解的消除并不那么简单，如果铁路客运服务人员发现旅客对自己的看法是完全错误的，那么就有辩解和澄清的强烈要求，这种“自我保护”的心理，在双方交往过程中具有排斥和缺乏善意的特点，这也是导致误解上升为冲突的根本原因。

消除误解往往要经过解释、说明的过程才能完成。在铁路客运服务过程中，铁路客运服务人员作为提供服务的人员，体谅旅客是最起码的道德修养。旅客的投诉并不都是对的，那种“得理不饶人”的解决方法，必将造成双方关系的紧张，不利于问题的解决。如果铁路客运服务人员能够体谅旅客的误解，认为谁都会有错的时候，那么就不会以那种“不吃哑巴亏”的态度对待旅客，这样原先的怀疑和误解，以及由此而引起的冲突就能得到及时的解决。

⑤平息事态的原则。

平息事态的原则，是要求在处理旅客投诉的时候放弃一些自己的观点，避免将事情闹大的原则。换句话说，平息事态的实质是一种自我利益的牺牲和退让，是较高的道德修养和心理素质的一种表现。它有利于紧张状态的缓和，是避免激化矛盾的基本原则之一，但是，这种妥协并非是无原则的，其应该是以不损害企业利益为前提的一种让步。

一名旅客进站候车，车站工作人员让其将随身携带的数个包裹放在安全检查仪上进行检查。检查完毕后不久，这名旅客找到工作人员，称自己少拿了一件行李。车站工作人员称：“我刚才上卫生间了，没有见到无人领取的包裹。”一个说少拿一件行李，一个说没见到行李，最后引发了投诉。车站据理力争不让步，于是旅客聘请了律师打这场官司，媒体也进行了跟踪报道。最后，车站输在安全检查处的显眼位置，没有“请清点好行李包裹”的文字提示和工作人员的擅离工作岗位上。如果车站能够主动承担责任，找到自身存在的问题，将大事化小，做好和解工作，就不会引发这么大的社会影响。

旅客在接受服务过程中的心理状态及需求是不一样的，这就要求我们在工作实践中不断总结和创新。在处理旅客投诉、建议的过程中，要因人、因时、因境制宜，采取不同的策略与技巧，从而不断提高服务质量，提升旅客满意度。

（3）接待投诉的规范要求。

①进行自我介绍：如姓名、职务。

②保持冷静理智，设法消除旅客的怨气：例如当旅客满头大汗到窗口投诉时，可以马上请他到车站办公室或列车长办公席“凉快凉快”，有纸巾时可以适时地递给旅客擦擦汗水。如果旅客是电话投诉，那么就可以先问问旅客现在在哪里、是否需要帮助等。

③聚精会神地聆听旅客的投诉，让旅客把话说完，切勿胡乱解释或随便打断旅客的讲述。

④旅客讲话时，要表现出足够的耐心，决不随旅客的情绪波动而波动，即使遇到一些故意挑剔、无理取闹的旅客，也不要大声争辩，而要耐心听取意见，以柔克刚，使事态不至于扩大或影响别的旅客，如果旅客在窗口投诉时发生吵闹或喧哗，应将该旅客与别的旅客分开，请其到别的地方进行沟通处理，以免影响其他旅客或造成围观。

⑤与旅客讲话时要注意语音的大小和语调的高低。

⑥在处理投诉时不必遵循微笑服务的原则，以免旅客认为我们是在“幸灾乐祸”。

⑦做好旅客投诉登记。如实记录投诉的内容，被投诉人或部门，旅客的姓名、联系电话，投诉的时间等内容，这样可以使旅客说话速度放慢，同时也使其感受到我们对他的投诉很重视，从而缓解旅客愤怒的情绪。

⑧对旅客的心情表示同情、理解，即使旅客反映的情况不完全属实，或者我们没有出错，也不要让旅客感觉不舒服或不愉快。应使旅客感觉受到尊重，从而减少对抗情绪。

⑨对旅客反映的问题要立即着手调查和处理，切勿轻易做出权利范围外的许诺。

（4）处理旅客投诉。

①接纳投诉后，应作礼节性的道歉（当然也要视实际情况而定）。

②进行录像回放查询和实地调查，尽量在最短的时间内给旅客以明确的答复。

③处理比较严重的旅客投诉，还必须向上级领导汇报。

④投诉问题解决后，要向旅客询问其对处理结果是否满意，并要真诚地向旅客致谢，感

谢旅客提出的宝贵意见。

⑤如果问题当天无法解决，要留下旅客的联系方式，等调查处理后给旅客一个满意的答复。

2）处理投诉的技巧

处理投诉的总原则：先处理感情，后处理事件。

（1）切不可在旅客面前推卸责任。

在接待和处理旅客投诉时，一些铁路客运服务人员自觉或不自觉地推卸责任，殊不知，这样会使旅客更加气愤，导致旧的投诉未解决，又引发旅客新的、更为激烈的投诉，出现投诉的“连环套”。

（2）从倾听开始。

倾听是解决问题的前提。在倾听旅客投诉时，我们不但要听他表达的内容，还要注意他的语调与音量，这有助于了解客户语言背后的内在情绪。同时，要通过解释与澄清确保你真正了解了旅客的问题。例如，我们听了旅客反映的情况后，根据自己的理解向旅客解释一遍：“王先生，您看我的理解是否正确。您刚才说几天前在上海虹桥站 10 号窗口买票时要买今天的车票，而售票员却错误地发售了昨天的车票给您，现在造成您无法乘车，要求我们对车票进行处理，请问我理解的对吗？”通过认真倾听，向旅客解释他所表达的意思并请教旅客我们的理解是否正确，向旅客显示我们对他的尊重及真诚地想了解问题的态度，同时也给旅客一个机会去重申他没有表达清楚的地方。

（3）认同客户的感受。

旅客在投诉时会表现出烦恼、失望、泄气、发怒等各种情感。我们不应把这些表现当作是对自己个人的不满。特别是当旅客发怒时，旅客只是把我们当成了倾听对象，旅客的情绪是完全有理由的，是理应得到重视和迅速、合理的解决的。所以要让旅客知道你非常理解他的心情，关心他的问题。仍以上面的售票投诉为例，处理投诉人员可以说“王先生，对不起让您感到不愉快了，我非常理解您此时的感受”。无论旅客对与错，我们都要把旅客的错当“对”来处理，我们只有与旅客的“世界”同步了，才有可能真正了解他的问题，找到最合适的方式与他交流，从而为成功处理奠定基础。我们有时候会在说道歉时很不舒服，因为这似乎是在承认自己有错。说声“对不起”“很抱歉”并不一定表明“我”真的犯了错误，这主要是表明你对旅客不愉快经历的遗憾与同情。不用担心旅客会因得到你的认可而越发强硬，表示认同的话会将旅客的思绪引向关注问题的解决。

（4）表示愿意提供帮助。

“让我看一下该如何帮助您”，“我很愿意为您解决问题”，正如前面所说，当旅客正在关注问题的解决时，我们体贴地表示乐于提供帮助，自然会让旅客感到安全、有保障，从而进一步消除对立情绪，取而代之的是依赖感。问题澄清了，旅客的对立情绪也就消失了，我们接下来要做的就是为旅客提供解决方案。

（5）解决问题。

①为旅客提供选择：通常一个问题的解决方案都不是唯一的，给旅客提供选择会让旅客感觉受到尊重，同时，旅客选择的解决方案在实施的时候也会得到旅客的更多认可和配合。

②诚实地向旅客承诺。能够及时地解决旅客的问题当然最好，但有些问题可能比较复杂或特殊，我们不确信该如何为旅客解决问题时，不要向旅客做任何承诺，而应诚实地告诉旅客情况有点特殊，自己会尽力帮助旅客寻找解决问题的方法，但需要一点时间，然后与旅客约定好回复的时间，一定要确保准时给旅客回复，即使到时仍未帮旅客解决问题，也要准时

打电话向旅客解释处理的进展，说明自己所做的努力，并再次与旅客约定回复的时间。

（6）灵活处理。

在不违背相关规定的情况下，我们一定要积极为旅客着想，不要故意设置障碍，当事情无法处理时，要及时请示上级领导，尽量满足旅客的相关合理需求。

3. 如何避免投诉

在工作中，处理投诉不是目的，而是要通过处理投诉，积累经验，避免今后产生类似投诉，或者减少类似投诉。怎样有效避免或减少投诉呢？可以从以下几个方面着手。

（1）要强化铁路客运服务人员的教育培训。一是要强化铁路客运服务人员“以旅客满意为中心”的服务意识教育。彻底转换经营理念，调整企业价值取向，由过去的“唯我至上”转化为“服务至上”“以旅客满意为中心”。铁路客运服务人员要明白“让旅客满意”是铁路发展的生命线，是职工自身价值的体现。二是要强化铁路客运服务人员业务技能培训，提高服务质量。通过举办各种业务和服务技能培训班，提高职工业务能力和服务技巧。三是要开展各种劳动竞赛活动，激励各种优质服务人才，带动全体铁路客运服务人员提升服务质量（例如增设鼓励奖、委屈奖等奖项）。四是要落实作业标准和规范化服务，减少随意性，进而减少旅客的投诉量。

（2）全面提升服务水平。一是要加强市场调研，根据客流情况，不断提升服务质量，在运能上满足旅客的需要。二是充分发挥电话和网络的作用，多渠道为旅客提供服务信息。三是要加强宣传、引导，向旅客提供透明的铁路运行信息。特别是春运、暑运、节假日运输信息，以及列车大面积晚点、停运等非正常情况信息，对旅客进行宣传、引导显得尤为重要。四是车站、列车要为旅客提供一个优良、温馨、秩序良好的乘车环境，让旅客有宾至如归的感觉，从心理上消除旅客对车站、列车的对立情绪。五是铁路客运服务人员要严格执行服务作业标准和服务质量标准，热情、周到地为旅客服务。对重点旅客、弱势群体旅客、有特殊要求的旅客更应提供周到的服务。

（3）把投诉消灭在现场。一是在车站、列车上设置专门的旅客投诉席，能够让旅客在第一时间就能发现投诉的场所，方便旅客投诉。二是认真落实首问首诉负责制，现场每一名铁路客运服务人员，对所接手的每一件投诉都有责任处理好，直至旅客满意为止。三是尽量在现场及时解决旅客的投诉，避免因旅客不满意，造成投诉升级。四是对旅客投诉要进行统计分析，查找服务中的“短板”，着力改善相关问题，进而提高整体的服务水平。

总之，旅客投诉为铁路提供了一次改正错误、重新赢得旅客满意的机会。而认真对待旅客投诉，有助于从整体上提高铁路服务旅客的能力，全面提高旅客满意度。铁路客运服务人员在工作中，要时刻牢记“人民铁路为人民”的宗旨，认真执行作业标准，认真落实服务质量的有关要求，面带微笑，体现真诚，构筑起旅客信任铁路、选择铁路的桥梁。用自己的行为体现铁路人的真诚与自豪。

面对投诉，表示歉意是必要的，但是不应只有道歉，而是要让旅客明白这件事情为什么会发生，进而相互理解，变得和谐才是处理投诉应该取得的效果。有错没错只知道让工作人员道歉，不仅不能让旅客理解，也会寒了工作人员的心，时间长了责任心也会淡薄，这非常不利于铁路的发展。铁路在对旅客人文关怀的同时，更需要给予工作人员一些人性关怀，例如说句“暖心话”，设置“委屈奖”，在交班会上点名表扬等。

小分享

提高铁路客服质量　妥善处理旅客投诉

铁路部门日前下发通知，要求进一步加强铁路客服中心工作，同时还要求加强投诉处理工作，规范业务流程，积极妥善处理旅客投诉。

铁路部门公布了三项便民利民新举措。通过全国铁路客户服务中心网站（www.12306.cn）、电话“12306”等方式，旅客可以查询列车车次、时刻、票价、余票等信息。此外，铁路客服中心还通过自助语音、人工在线和网站（www.12306.cn）的客户信箱等方式，受理旅客的投诉、咨询和建议。

为进一步提高服务质量，铁路部门根据不同时段话务量变化情况，合理安排现有人员班次，实现多种班次相结合，人员数量根据话务量变化情况弹性调整，保证高峰时段接听电话能力。

铁路部门不断强化客服中心人员业务培训，既重视加强客户服务中心人员业务知识、服务标准、表达能力、处理技巧等综合素质的培训，还强调客服中心人员要规范业务流程，积极妥善处理旅客投诉。

任务六　具备书面沟通能力

一、书面沟通的概念及重要性

1. 铁路客运服务人员书面沟通的概念

口头沟通是以口语为媒体的信息传递，其形式主要包括面对面交谈、电话、开会、讲座、讨论等。书面沟通是主要以文字为媒介的信息传递形式，其形式主要包括文件、报告、信件、书面合同等。书面沟通是一种比较经济、正式的沟通方式，沟通的时间一般不长，沟通成本也比较低。

书面沟通方式一般不受场地的限制，因此被我们广泛采用。

铁路客运服务人员书面沟通是指以文字为载体，以相关工作为内容，与旅客、领导（列车长等）和工作伙伴进行信息传递的形式。

2. 铁路客运服务人员书面沟通的重要性

铁路部门离不开书面沟通，不管是在内部沟通中，还是在外部沟通中，书面沟通都起着举足轻重的作用，其有利于实现组织的战略目标。在铁路企业内部，相关规章制度的制定，岗位工作职责的编写，以及年度计划、年度总结、工作要点、各类工作流程，各种单据等书面沟通形式在管理沟通中占了很大的比重，书面沟通成为铁路内部沟通的主要形式之一。书面沟通在公关宣传、公告旅行事项、发布列车晚点信息等外部沟通方面发挥着正式、权威的特殊作用。铁路客运服务人员应熟练掌握书面沟通能力，在客运服务工作中合理运用，这对树立良好的铁路形象，提高客运服务质量至关重要。

二、铁路客运服务人员书面沟通的特点

通常，书面沟通更能把你想表达的意思描述出来。书面沟通本质上讲是间接的，这使得其有许多优点。其可以是正式的或非正式的，可长可短，可以使写作人从容地表达自己的意思，词语可以经过仔细推敲，而且还可以不断修改。书面材料是准确而可信的证据，正所谓“白纸黑字”。书面文本可以复制，同时发送给许多人，传达相同的信息。书面材料传达信息

的准确性高。

在铁路部门内部，书面沟通是一种重要的沟通方式，但采用书面沟通方式，应注意文字的可读性、规范性，要做到：文字简练；使用规范与熟悉的文字；使用比喻、实例、图表等必须清晰易懂，便于理解；应使用主动语态和陈述句；须逻辑性强，有条理性。

小提示

书面沟通的特点可以概括为以下几点。

（1）写作人可以从容地表达自己的意思。

（2）书面材料传达信息的准确性高。

（3）书面材料是准确而可信的证据。

（4）书面材料可以不受时空的限制，实现不同时空的沟通。

（5）书面沟通的能力主要表现在对词句的灵活运用、语法结构的贯彻、格式的准确把握等方面。

（6）在特定群体内部约定俗成的规则对书面沟通的影响、限制很大。

三、铁路客运服务人员书面沟通的种类

1. 按主体与客体分类

按主体与客体，书面沟通分为写作、阅读。写作是运用语言文字符号反映客观事物、表达思想感情、传递知识信息的创造性脑力劳动过程。在沟通过程中，只有读懂对方的文字，才能在获取信息的基础上利用想象、记忆力等功能正确接收信息发送者的信息，并予以反馈。

2. 按文体分类

按文体书面沟通分为以下几类。

（1）行政公文。中共中央办公厅、国务院办公厅2012年4月16日联合印发了《党政机关公文处理工作条例》（以下简称《条例》）。《条例》规定，党政机关公文有15种，包括决议、决定、命令（令）、公报、公告、通告、意见、通知、通报、报告、请示、批复、议案、函和纪要。

（2）计划类文书。计划类文书是经济活动中使用范围很广的重要文体形式，其主要包括工作计划、战略规划、工作方案、工作安排等。

（3）报告类文书。报告类文书如调查报告、经济活动分析报告、可行性研究报告、纳税查账报告、述职报告等。

（4）法律性文书。法律性文书包括合同书、协议书、诉讼书、招标书、投标书等。

（5）新闻性文书。新闻性文书包括新闻、消息等。

（6）日常事务类文书。日常事务类文书包括信函类文书和条据类文书。信函类文书包括感谢信、慰问信、求职信、介绍信、证明信、请柬、邀请函等。条据类文书包括请假条、留言条、收条、票据等。

小提示

书面沟通的准则。

（1）完整。

（2）准确。

（3）清晰。

（4）简洁。

（5）具体。

（6）礼貌。

小提示

书面沟通技巧

书面沟通能否实现好的效果，取决于以下几点。

（1）换位思考。

（2）强调积极面，合理处置负面信息。

（3）要在书面沟通中注意书写语气。

（4）突出重点内容。

（5）注重格式排版。

（6）学会插入图表。

四、铁路客运服务人员书面沟通的写作过程

铁路客运服务人员书面沟通的写作过程与普通写作、应用文写作基本一样，也包括三个环节，即“写前构思—执笔行文—修改完善”。

1. 写前构思

1）明确主旨

遵循国家大政方针，符合法律法规；揭示事物本质，反映客观规律；立足工作实际，体现时代精神。

2）精选材料

主旨明确之后，就要选择真实、典型、新颖的材料来表现它。

3）选择文种

书面沟通所用的文种种类较多，要根据主旨选择恰当的文种。

2. 执笔行文

安排好结构，选择好文种，接下来就是执笔写出初稿了。

3. 修改完善

修改是深化作者认识，提高文章质量的最后环节。通过修改，可使文章进一步完善。

五、铁路部门常用文书的写作

铁路常用文书的写作在铁路应用文写作、铁路客运组织、铁路客运服务等课程的教材中有具体介绍，本书不再叙述。

任务七　巧妙地使用非语言沟通手段

一、铁路客运服务人员非语言沟通的概念

非语言沟通指的是使用除语言符号以外的各种符号系统，包括形体语言、副语言、沟通

环境等来进行沟通。在沟通中，信息的内容部分往往通过语言来表达，而非语言则作为解释内容的框架，来表达信息的其他相关部分。

非语言沟通是不用言辞表达的、为社会所共知的人的属性或行动，这些属性和行动由发出者有目的地发出，由接收者有意识地接受并可进行反馈。

铁路客运服务人员非语言沟通又称铁路客运服务人员肢体语言沟通，指的是铁路客运服务人员与旅客在沟通过程中，不采用语言作为表达意思的工具，而运用其他非语言的方式传递信息。

二、铁路客运服务人员非语言沟通的功能

铁路客运服务人员非言语沟通的功能就是传递信息、沟通思想、交流感情。

（1）铁路客运服务人员使用非言语沟通符号来重复言语所表达的意思起到加深旅客印象的作用。例如铁路客运服务人员使用语言沟通时，附带相应的表情和其他非语言符号。

（2）有时候某一方即使没有说话，也可以从其非语言符号上（比如面部表情上）看出他的意思，这时候，非语言符号起到代替语言符号表达意思的作用。

（3）铁路客运服务人员非语言沟通作为语言沟通的辅助工具，又作为“伴随语言”，使语言表达更准确、更有力、更生动、更具体。

（4）调整和控制语言，借助铁路客运服务人员非语言符号来表示交流沟通中不同阶段的意向，传递自己的意向发生变化的信息。

（5）表达超语言意义，在一些铁路客运服务活动场所，非语言要比语言更具有说服力。就像自然人在日常生活中高兴的时候开怀大笑，悲伤的时候失声痛哭一样，铁路客运服务人员立岗迎客时的点头微笑，有时比语言沟通更能表达对旅客的欢迎之情。

小提示

非语言沟通与语言沟通的区别

非语言沟通和语言沟通相互促进，但它们之间存在明显的区别。

语言沟通

语言沟通从词语发出时开始，它利用声音渠道传递信息，它能对词语进行控制，其是结构化的。

非语言沟通

非语言沟通是连续的，它通过声音、视觉、嗅觉、触觉等多种渠道传递信息，绝大多数是习惯性的和无意识的，其在很大程度上是无结构的，常通过模仿掌握。

三、铁路客运服务人员非语言沟通种类

铁路客运服务人员非语言沟通一般可以分为静态和动态两种。

（1）静态非语言沟通包括容貌、体态、衣着、服饰及仪表。

（2）动态非语言沟通可根据所使用的符号系统分为四类。

①动作系统因素：手势、表情等。

②超语言（额外语言）因素：音质、振幅、音调、停顿、流畅、语气、速度等。

③时空因素：时间、空间、朝向、距离等。

④视觉沟通因素：目光接触等。

四、铁路客运服务人员非语言沟通的主要特点

铁路客运服务人员只有掌握了非语言沟通的特点，才能提高服务工作质量。

1. 无意识性

例如，与自己不喜欢的人站在一起时，保持的距离比与自己喜欢的人要远些；有心事，不自觉地就给人忧心忡忡的感觉。

没有人可以隐藏秘密，假如他的嘴唇不说话，则他会用指尖说话。一个人的非言语行为是一种对外界刺激的直接反应，基本都是下意识的反应。

2. 情境性

与语言沟通一样，非语言沟通也展开于特定的语境中，情境左右着非语言符号的含义。相同的非语言符号，在不同的情境中，会有不同的意义。同样是拍桌子，可能是“拍案而起”，表示怒不可遏；也可能是“拍案叫绝”，表示赞赏至极。

3. 可信性

当某人说他毫不畏惧的时候，他的手却在发抖，那么我们更应该认为他是在害怕。当语言信号与非语言信号所代表的意义不一样时，人们往往相信的是非语言信号所代表的意义。

由于语言信息受理性意识的控制，容易作假，人体语言则不同，人体语言大都发自内心深处，极难压抑和掩盖。

4. 个性化

一个人的肢体语言，同说话人的性格、气质是紧密相关的，爽朗敏捷的人同内向稳重的人的手势和表情肯定是有明显差异的。每个人都有自己独特的肢体语言，它体现了个性特征，人们时常从一个人的形体表现来解读他的个性。

小分享

微笑、宽容是与旅客沟通的润滑剂

一排排穿着铁路制服的铁路列车乘务员，喊着嘹亮的口号，迈着整齐划一的步伐，她们时而文雅地鞠躬，时而灿烂地微笑，每一个动作都那么协调，每一个微笑都那么温暖。在武汉客运段机关大院内，乘务员们正在精神抖擞地进行培训演练，引得周围市民驻足围观。“微笑是具有多重意义的语言。”的确，微笑是一种世界共同的语言，它以自己独特的方式表达出许多美好的内涵——宽容、关切、热情、智慧。“一个人只有懂得用微笑作为语言，才能担当重任。”微笑的力量使人拥有了一种乐观从容的态度，一种宽广的胸怀，一种伟大的精神境界。随着社会的发展，人们的思想观念有了很大的变化，人们享受服务的意识越来越强，客运服务人员与旅客之间的良好互动，为共建和谐社会发挥了应有的作用。作为窗口服务行业，尤其是对于铁路部门来说，服务，首先就是微笑。如果每一位铁路客运服务人员，每天在上岗之前都可以有个愉悦的心情，面带微笑，那么微笑就可以感染每一位旅客，让旅客在旅途后留下美好的回忆。一个微笑可以打破僵局，一个微笑可以化解矛盾，一个微笑可以给人温暖，一个微笑可以拉近彼此之间的距离。希望越来越多的铁路职工能做到微笑服务，通过微笑把欢乐传递给众多的旅客，因为微笑是大爱，微笑是宽容，微笑是与旅客沟通的润滑剂，同样，微笑更是铁路部门的另一种贴心服务。

项目八

善于客运服务组织“内部沟通”

项目导语

铁路客运服务组织内部沟通涉及组织文化的氛围，对于工作效率有重要影响，是决定铁路客运服务质量的关键因素。

知识点

- 组织内部沟通及铁路客运服务组织内部沟通的含义；
- 铁路客运服务组织内部沟通的技巧；
- 铁路客运服务组织内部沟通的目的、形式及改善方法。

技能目标

- 能够熟练掌握铁路客运服务组织内部沟通的形式，提升沟通技巧；
- 能够识别和掌握铁路客运服务组织内部沟通的角色定位。

项目结构框图

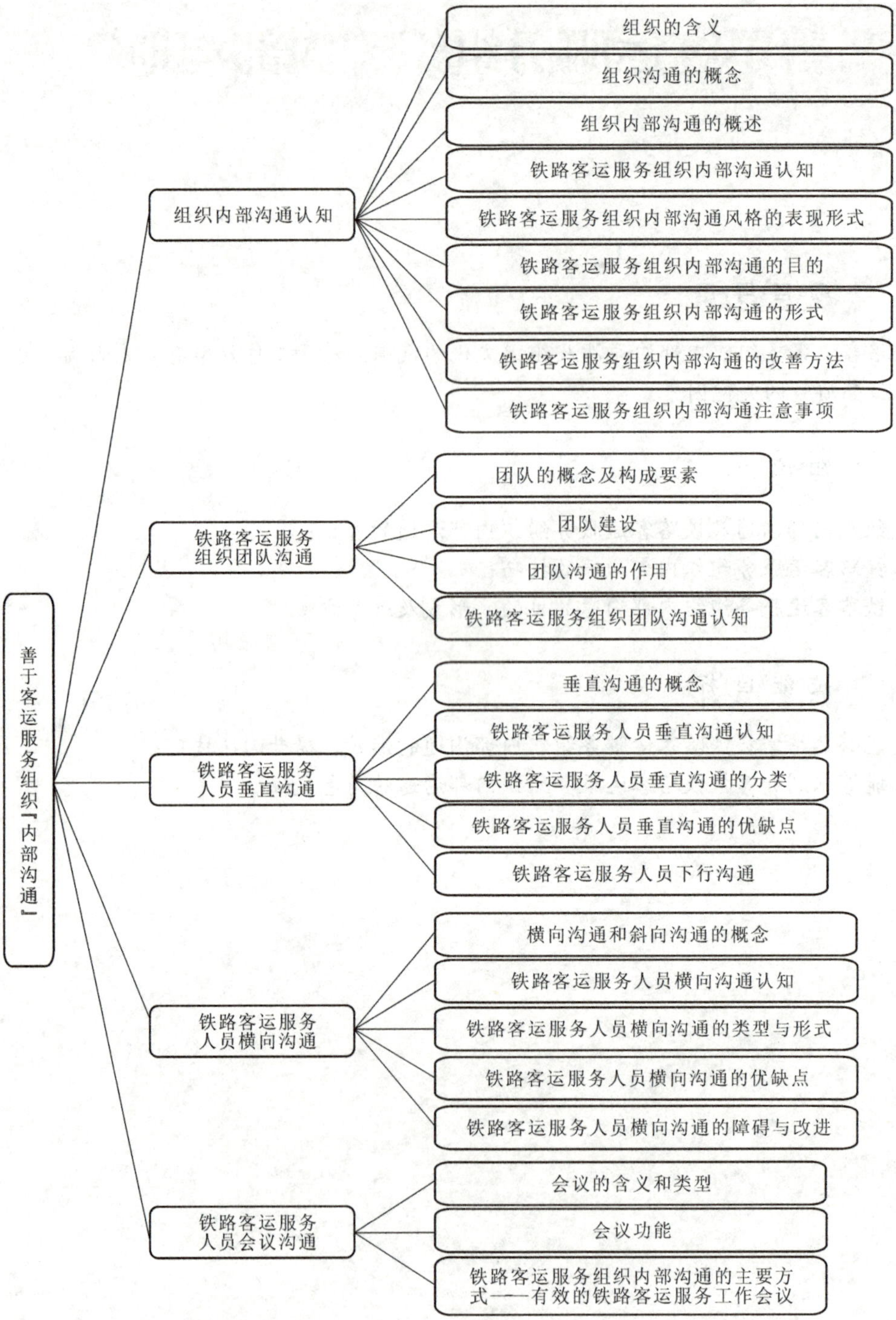
善于客运服务组织「内部沟通」
组织内部沟通认知
组织的含义
组织沟通的概念
组织内部沟通的概述
铁路客运服务组织内部沟通认知
铁路客运服务组织内部沟通风格的表现形式
铁路客运服务组织内部沟通的目的
铁路客运服务组织内部沟通的形式
铁路客运服务组织内部沟通的改善方法
铁路客运服务组织内部沟通注意事项
铁路客运服务组织团队沟通
团队的概念及构成要素
团队建设
团队沟通的作用
铁路客运服务组织团队沟通认知
铁路客运服务人员垂直沟通
垂直沟通的概念
铁路客运服务人员垂直沟通认知
铁路客运服务人员垂直沟通的分类
铁路客运服务人员垂直沟通的优缺点
铁路客运服务人员下行沟通
铁路客运服务人员横向沟通
横向沟通和斜向沟通的概念
铁路客运服务人员横向沟通认知
铁路客运服务人员横向沟通的类型与形式
铁路客运服务人员横向沟通的优缺点
铁路客运服务人员横向沟通的障碍与改进
铁路客运服务人员会议沟通
会议的含义和类型
会议功能
铁路客运服务组织内部沟通的主要方式——有效的铁路客运服务工作会议

任务一 组织内部沟通认知

一、组织的含义

从广义上说，组织是指由诸多要素按照一定方式相互联系起来的系统。从狭义上说，组织就是指人们为实现一定的目标，互相协作结合而成的集体或团体，如党团组织、工会组织、企业组织、军事组织、乘务组织，等等。狭义的组织是基于人群而言的。在现代社会生活中，组织是人们按照一定的目的、任务和形式组合起来的社会集团，组织不仅是社会的细胞、社会的基本单元，甚至可以说是社会的基础。

从管理学的角度来看，所谓组织，是指这样一个社会实体：具有明确的目标导向和精心设计的结构与有意识的活动系统，同时又同外部环境保持密切的联系。

二、组织沟通的概念

组织沟通是组织内信息的交流与传递。这些信息涉及范围很广，诸如消息、情报、资料、知识、经验、情感、观点、态度，等等。组织沟通一般由沟通来源、沟通传译、沟通信息、沟通渠道、沟通接收、沟通反馈六个要素连接而成。组织沟通还可以区分为正式沟通与非正式沟通两大类型。所谓正式沟通是指通过正式的组织程序所进行的沟通，它是组织沟通的主要形式，一般与组织的结构网络和层次保持一致。正式沟通还可以分为自上而下的沟通、自下而上的沟通和横向沟通，它们同时又是组织内部纵向协调和横向协调的重要手段。非正式沟通指正式组织程序以外的各种沟通渠道，它带有某种感情色彩。良好的组织沟通是协调组织与其成员之间、成员与成员之间，以及组织与组织之间的相互关系、完成组织目标的最重要条件之一。领导者通过有效的组织沟通，可以使组织内部分工合作更加协调一致，使组织更好地适应外部环境，增强应变能力，也可以使组织成员之间、组织之间加深了解，融洽感情，增进友谊，激发斗志，使组织充满活力。

三、组织内部沟通的概述

1. 组织内部沟通的解读

一个组织的沟通效果决定了组织管理效率，在企业的经营管理过程中，如果能做好组织沟通，对促进企业绩效目标的实现将起到事半功倍的效果。畅通而有效的组织沟通，有利于信息在组织内部的充分流动和共享，有利于提高组织工作效率，有利于开展民主管理，实现组织决策的科学性与合理性。

2. 组织内部沟通的重要性

企业在经营管理和日常事务中，由于人与人之间、部门与部门之间缺乏沟通和交流，常常会遇到一些摩擦、矛盾、冲突、误解，这将影响到单位的气氛、员工的士气、组织的效率，使企业难以凝心聚力，人为内耗成本增大，甚至导致企业死亡，因此，企业文化建设的一个主要内容便是沟通。

“企业即人”，每一项经营管理事务都需要人去调研、决策、执行、反馈。人是企业最珍贵的资源，也是最不稳定的资源，人的关键在于开发和整合，因为人是有感情的，有思想的，任何行为无不受到观念和情感的支配。随着人本经济和企业文化管理模式的深入，内部沟通具有日益重要的战略意义，它有利于企业文化氛围的形成，有利于职能部门之间的协作配合；有利于员工共识的实现，形成统一的价值观和强大的凝聚力；有利于满足员工的心理需要，实现自主管理和人本管理；有利于增强员工的主人翁责任感，调动员工参与公司经营管理的积极性和创造性，使人力资源向人力资本转变；有利于保持企业文化网络的畅通和信息资源的共享；有利于建立沟通、学习、交流、协作的奋进平台，打造一支学习型员工队伍。

团队需要沟通，唯有沟通才能减轻摩擦、化解矛盾、消除误解、避免冲突，进而发挥团队管理的最佳效能。市场有起有落，当企业处于不利的市场环境威胁甚至面临危机时，会造成员工士气普遍低落和群体离心力，这时就需要大范围地交流沟通，鼓动员工的战斗精神，激励他们的信心，恢复士气。当企业有重大举措，如领导班子更替、经营战略重大调整、大项目上马、新规章制度出台等，除商业秘密外，事先要尽可能地让更多的员工知情、参与，听听他们的意见，增强员工的主人翁责任感；决策后，要迅速地作出详细的解释说明，排除员工的疑虑，统一认识，坚定信心。由于员工之间的思想观念、价值取向、知识结构、性格气质、思维能力、工作方法等方面的个性差异，必然导致相互不理解、不信任、不合作，造成各自为战的紧张关系。这时需要沟通、疏导，属于思想观念和工作态度的，要进行耐心、细致的说服教育和帮助引导；属于人际关系问题的，要巧妙地去协调、化解矛盾；属于能力问题的，要采取各种措施，尽量不小材大用或大材小用。

沟通无处不在，其是双向互动的，但如果一个组织内部缺乏沟通氛围，其领导人是有很大责任的。沟通能力是领导应具备的基本素质之一，是管理工作的基本内容。沟通是文化的交流，是情感的共鸣，在价值取向多元化和性格气质个性化的今天，沟通更需要科学的技巧和正确的方法。企业要搞好内部沟通应从以下几点着手。

（1）要通过现代企业文化建设，打破等级制度，树立全员沟通理念，创造人人能沟通、时时能沟通、事事能沟通的良好氛围。

（2）要建立健全有效的沟通渠道。企业领导人、部门主管要带头沟通，有民主作风，定期开展接待日、开展座谈会、开展企业形势通报会、开展联欢活动。尽可能与下属员工多联系，多谈心，增进了解和信任，通过双向交流和信息互动反馈，使内部沟通渠道畅通无阻。也可以通过内部刊物、内部网络系统等形式上情下达、下情上传，做到信息收集制度化，信息内容系统化，信息传递规范化，信息处理网络化。

（3）用同理心进行沟通。遇到沟通障碍时，不管是个人与个人之间还是部门与部门之间，双方要进行批评与自我批评，换位思考，肯定对方的长处，善于聆听各方面的看法和意见，即使自己有理也要谦让三分，不要得理不饶人，要给他人一个改正错误、统一认识的机会，要帮助、辅导对方而不是打击报复对方。企业领导人、部门主管要放下架子、俯下身子；下属要直起脖子、壮起胆子，双方坦诚平等地交流各自的思想和看法。领导的心胸要开阔些，品德要大度无私，不要与下属斤斤计较，工作作风要正派，以自己的人格魅力去为下属带好头、服好务。

（4）公正地解决问题。首先要及时掌握事情的来龙去脉，分析原因，对症下药。当问题出现时，不要急于判定谁是谁非，不要让它扩散传播，应尽可能将其控制在一定范围内，否则只会进一步扩大问题。在解决问题时，要尊重事实，尊重人性和个性差异，要有理、有据、有节，争取双方都能接受，不计前嫌，握手言和。

（5）有效运用手中掌握的企业文化网络。企业文化网络是企业内部一种非正式的联系手段，网络中的人没有等级的界限，他们通过非正式渠道传递并解释企业的各种信息，有机而又无形地把企业的员工联系起来。网络中的人有其特殊的身份和作用，他们一头与企业高层关系密切，一头直接活动在员工之中，可以起到上情下传、下情上传、左右辐射的信息载体作用。

（6）对权力和制度的思考。在现代企业管理中，企业文化和价值理念等软约束力对员工的规范作用已经超越了权力、等级、制度等硬约束力。企业领导人、部门主管要与时俱进地树立以人为本、让员工自主管理的理念，对下属的管理主要体现在工作方向和团队目标上，管理手段体现在文化引导和人格魅力感染上，要合理运用手中的职权。一般情况下，不要过多地干涉员工的“内政”，要学会当教练而不是当家长，信任员工并放权给他们，让他们在企业统一价值理念和整体目标的前提下，放开手脚自主地开展工作，以激励他们的主动性、创造性，锻炼他们独立办事能力，充分发掘他们的潜能。同时要扩大员工的知情权和参与权，不要怕员工超越、取代自己，而在工作上疏远，甚至压制他们。在用人上要有公开、公正、平等、择优的竞争机制，打破“论资排辈”“平衡照顾”的陋习。分管领导不要搞小帮派、小团伙，不要讲亲疏好恶，安插亲信，排斥异己，要一切为了企业利益，不拘一格用真才，避免大材小用、小材大用，避免“一室二虎”的人才内耗，否则很难营造良好的沟通氛围。

四、铁路客运服务组织内部沟通认知

生活中的每一天我们都会与别人交流。沟通是我们工作、生活的润滑剂。沟通是消除隔膜，达成共同愿景，朝着共同目标前进的桥梁和纽带。沟通更是学习、共享的过程，在交流中可以学习彼此的优点和技巧，提高个人修养，不断完善自我。

随着我国运输业的蓬勃发展，运输市场的竞争也日趋激烈，铁路客运企业面临的市场环境也日趋复杂，在这种新形势下，为了能够更好地生存和发展，铁路客运组织内部也开始借助组织内部沟通的相应手段，畅通组织内部、外部沟通渠道，以达到“内求团结、外求发展”的目的。良好的铁路客运服务组织内部沟通成为铁路企业内部沟通的重要组成部分，也为企业的生存和发展奠定了基础。

铁路客运服务组织内部沟通是指铁路客运服务组织内部信息的交流和传递。良好的铁路客运服务组织内部沟通是协调铁路客运服务组织与铁路客运服务人员之间、铁路客运服务人员与铁路客运服务人员之间，以及铁路客运服务组织与铁路客运服务组织之间的相互关系，完成组织目标的最重要条件之一。铁路客运服务组织通过有效的组织内部沟通，可以使组织内部的分工、合作更加协调一致，使组织更好地适应外部环境，增强应变能力，也可以使组织成员之间、组织之间加深了解，融洽感情，增进友谊，激发斗志，使组织更加充满活力。

五、铁路客运服务组织内部沟通风格的表现形式

铁路客运服务组织沟通风格受铁路客运服务组织文化的影响，大体有三种表现形式。

1. 强势沟通

如果铁路客运服务组织的最高领导者是个强势的、独断专行的人，则铁路客运服务组织的沟通风格表现为领导者集权力于一身，很少与组织成员进行交流，基本上采取自上而下命令式的沟通方式，不太顾及铁路客运服务组织成员的情感和精神需求。

2. 民主沟通

如果铁路客运服务组织的最高领导者是个民主的人，则铁路客运服务组织的沟通风格表

现为上情下传、下情上传的民主式双向有序的沟通。民主型的领导通过部分授权给铁路客运服务组织成员，鼓励铁路客运服务组织成员参与管理和决策，调动铁路客运服务组织成员的工作积极性。

3. 自由沟通

如果铁路客运服务组织的最高领导者是个缺少管理经验但注重沟通的人，则铁路客运服务组织的沟通风格表现为鼓励铁路客运服务组织成员自由发表言论，但铁路客运服务组织沟通缺少有序的管理，导致沟通效果不佳，组织效率低，影响铁路客运服务组织目标的实现。

六、铁路客运服务组织内部沟通的目的

（1）促进铁路客运服务组织目标的实现。

（2）促进铁路客运服务组织文化的建设。

（3）促进铁路客运服务组织中铁路客运服务人员之间的关系。

（4）增强铁路客运服务人员的参与度、归属感和荣誉感，以及责任心。

（5）有效的铁路客运服务组织文化沟通，有利于全体铁路客运服务人员了解乘务组织目标、价值观、管理制度等，有利于统一全员的思想和行动。

七、铁路客运服务组织内部沟通的形式

1. 正式沟通

1）会议

会议包括领导工作例会、中高层领导例会、旅客质询会、乘务组例会、站务班组例会、年会、跨部门或部门内部业务专项讨论会、定期的员工沟通会、演讲会或辩论会等。

2）报告

报告包括年、季、月、周的铁路客运服务工作计划与总结、各项铁路客运服务工作报表（年、季、月、周、天的工作报表）、各项铁路客运服务工作记录（用于工作分析或知识积累）等。

3）调查

调查包括旅客满意度调查、铁路客运市场调查、铁路客运服务人员满意度调查等。调查用于了解需求，分析不足。

4）培训

培训包括新入职铁路客运服务人员培训、领导者及管理者培训、专业培训、通用技能培训等，其多以体验式、课堂式、交流研讨会、读书会等形式开展。

5）面谈

面谈包括管理者与铁路客运服务人员进行的一对一、一对多、多对多的面谈沟通，有效征求铁路客运服务人员的意见，反馈绩效信息，激励铁路客运服务人员行为等。

小案例

一位列车长的做法

李莎莎当列车长 11 年，管理过的班组有数十个，朝夕相处的乘务人员有几百人。她认为列车长要多和乘务员交流，学会当一名倾听者，利用当班巡视车厢的机会在乘务员值班室坐一坐，与每位乘务员聊聊天，在掌握了乘务员的思想动态的同时，也掌握了工作的全局。李莎莎认为列车长不是高高在

上的，自己也是从乘务员做起的，要学会调解乘务员之间的矛盾，而不是纵容和挑拨。班组稳定是列车长的功劳，班组混乱也是列车长管理的失责。

6）书面交流

通过铁路客运服务工作流程制度文件，客运段、车务段、车站及相关部门文档管理，邮件系统，内部网络，刊物，展板，纸质文件批复，内部共享服务器，QQ 群，微信群等多种形式，促进信息在组织内部共享、提高管理制度的知悉度，促进知识积累，提升铁路客运服务组织管理效率。

2. 非正式

1）团建活动

通过组织铁路客运服务团队开展团建活动的方式，促进铁路客运服务人员和谐关系的建立，提高铁路客运服务团队的效率。

2）节日或相关庆祝活动

通过春节、中秋、国庆等节庆活动，宣传铁路企业文化、增进团队凝聚力；开展线路开通纪念庆典活动、铁路客运服务人员家庭日活动等，提高铁路客运服务人员对职业的自豪感和归属感。

八、铁路客运服务组织内部沟通的改善方法

1. 改变风格

铁路客运服务组织高层领导者如果是自上而下的强势沟通风格或是自由无序的沟通风格，则需要改变自己的沟通风格，使更多铁路客运服务人员参与组织沟通，并通过有效的沟通管理，促进好的沟通效果的实现。

2. 提高技巧

由人力资源部门组织全体铁路客运服务人员进行沟通技巧培训，促进铁路客运服务人员沟通能力的提高。

1）改变沟通心态

建立平等、尊重、欣赏、坦诚的沟通心态。

2）清晰和有策略地表达

不同的事情，要采取不同的表达方式。

口语沟通要做到简洁、清晰、对事不对人、注重对方感受；同时多利用身体语言及语音、语调等，以利于对方理解，并产生亲和感。

书面沟通要做到有层次、有条理、学会运用先“图”后“表”再“文字”的表达方式。

3）仔细聆听

专注、耐心、深入地聆听发言者所表达的全部信息，做到多听少说。

4）积极反馈

对信息发送者所表达的信息给予积极的反馈（书面或口语回复、身体语言反馈、概括、重复等）。

3. 建立制度

有效的铁路客运服务组织沟通制度，能够规范铁路客运服务组织的沟通规则，同时，通过对沟通中不良行为的约束，促进铁路客运服务人员行为的一致性，提高组织沟通的效率与效果。

4. 鼓励优秀的沟通者

对铁路客运服务组织中沟通工作做得好的部门及铁路客运服务人员，例如对主动提建议者、沟通影响力佳者，给予物质和精神上的奖励，宣传他们的优秀事迹。同时，让他们分享沟通的经验和成果，以促进全体铁路客运服务人员提升沟通技巧。

良好的铁路客运服务组织沟通氛围，是全体铁路客运服务人员共同努力的方向，但关键因素是铁路客运服务组织的中、高层管理者，因为他们在铁路客运服务组织沟通中起着重要的影响作用。加强铁路客运服务组织中、高层管理者的沟通意识，提高其沟通技能，是提升铁路客运服务组织沟通效果的关键。

九、铁路客运服务组织内部沟通注意事项

（1）铁路客运服务人员与班组长（列车长）的沟通。铁路客运服务人员要熟悉班组长（列车长）的心理特征，并与其进行正常的心理沟通。与班组长（列车长）交往与同其他人交往一样，都需要进行心理沟通；要服从班组长（列车长）的领导，不要对班组长（列车长）采取抵抗、排斥态度；要敢于指出班组长（列车长）的失误，但不要用逆耳之言；要设身处地地从班组长（列车长）的角度想问题，不要强班组长（列车长）所难；交往要有耐性。

（2）铁路客运服务人员与本班组其他服务人员沟通。铁路客运服务人员要讲出自己的内心感受、想法和期望，沟通中出现分歧时，要控制好情绪；不批评、不责备、不攻击、不说教，批评、责备、抱怨、攻击这些都是沟通的大忌，会导致沟通失败；互相尊重，只有给予对方尊重，才能实现有效沟通；绝不要恶言伤人，不说不该说的话，要理性沟通；诚恳、幽默、低调、抚慰也是与本班组其他服务人员沟通的有效方法。

小分享

铁路客运班组“内部沟通”的作用、问题与改善措施

1. 作用

1）有利于加强班组队伍管理

没有沟通，就没有管理，没有沟通，管理就只是一种设想和缺乏活力的机械行为。加强内部沟通，确保上级指示精神贯穿到每一名员工、每一个环节。同时能及时了解员工队伍的思想动态，有针对性地进行教育管理，促进班组的健康发展。

2）有利于加强决策水平

疏通班组内部沟通渠道，健全班组内部沟通机制，让每名员工发表自己的意见和建议，集思广益，才能使班组各项决策和全部工作充分反映广大员工的意愿，集中全班组的经验和智慧，使班组的决策走上民主化、科学化的轨道，保证班组规章制度等的合理性及决策部署的有效贯彻执行。

2. 铁路客运班组“内部沟通”存在的问题

1）沟通渠道不够畅通

员工意愿的表达，必须通过一定的渠道，没有相应的渠道沟通而空谈，难免造成脱节现象。由于客运员工人数较多、居住分散和员工思想的多元化、动态化特点，员共与员工之间、员工与班组之间、领导和普通员工之间存在着沟通不畅的问题，在一定程度上阻碍和影响了上级决策部署的贯彻落实。

2）沟通内容流于形式

部分基层班组虽然采取了召开会议、座谈讨论等形式与员工进行沟通，但在实际工作中，往往是上面讲下面听，上级部署下面落实，满足于会开了、文件念了，至于员工怎么领会精神实质，怎样统一思想，如何结合实际贯彻落实，就没有下文了。许多员工在收到命令后其实并不知道怎么做，或者

为什么做，甚至在做了后才知道上级的意思并非如此。有所偏差的领悟甚至可能导致南辕北辙的做法，这样的沟通模式无疑是员工日常工作及班组健康发展的一大障碍。

3）员工参与沟通的意识不强

目前，班组“内部沟通”工作不同程度地存在“说起来重要，做起来次要，忙起来不要”的现象，一些班组没把落实内部沟通制度当作管理员工的有效途径，民主氛围不浓，员工感觉没有话语权，说与不说都一样，导致与班组沟通不积极、不主动，员工汇报思想或参加党内讨论时，讲大话、套话、空话的多，说实话、真话、心窝话的少。

3. 构建完善班组“内部沟通”机制的方法途径

1）实施“双向约谈”，建立谈心式沟通

为最大限度避免灌输式、命令式沟通带来的问题，提倡运用互动的“双向约谈”沟通模式。班组主动约谈员工，全面了解他们的思想、工作、学习、生活情况，认真倾听员工的合理诉求；普通员工也可主动约谈上级，提出问题和建议，交流工作中的困难和疑惑，争取组织的理解、支持和帮助。谈心式沟通会带来积极的效果，让政策信息能够更有效、更准确地传达到相关人员，保证不变形、不走样。

2）建立“微信平台”，打造信息化沟通

信息化沟通就是通过信息化工具来代替传统会议、传真等进行的沟通。借助手机网络平台，通过建立员工内部“微信群”“QQ群”，有效地开展内部沟通。员工不便当面交流的问题，可以通过“信息平台”进行沟通交流，减少了沟通层级，实现“沟通体系扁平化”。对于员工反映的问题和建议，坚持能够现场解决的现场解决；不能现场解决的，及时研究，限时解决；确实不能解决的，做好解释工作，争取员工理解，化解矛盾于无形，解决问题见实效，使之成为了解民情、听取民声、体察民意、汇聚民智的一个重要渠道。

3）开展“读书活动”，推动学习式沟通

以提升员工素质、加强知识交流为出发点，在员工队伍中开展“自主学习严修身 真抓实干当先锋”“品书香 提素质”等系列读书活动，制定短、中、长期计划，适时组织学习心得交流会，在沟通交流中加深对政治、法规、廉政、科普、文史、业务等理论知识的理解和掌握，推动员工“读好书，提素质”“提质量，增效益”。

4）定期“民主恳谈”，强化开放式沟通

着眼于激发班组员工群体活力，应把扩大班组民主作为加强沟通机制的重点来抓，坚持员工义务和权利的统一，切实保障员工对班组事务的知情权、参与权和监督权，充分发挥广大员工的积极性主动性和创造性。围绕工作中的重要事项、重要决策、重大活动、计划总结、评先树优等内容，在走访调研的基础上，通过召开“民主恳谈会”“员工议事会”等途径，广开言路，充分听取员工意见，接受员工评议，形成民主讨论、民主决策的工作氛围。

任务二　铁路客运服务组织团队沟通

一、团队的概念及构成要素

团队（team）是由基层人员和管理层人员组成的一个共同体，它合理利用每一个成员的知识和技能开展协同工作，解决问题，以实现共同的目标。

团队的构成要素分为目标、人、定位、权限、计划等。团队和群体有着根本性的区别，群体可以向团队过渡。一般根据团队存在的目的和拥有自主权的大小将团队分为五种类型：问题解决型团队、自我管理型团队、多功能型团队、共同目标型团队、正面默契型团队。

二、团队建设

团队建设是指为了实现团队目标及产出最大化而进行的一系列结构设计及人员激励等团队优化行为。

团队建设主要是通过自我管理的小组形式进行，每个小组由一组员工组成，负责一个完整工作过程或其中一部分工作。工作小组成员在一起工作以改进他们的操作水平。

团队建设应该是一个有效的沟通过程。在该过程中，参与者和推进者都应增强互信，坦诚相对。

小分享

团队精神

团队精神是大局意识、协作精神和服务精神的集中体现。团队精神的基础是尊重个人的兴趣和成就。其核心是协同合作，最高境界是团队形成向心力、凝聚力，也就是实现个体利益和整体利益的统一，以推动团队的高效率运转。团队精神的形成并不要求团队成员牺牲自我，相反，挥洒个性、表现特长有利于团队成员共同完成团队目标。明确的协作意愿和协作方式产生了真正的内心动力。没有良好的从业心态和奉献精神，就不会有团队精神。

另外，团队成员还要能够很好地沟通和协调，用大家都能接受的方式去解决工作上的问题。当一人说与工作有关的词汇，其他团队成员会清晰地明白且理解为同一个意思。不要轻看语言及文化对人与人之间沟通能力的影响。

团队需要团队精神，这是一种文化及感情，其能产生信任和凝聚力。每个团队都期望寻找具有合作精神的成员，但不能保证可以找到。去唤醒人的精神和灵魂，关键是要教成员学会去进行自我评判和承诺，也就是促使成员学会自我管理。

三、团队沟通的作用

团队沟通即工作小组内部发生的所有形式的沟通。其是随着团队这一组织结构的诞生而产生的。

在很早以前，人们就了解到有效群体沟通的巨大作用。

小提示

组织内部人与人的相处之道

（1）了解别人是沟通之道。

你越了解对方，你跟他的沟通就越顺畅。

（2）宽容别人是和睦之道。

如果你只记住别人对你的好，你会感谢全世界所有你认识的人。如果你只记住别人对你的不好，你会恨全世界所有你认识的人。仇恨就是用自己的痛苦来折磨自己，宽容别人就等于宽容自己。

（3）接纳别人是体谅之道。

接纳别人就是要接受别人与自己的不同。

（4）关心别人是友爱之道。

关心别人的人容易得到机会，也容易跟别人建立良好的关系。

四、铁路客运服务组织团队沟通认知

铁路客运服务组织团队沟通是指铁路客运服务班组内部发生的所有形式的沟通。其是随着铁路客运服务组织这一组织结构的诞生而产生的。

1. 铁路客运服务组织团队沟通影响因素

（1）铁路客运服务组织成员的角色分担。积极角色：领导者、创始者、信息搜寻者、协调员、评估者、追随者和旁观者。消极角色：绊脚石、自我标榜者、支配者、逃避者。

（2）铁路客运服务组织内成文或默认的规范、惯例。

（3）铁路客运服务组织领导者的个人风格。

2. 铁路客运服务组织团队沟通技巧

一个优秀的企业，强调的是团队的精诚团结，团队成员之间如何沟通是一门大学问。组织成员之间如果沟通不好，往往会产生矛盾，形成内耗，影响企业的正常运转。铁路客运服务组织作为铁路运输行业的一线工作团队，加强团队沟通，提升铁路客运服务组织团队沟通技巧尤为重要。为此，我们总结了铁路客运服务组织团队沟通技巧的几个方法，供铁路客运服务人员借鉴。

1）讲故事法

某公司遇到一些经营困难，新总裁上任后，经常邀请高级经理们到自己的家里共进晚餐，然后在屋外围着个大火炉，讲述有关企业的故事。新总裁请这些经理们把不好的故事写下来扔到火里烧掉，用来埋葬企业历史上的“阴暗”面，只保留那些振奋人心的故事，这极大地鼓舞了士气。

2）聊天法

李强是公司总裁，在长期的职业生涯中，李强赢得了公司内部许多人士的爱戴。他有 1/3 的时间，在公司里度过，常常和公司里的工程师聊天，聊最近的工作，聊生活上的困难。另外还有 1/3 的时间，用来走访各地经销商，和他们聊业务，听取他们的意见。

3）制订计划法

某公司是一家“百年老店”，每年，员工都会有一次与人力资源经理或主管经理面谈的机会，员工在上级的帮助下制订个人的发展计划，以跟上公司的业务发展，甚至超越公司的发展步伐。

4）越级报告法

在某公司，总裁的办公室没有门，员工受到顶头上司的不公正待遇，或者看到公司的问题，都可以直接提出，还可以越级反映。这种企业文化使得人与人之间相处时，彼此之间都能做到互相尊重，消除了对抗和内讧。

5）参与决策法

有的公司每年都要制订一个全年的“员工参与计划”，动员员工参与企业管理。这个举动引发了职工对企业“知遇之恩”的报答热情，使得员工的投入感和合作性不断提高，合理化建议也越来越多，生产成本大大减少。某载重汽车公司在某新车型投产前，大胆打破了那种“工人只能按图施工”的常规，把设计方案摆出来，请工人们“评头论足”，提意见。工人们提出的各种合理化建议一共有 749 项，经过筛选，采纳了 542 项，其中有两项意见的效果非常显著。以前装配车架和车身，工人得站在一个槽沟里，手拿沉重的扳手，低着头把螺栓与螺母拧上。由于工作十分吃力，因而往往干得马马虎虎，影响了汽车质量，一位工人说：“为什么不能把螺母先装在车架上，让工人站在地上就能拧螺母呢?”这个建议被采纳以后，既减轻了劳动强度，又使质量和效率大为提高；另一位工人建议，在把车身放到底盘上时，可让装配线先暂停片刻，这样既可以使车身和底盘两部分的工作做好，又能避免发生意外伤害。此建议被采纳后果然达到了预期效果。

6）培养自豪感法

某科技公司，在初创时期，员工的工资并不高，但员工都很自豪。该公司经常购进一些小物品，如帽子等，给参与某些项目的员工每人发一个，使他们觉得工作有附加值。当外人问公司的员工，你在公司的工作怎么样时，员工都会自豪地说，工资很低，但经常会发些东西。

7）口头表扬法

表扬不但被认为是当今企业中最有效的激励办法，事实上也是企业团队中的一种有效的沟通方法。某公司创始人如果当面碰上进步快或表现好的员工，便会立即给予口头表扬，如果没有机会碰面，会亲自打电话表扬其下属。

任务三　铁路客运服务人员垂直沟通

一、垂直沟通的概念

垂直沟通是指组织内部高低各个结构层次之间进行的沟通，它有下行沟通和上行沟通两种形式。

二、铁路客运服务人员垂直沟通认知

高速铁路客运服务人员作为高速铁路运输行业的中坚力量，是企业重要的人力资源，他们工作在基层，时时处处都需要与各方面沟通。铁路客运服务人员垂直沟通是指铁路客运服务人员在高低不同的行政架构层次之间进行的沟通。

三、铁路客运服务人员垂直沟通的分类

铁路客运服务人员垂直沟通分为铁路客运服务人员上行沟通和铁路客运服务人员下行沟通，两者均属于铁路客运服务人员上下级之间的沟通方式。

一般来说，铁路客运服务人员下行沟通的速度要快于铁路客运服务人员上行沟通的速度，因为铁路客运服务人员下行沟通多属于乘务组领导布置任务，而铁路客运服务人员上行沟通多属于下属向铁路客运服务组织领导反映问题、提出申请和汇报工作。

小提示

上行沟通的艺术

（1）沟通信息的准确。

（2）言简意赅。

（3）思考到位。

（4）预判准确。

（5）不拘谨、不放肆。

（6）了解领导的习惯、观察领导的心情。

四、铁路客运服务人员垂直沟通的优缺点

铁路客运服务人员垂直沟通的优点是沟通速度快，信息传递准确；铁路客运服务人员垂直沟通是领导传递其管理理念以影响铁路客运服务人员积极工作的主要方式，有时其比其他沟通形式的效果更好。

铁路客运服务人员垂直沟通的缺点是如果层次多的时候，信息传递变慢，可能会出现越级沟通和隐瞒事实的现象。

小提示

下行沟通的艺术

（1）聆听、给予关注、抓住沟通的要点。
（2）摆事实、讲道理。
（3）语气平缓，底气充足。
（4）点到为止。
（5）戒骄、戒躁，有一颗宽容的心。
（6）坚持原则和底线。

五、铁路客运服务人员下行沟通

1. 铁路客运服务人员下行沟通的概念和作用

铁路客运服务人员下行沟通是指信息的流动是由铁路客运服务组织较高层次流向较低层次，铁路客运服务人员下行沟通的目的是控制、指示、激励及评估。其形式包括管理政策宣讲、备忘录、任务指派、指示下达等。有效的铁路客运服务人员下行沟通并不只是传送命令而已，而应是能让铁路客运服务人员了解单位的政策、计划等，并获得铁路客运服务人员的信赖、支持，同时有助于铁路客运服务组织决策和计划的控制，达成铁路客运服务组织的目标。

当信息自一方传至另一方时，有些资料会被忽略掉。当信息传经许多人后，每一个传送过程都会造成更多信息的缺失，甚至遭扭曲和误解。在铁路客运服务组织中，当下行沟通经过许多组织层级时，许多信息会遗失，最后接收者真正能收到的只是一小部分而已。精简组织，减少铁路客运服务组织层次，能促进下行沟通的有效开展。

高速铁路客运服务人员下行沟通的作用：让铁路客运服务人员知晓高速铁路组织内部重大活动；突出铁路客运服务组织对铁路客运服务人员的创造力、努力和忠诚度的重视态度；探讨铁路客运服务人员在铁路客运服务组织里的职责、成就和地位；考察铁路客运服务人员所享受的各种福利待遇，以及真正实力；了解有关的社会活动、政府活动和政治事件对铁路企业的影响；了解铁路企业对社会福利，社会文化发展和教育进步所做的贡献；让铁路客运服务人员的家属了解企业；让新来的铁路客运服务人员看到铁路企业发展的足迹；让铁路客运服务人员了解不同部门发生的各种活动；鼓励铁路客运服务人员将铁路企业出版物作为各抒己见的途径和外界了解铁路企业发展的窗口。

2. 下行沟通的三种主要形式及改进策略

（1）面谈形式，如口头指示、谈话、电话指示、广播、评估会、咨询会、批评会、小组

演示乃至口耳相传的小道信息等。

（2）书面形式，如指南、声明、企业政策、公告、报告、信函、备忘录等。

（3）电子形式，如新闻广播、电话会议、传真、电子邮件、微信群通知等。

铁路客运服务人员下行沟通是铁路客运服务组织沟通中最重要的沟通方式之一，也是铁路客运服务组织沟通中最主要、最能有效提升工作效率，却也是最容易产生无效沟通的环节。

（1）铁路客运服务人员下行沟通通常存在的障碍。例如，铁路企业发展带来的铁路客运服务组织结构的复杂化；铁路客运服务组织领导者对沟通的不重视；铁路客运服务人员和管理层的隔离和不信任；铁路客运服务组织的领导者很少检查自己的沟通技巧；领导者把铁路客运服务沟通当作权力的工具；传递中的铁路客运服务信息的遗漏和曲解。

（2）铁路客运服务人员下行沟通的改进策略。

应从铁路客运服务组织高层管理者做起，利用多种渠道、使用多种方式进行沟通，具体策略如下。

①制订铁路客运服务人员沟通计划，建立铁路客运服务人员沟通制度。

②“精兵简政”，减少组织沟通环节。

③坚持例外原则，实现有效授权。

④建立有效的铁路客运服务沟通反馈机制。

⑤采取正确方法，减少抵触和怨恨情绪。

⑥利用多种渠道和方式进行沟通。

任务四　铁路客运服务人员横向沟通

一、横向沟通和斜向沟通的概念

1. 横向沟通

横向沟通是指发生在同一工作群体的成员之间、同一等级的工作群体之间，以及任何不存在直线权力关系的人员之间的沟通。

管理者每天都要进行大量的横向沟通（或称水平沟通）。横向沟通对于部门间的工作协调是必需的。横向沟通常常是管理层中的主要沟通形式。

因为横向沟通是平级关系的沟通，所以沟通者相互之间的威胁性就小，不会像上下级沟通那样与惩罚发生联系。由于横向沟通大多发生在工作的求助上，所以相互推诿的情况就特别多，以致沟通困难。横向沟通的作用是：保证公司总目标的实现；弥补重复沟通造成的不足；实现各部门信息共享。

2. 斜向沟通

斜向沟通又称越级沟通、交叉沟通，是指组织内不同层级部门间或个人的沟通，它时常发生在职能部门和直线部门之间。

斜向沟通是一种特殊形式的沟通，包括群体内部非同一组织层次上的单位或个人之间的信息沟通和不同群体的非同一组织层次之间的沟通。斜向沟通对于上行沟通、下行沟通和横向沟通有促进作用。斜向沟通的目的是加快信息的传递。

二、铁路客运服务人员横向沟通认知

铁路客运服务人员横向沟通是指在铁路客运服务组织内部各服务人员之间，同样岗位、同样乘务组之间，以及任何不存在直线权力关系的铁路客运服务人员之间的沟通。

三、铁路客运服务人员横向沟通的类型与形式

铁路客运服务人员横向沟通的主要形式有：班组会议、工作协调会议、铁路客运服务人员面谈、备忘录、主题报告、业务培训等。

铁路客运服务人员横向沟通的类型与形式如表 8-1 所示。

表 8-1　铁路客运服务人员横向沟通的类型与形式

类型	形式
同一铁路客运服务组织内的沟通	● 铁路客运服务人员面谈 ● 工作信函 ● 工作备忘录
不同铁路客运服务组织间的沟通 ● 不同铁路客运服务组织同级管理者之间的沟通 ● 铁路客运服务组织管理者和其他乘务组乘务员之间的沟通 ● 不同铁路客运服务组织服务人员之间的沟通	● 班组会议：常用的沟通形式，包括决策性的会议、咨询性的会议、通知性的会议等 ● 工作备忘录 ● 工作报告

四、铁路客运服务人员横向沟通的优缺点

1. 优点

横向沟通可以采取正式沟通的形式，也可以采取非正式沟通的形式。通常以后一种形式居多，尤其是在正式的或事先拟定的信息沟通计划难以实现时，非正式沟通往往是一种极为有效的补救方式。横向沟通具有很多优点。

（1）它可以使办事程序、手续简化，节省时间，提高工作效率。

（2）它可以使企业各个部门之间相互了解，有助于培养整体观念和合作精神，克服本位主义倾向。

（3）它可以促进员工之间互谅互让，培养员工之间的友谊，满足员工的社会需要，提高员工工作兴趣，改善员工工作态度。

2. 缺点

横向沟通的缺点表现在：头绪过多，信息量大，易造成混乱；此外，水平沟通尤其是个体之间的沟通也可能成为职工发牢骚、传播小道消息的一个途径，造成团体士气涣散的消极影响。

3. 横向沟通和其他沟通方式的比较

与上行沟通和下行沟通相比，越级沟通和横向沟通信息传递环节少、质量高、成本低，具有快速、便捷和高效的优点。越级沟通和横向沟通还为企业减少管理层次，减轻中层管理人员工作负担，提高管理效率起到了积极作用。

五、铁路客运服务人员横向沟通的障碍与改进

1. 障碍

高速铁路客运服务组织本位主义是铁路客运服务人员横向沟通最大的障碍。例如，认为自己的价值最大，在组织结构认识上存在贵贱或等级偏见；铁路客运服务组织之间职责交叉；铁路客运服务人员性格差异或知识水平差异；对某些政策的认识存在猜忌、恐惧，感到威胁的存在；对有限资源的争夺，铁路客运服务人员之间、铁路客运服务组织部门之间针对工作资源、职位的竞争与冲突；空间距离也是障碍之一。

2. 改进

在铁路客运服务人员横向沟通中起重要作用的铁路客运服务人员被称为边界人员，这类铁路客运服务人员与其他部门及外界的人有较多的沟通联系。边界人员获得大量的信息，过滤后再传递给他人。这使他们具有特殊的地位和潜在的权力，所以要很好地发挥他们的作用，以提高铁路客运服务人员横向沟通的效果。铁路客运服务组织内外都有关系网，关系网是指一群人建立的对共同的兴趣非正式地进行信息交流，其一般是围绕外部利益建立的，如娱乐团体、专业团体等。关系网有助于扩大铁路客运服务人员的利益，使他们了解新技术的发展，使他们更易被他人了解。

改善沟通的另一种方法是安排一名咨询员，设立这一职位是要征询各种质疑、投诉，对铁路客运服务组织的政策予以解释，或者听取那些犯了错误但对正常沟通渠道感到不适的铁路客运服务人员的辩解，并给予相应的回答。所有的接触都是保密的，以此鼓励坦率直言。咨询员要进行深入全面的调查，必要时要采取干预措施以纠正错误、调整制度，以防止错误再现。

铁路客运服务人员改进横向沟通的具体策略如下：倾听而不是叙述；换位思考；选择准确的铁路客运服务组织内部沟通形式；配备铁路客运服务组织内部沟通管理咨询员等。

任务五　铁路客运服务人员会议沟通

一、会议的含义和类型

在铁路客运服务工作过程中，召开各种工作会议可以说是一项频繁的工作。铁路客运服务人员会议沟通是一种成本较高的沟通方式，沟通的时间一般比较长，常用于解决较重大、较复杂的问题。虽然铁路客运工作会议带来了资源、人力、物力的巨大耗费，但也不得不承认，会议是一种很有效的沟通手段，因为面对面的交流可以传递更多的信息，尤其是很多需要各部门协作的工作，就更需要以会议为纽带来协作。

1. 会议的含义

会议是人们为了解决某个共同的问题而聚集在一起进行讨论、交流的活动。会议的主体主要有主办者、承办者和与会者（许多时候还有演讲人），其主要内容是与会者之间进行思想或信息的交流。

2. 会议的类型

会议按目的分为：谈判型会议、通知型会议、解决问题型会议、决策型会议、信息交流

型会议。

会议按参加人数的规模分为：大型会议、中型会议、小型会议。

会议按时间规律分为：例行会议、非例行会议。

会议按形式分为：室内会议和室外会议、正式会议和非正式会议。

会议按参与者的身份分为：铁路客运服务人员会议、铁路客运服务组织中层会议、铁路客运服务组织高层领导会议。

会议按内容分为：生产或业务会议、乘务工作会议、站务工作会议、专业分享会议、咨询会议、座谈会和讨论会。

二、会议功能

1. 传达企业经营理念并使企业目标协调一致

召开铁路客运服务工作会议最主要的目的是传达铁路企业的经营理念，统一铁路客运服务人员的步调。同时通过会议，集思广益，把大家的意见统一起来使之成为铁路企业努力的方向，这样才能众志成城，又快又好地将目标变为现实。

2. 传达决策者的信念

铁路客运服务组织决策者的信念也要通过会议来传达。例如，铁路客运服务组织从今年开始要发些奖金给所有的员工，而且要根据每位铁路客运服务人员完成各项指标的情况而有所不同，这是铁路客运服务组织领导者的一种激励策略，这样的信息就需要利用会议来隆重推出，以吸引铁路客运服务人员的兴趣，激发铁路客运服务人员的工作热情。

3. 集思广益共同解决问题与危机

集思广益、共同解决问题与危机是会议的又一个重要功能。当遇到问题，普通员工没有对策，领导一时也拿不出合理的方案时，就需要大家坐在一起召开会议，提出自己的想法，设法解决问题。

4. 集思广益

集思广益，激发富有创意的工作理念是会议的另一项功能。会议是产生创意的一个良好场所，通过有效的会议，可以进行头脑风暴，不断激发出良好的创意。

5. 检讨、改进不足之处

例如，乘务组收到旅客的投诉越来越多，就要马上召开会议，大家讨论一下投诉增多的原因。通过会议，可以将所有可能的原因列举出来，然后再一一做出分析，通过分析结果来检讨和改进服务。

6. 达成告知功能

会议传达信息要比在布告栏上公布的效果好得多，而且也显得更为郑重。例如，今年的安全目标是要无任何重大安全事故，通过会议，可以将这个目标准确地传达给各相关人员，号召大家共同努力。

三、铁路客运服务组织内部沟通的主要方式——有效的铁路客运服务工作会议

1. 会议的准备工作

1）选定参加者

对要参加会议的人一一考察，召集确有必要参会的人，不要让不相关的人参加会议。

2）明确会议的目的

（1）问题解决型会议的目的是解决遇到的一个或几个问题。

（2）制订计划型会议的目的是确定由谁去制订计划。

（3）信息传达型会议的目的是把详细信息传达下去。

（4）利益调整型会议的目的是重新分配利益。

3）合理分配会议时间

（1）一定要准时开会。

要想准时开会不是一件容易的事情，但是若有一次不准时开会，后面再开会就很难准时。

（2）会议从最重要的事项开始讨论、解决。

为了提高效率，解决主要问题，会议应从最重要的事项开始讨论、解决。

2. 召开会议的注意事项

1）做好前期工作

（1）会议提纲。

（2）会议结束的时间。

（3）会议参加人员。

（4）确定召开会议的目的。

（5）确定会议的主要内容。

（6）确定会议的议程。

（7）确定会议的时间安排。

2）做好会议召开期间的组织工作

（1）给予参会者均等的发言机会。

（2）创造使所有参会者能够自由发言的气氛。

（3）为参会者平等地相互交流创造条件。

（4）对部分参会者的长时间发言、争论或者题外话采取相应措施。

（5）切实遵守会议议程并进行时间控制。

3）做好会议收尾工作

（1）会议结论经全体参会者协商得出。

（2）对会议结论进行概括、说明。

（3）对会议中决定的事项进行明确分工。

（4）结尾时由参会者对会议结果进行评价。

4）做好会议后续工作

客运服务工作会议结束后要不断跟进会议决议的落实情况。

3. 有效客运服务工作会议的注意事项

（1）使会议气氛活跃。如果会议比较乏味、参会者的参与度较低的话，主持者就应当审视一下自己。首先，有必要思考一下“为什么会这样”。可以通过提问来引导大家参与会议。会场不是战场，鼓励思想冲突，禁止感情冲突。

（2）不要有含糊不清的表达。尽量少用或不用：基本上结束了，基本上行；大致有希望；几乎没有问题，几乎是按计划完成；或许能行，或许能成功；我觉得能行，我觉得能成功；在一定程度上完成了；似乎合适等表述。

（3）认同并尊重对方。许多人在会议中所犯的错误之一就是固执己见。如果总是抓住别人话里的漏洞不放，导致谁也没有兴趣发表意见，造成小心谨慎、保持沉默的气氛。 对方有发表自己意见的权利。即使对方发表的意见有欠缺，也要尊重其意见，要鼓励大家发言。

（4）在会议中不时做出反应。听者最好是恰当地对理解了什么、没能理解什么做出相应的表示。要注意听对方谈话的真正用意，体会对方顾忌说的话、对方真正想要说的话等。

（5）用肯定性的语言称赞。

（6）别人说话的时候要看着别人点头。

（7）自己说话时要有自信。

（8）尽量避免冲突，比如语言冲突、动作冲突等。

小提示

召开客运服务工作会议的一些技巧

①从重要的议题开始讨论。

②先从肯定性的方面说。

③有逻辑地、简单地表达。

④一句话表达一种想法。

⑤思考发言提纲。

⑥用参会客运服务人员能够理解的方式表达中心思想。

⑦使用切合客运服务业务的表达方式。

项目九

做好客运服务组织“外部沟通”

项目导语

铁路客运服务组织外部沟通在社会交流网络化的大环境下，日趋重要，其直接影响铁路客运服务组织的健康运行。

知识点

- 铁路客运服务组织外部沟通的含义；
- 铁路客运服务组织外部沟通的技巧；
- 铁路客运服务组织外部沟通中与同行沟通、与投诉人员沟通、营销沟通、应急沟通等理论知识。

技能目标

- 能够掌握铁路客运服务组织外部沟通的注意事项；
- 了解铁路客运服务组织外部沟通的对象；
- 熟练运用铁路客运服务组织外部沟通的相关技巧。

项目结构框图

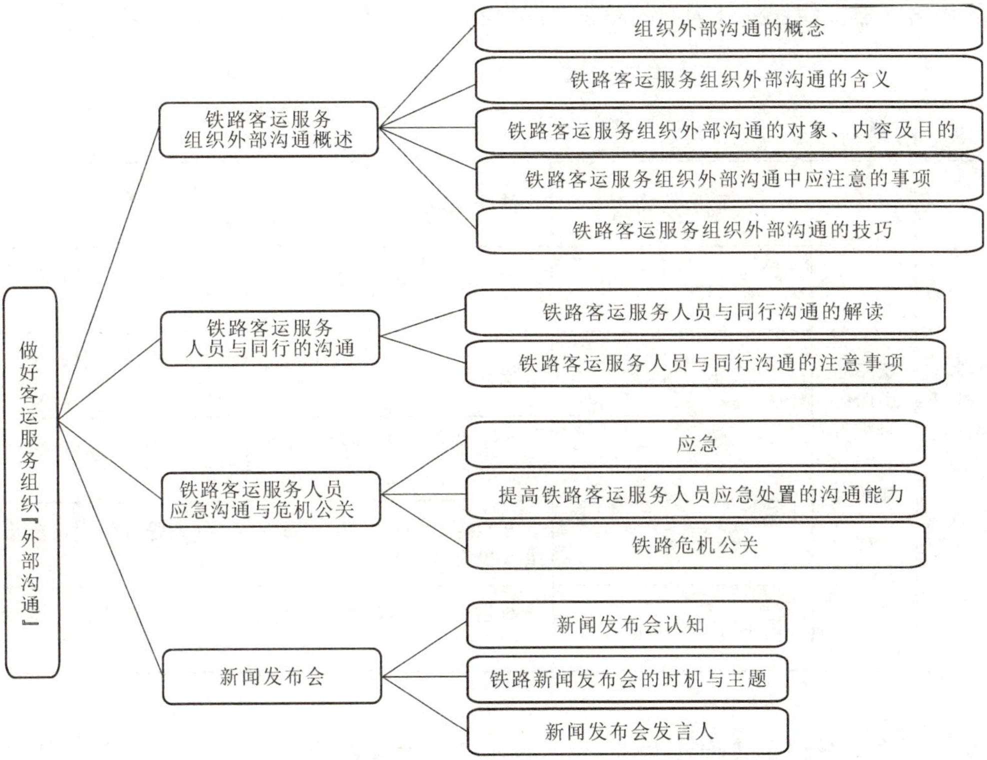

任务一　铁路客运服务组织外部沟通概述

一、组织外部沟通的概念

组织外部沟通是指组织为了适应大环境的变化而与周围环境进行的信息传递与交流。企业管理中必须进行外部沟通是由两个基本原因决定的：①企业要及时满足公众的要求；②企业自身管理的需要。

二、铁路客运服务组织外部沟通的含义

铁路客运服务组织外部沟通是指铁路客运服务组织为了适应社会大环境的变化与周围环境进行的信息传递和交流。广义的铁路客运服务组织外部沟通是铁路客运服务人员等与铁路客运服务组织外部的人和部门打交道。狭义的铁路客运服务组织外部沟通就是铁路客运服务人员与铁路客运服务组织以外的合作对象及职能部门的协调和沟通，以及经办事项的处理。

三、铁路客运服务组织外部沟通的对象、内容及目的

铁路客运服务组织外部沟通的对象、内容及目的如表 9–1 所示。

表 9–1 铁路客运服务组织外部沟通的对象、内容及目的

主体	类别	对象	内容	目的
铁路客运服务组织（铁路客运服务人员）	铁路客运服务组织外部沟通	政府机构	法律法规、危机	获取最新政策，配合相关工作
		行业组织	行业规范、咨询、危机	获取行业信息，配合相关工作
		相关机构	相关要求	获取相关信息，配合相关工作
		媒体	与运输业务和铁路客运服务组织相关信息	获取相关信息，协调宣传立场
		旅客	对运输产品和服务的要求、投诉和建议	满足旅客要求，增进旅客信任
		其他相关机构和人员	对运输产品和企业有意义的信息	了解发展变化，确保履行义务

四、铁路客运服务组织外部沟通中应注意的事项

（1）相关人员一定要注意自己代表的是铁路客运服务组织，穿着要得体，言谈举止要有涵养。

（2）如果是和政府部门进行沟通，要注意把握政策，不可越界，不能出格。

（3）和旅客沟通要注意和谐，即使有旅客不对的地方，也要忍小而求大。

（4）沟通活动的组织逻辑性要强，要有顺序，层次分明，参加沟通活动的人才会觉得舒服，不至于无的放矢。

（5）事前要计划，事中要控制，事后要总结。

（6）必须制订突发情况预案。

小分享

外部沟通应注意的四个方面

对铁路企业来说，闷头做好企业自身内部工作远远不够，还需要不断加大与外部沟通的力度，尤其是有序开展各种公关活动，才能使铁路企业在社会上不断取得应有的声誉。以下四个方面应引起铁路企业的高度重视。

1. 铁路企业在发展中应密切联系社会，关注民生

铁路企业除了不断开发、推出优质的运输产品和服务之外，还要尽量多与社会各个方面进行交流，把企业的营销活动搞活、搞好。比如除固定节假日之外，要寻找各种机会，不断推出各种宣传、营销活动。应积极参加各种有意义的公益活动，采用不同的方式介入各种活动，发出企业的声音，其目的就是抓住一切机会多与社会深入接触，融入其中，在活动中倾听外部单位对企业的意见和建议，将有

效沟通融化在与社会的广泛交流中，促进社会公众与企业之间的相互了解和认识，于无形中提升企业自身的形象和铁路品牌影响。

另外，企业要积极参与有意义的捐赠活动。比如国家遇到自然灾害时捐款、帮助贫困群体、拜访养老院，等等，铁路企业作为国家大型企业要有计划地实施捐赠救助行动，履行企业作为社会公民的责任和义务。目前，公众对企业的社会责任都比较看重。企业对社会的贡献的形式是多种多样的。

对于公众来讲，也应全面客观地看待铁路企业，把铁路企业放到一个相对较长的时间内就其社会责任和义务做综合性的分析，以判别企业对社会贡献的大小。

2. 铁路企业应加大与政府部门的公关力度

铁路企业要加大与工商、税务、法院、公安、交通等政府部门的联系，经常与其互动，达成一种默契，通过电子邮件、短信等形式传达企业的有关信息，扩大企业在政府层面的美育度、知名度。这就要求铁路企业平时应多走动、多联系，建立走访制度，加深了解，寻求有效沟通，让政府部门知道企业在守法做事、在依法经营、在依法纳税，等等，努力争做好的企业公民，以获得政府部门的有力支持，与其保持良好的关系，这一点在今天看来尤为重要。通过各种公关活动的开展，可以进一步打消有关政府部门对企业认识上的一些偏见或看法，有利于营造有利于企业发展的环境。

3. 铁路企业应重视与媒体的交流

要重视媒体的力量。铁路企业宣传部门应定期向各类媒体发布多种信息，包括运输产品和服务信息、管理创新信息、企业文化活动信息、企业重大纪念日信息、企业发展中的疑难问题等。这些信息要让媒体了解，不断引起媒体的关注，并配合媒体采访，做好企业的对外舆论宣传工作。同时，铁路企业宣传部门要对媒体资源做到妥善管理，及时跟踪。要采用多种形式经常性地和媒体进行交流，寻求媒体对企业的关注、支持和理解，与媒体成为朋友。例如铁路企业宣传部门可以安排企业高级管理者与媒体见面，发布信息、做报告，双方互动交流。还可以邀请媒体到企业参观访问，与员工代表座谈交流、畅谈心声。这些都是有效的企业与媒体的互动方式，与媒体良好关系的建立对企业来说是非常有意义的，媒体的持续关注更有利于企业良性的发展。

4. 有能力的铁路企业要重视展馆建设

铁路企业有固定场所或渠道与社会接触是再好不过的事了，企业相关场馆（展览馆、博物馆）的建设，就是一种很好的方式，其可以系统展示企业发展的历史，及时将企业新技术、新业务亮相与演示，观众可以随时来这里参观，了解企业，通过这些新技术、新业务再看企业发展的艰辛历程就会更包容企业，理解企业。这些企业场馆是固定的，带有一定的企业财富色彩，是企业文化拓展的领地，更容易被社会大众所接受。

目前，有的企业已在重视文化场馆的建设。铁路企业对文博场馆建设的热情还是比较高的，许多铁路企业都已行动起来，用不同的展示方式展现企业的发展，这都是非常好的现象。事实证明，利用博物馆等场馆来对外宣传、实施沟通，展示企业，融入社会，是可取的，更是有效的做法。

五、铁路客运服务组织外部沟通的技巧

（1）铁路客运服务组织与政府部门的沟通，是为了更快获取最新、最准确的政策信息，各种与客运工作相关的法律法规信息。铁路客运服务组织需要与政府部门保持沟通顺畅，除合法运行、照章纳税，还应依法接受和服从管理。铁路客运服务组织应积极参与政府所开展的社会公益活动；还可利用汇报、共商等方式沟通；也可通过行业协会沟通各方利益；当然还可以利用各种新闻媒体沟通。

（2）铁路客运服务组织与新闻媒体沟通的总的原则就是积极主动，实事求是。遇重大事件可以召开新闻发布会；在新闻媒体上开设专栏；适时发布新闻稿；召开记者招待会。

（3）与旅客沟通时，要给旅客以良好的印象，让旅客有优越感，善用赞美及询问迅速打

开旅客心扉。

(4) 与社会公众组织沟通时，要积极参与和赞助社会公众组织的相关事务；开放铁路客运服务组织（高铁企业）的文体福利设施；搞好环保和安全工作；妥善处理和社会公众组织的纠纷。

小分享

有效的外部沟通将给铁路企业带来巨大利益

企业经营本身就是在做外部沟通。

（1）做好与政府的沟通，可以及时了解行业的相关政策，及时改变战略，趋利避害，避免损失。如果能得到政府扶持将更利于企业的发展。

（2）做好与其他企事业单位和社会团体的沟通，可以扩大企业的社会影响力，增加企业的知名度和美誉度。

（3）做好与旅行社、代售点、宾馆酒店之间的沟通，可以及时把握市场动向。

（4）做好与竞争对手的沟通，避免恶性竞争，形成产业联盟。

（5）做好与消费者的沟通，在消费者心中树立了良好的企业形象，就不用担心产品和服务销不出去。

（6）做好与员工家属的沟通，员工会更有向心力。

任务二　铁路客运服务人员与同行的沟通

一、铁路客运服务人员与同行沟通的解读

沟通是人与人之间、人与群体之间思想与感情的传递和反馈的过程，以求思想达成一致和感情的共鸣。铁路客运服务人员作为铁路行业基层工作人员，时时处处离不开各种沟通，其中与同行的沟通尤为重要。

同行这个概念比较大，从字面上理解为相同行业。本书认为同行即是相同行业相同岗位的人。

铁路客运服务人员与同行沟通要诚信、热情、开朗，要用心去交流，只有将心比心，才能顺畅沟通。

二、铁路客运服务人员与同行沟通的注意事项

铁路客运服务人员与其他班组人员的沟通，要承担“灰色地带”的责任，不论班组之间的权限怎样清晰地划分，都可能存在一些被遗漏或是难以界定的地带，各班组可管可不管，这便是所谓的“灰色地带”，这样的情况常常关乎各班组的利益，因此，主动去处理这些事情，一定会利人利己；跟踪到底，在班组配合工作中，当对方接受了你提出的要求后，必须时刻跟踪进展，不要等到最后才发现他们做的不是你想要的，或者是做得太慢。换位思考，这条人际交往的基本做法在与同行的沟通中也同样适用。要真诚合作、互相配合，关心体贴、互相理解，互相监督、建立友谊。

要丰富铁路客运服务专业的知识及相关专业的知识，这样才有和同行交流的基础，否则，

与同行找共同话题都很难。我们经常讲一句话：人脉就是资源！当今社会，是个沟通型的社会。尤其是我们铁路客运服务人员必须学会沟通才能不断地积累自己的人脉资源，在工作中实现有效的沟通。在铁路客运服务工作中，沟通的对象不同，他们的学识、修养、经历、地位也不同。每个人都有同行，交往对象不同，我们的位置会随之变化。生活中，我们发现有些人交往是有层次的，他们只愿意结交和自己社会地位相当的人或是感兴趣的人；有些人交往是没有层次的，三教九流各色人等都交往。我们经常讲一句话：与谁同行，将决定你能走多远，走多快！所以，结交比自己优秀的人，我们的能力会更快地提升，发展的机会也会更多，平台也会更大！

小分享

结识同行中的优秀人物

一、尊重对方，严谨有致

与同行发展友情，首先要准确把握双方关系，给其以相应位置，充分表现出对同行的尊重。这是对双方关系的确认和定位，也是对对方被尊重愿望的满足。细节决定成败！很多细小的事情可以看出一个人的品行和能力，所以我们要学会在细节上做到规范。

二、切忌奉承，不卑不亢

与同行沟通要有原则。如果不顾原则，另有目的，人格沦丧，不知廉耻，对同行尤其是前辈就会表现出阿谀奉承来。这表面上看似尊重对方，其实它与尊重是有本质区别的。阿谀奉承，虚情假意，夸大其词，别有用心，只能让尊贵者反感、嫌恶、痛恨。本来可以建立友情，但因双方失去真情而无法发展下去。当然，个别人好大喜功，乐于听奉承话，对于这样的同行，我们要张弛有度，把握分寸，不卑不亢，既尊重对方又尊重自己。

三、态度自然，不必拘谨

分量重的人无论地位，还是阅历、学识，都高我们一筹。与他们交往，常令我们肃然起敬。作为平常人，尤其是未见过世面的青年人，在这种情况下往往显得动作走形，语无伦次。其实尊贵者也是我们平等的交际对象，我们一方面要尊重对方，另一方面也要立足于自己，守住方寸，保持本色，进行自然而正常的交往，不必拘谨。平等交往能显示自己的交际魅力，会赢得对方的认可和尊重，尊贵者也会乐意与我们发展友情。有些有才华求上进的青年人，遇到一些德高望重的前辈总是显得太拘谨，甚至是一副窝窝囊囊、畏畏缩缩的样子，这样很难获得对方的欣赏。

四、学会配合，不可狂妄

我们要积极支持别人，热情配合同行，这不仅不会损害自己的“身价”，相反会取得同行的信任。如果不能摆正这层关系，常不恰当地显示自己的能耐，抖弄自己的才华，以致背弃、排挤同行，则往往会适得其反。

五、主动真诚，做出姿态

同行前辈一般不会主动与我们交往，而作为平常人，身份在下，地位比他低，自然要主动积极，充满真诚，先迈出一步，做出友好的姿态，这是尊长敬上的美德，也是交际的惯例。

六、求助求教，接受呵护

同行团结是力量的象征，所以要接受并求得同行呵护。寻求呵护，一要尊重同行，二要适度，不可仰仗、依附。

七、有意识地展示自己独特的才华

在社交场合中，有些分量重的人虽然身份比较高，但是他们也喜欢有才华、有闯劲的人。所以在社交场合，偶尔显示一下自己某方面的特殊才能，也能让别人对你刮目相看，能够记住你的名字，下次再交往时对方往往对你印象特别深刻，交流就更流畅了。当然，展示自己的独特才华一定要注意时机和氛围，要顺势展示，不可张扬。

八、培养和对方一样的兴趣

如果想结交同行，比较好的方法是培养和其一样的兴趣爱好，这样能够找到共同的话题，而且可以聊得更深入些，让对方有“知音”的感觉，这样深入沟通就非常容易了。

九、把自己也想象成成功者

交际是平等的沟通，但是，因为我们有时紧张恐惧，或是心态没有端正，或是急于表现自己、急于求成，反而造成了不平等的沟通，让自己甘拜下风，结果沟通达不到理想的效果。所以，我们要“假戏真做”，要学会把自己想象成成功者，用成功者的方法和思维指导自己的行为模式，用平常的心态对待分量重的人，从容、自然地沟通，不卑不亢，有理有度，这样沟通才能成功。因为沟通有时会有隔阂，所以我们要有意识地培养成功者的沟通习惯，目光、声音、肢体语言、用词、思路等都要有成功者的感觉。不要在乎现在的位置，要敢于看到未来的自己。

任务三　铁路客运服务人员应急沟通与危机公关

一、应急

“应急”：应对突然发生的需要紧急处理的事件。这其中包含了两层含义：客观上，事件是突然发生的；主观上，需要紧急处理这种事件。

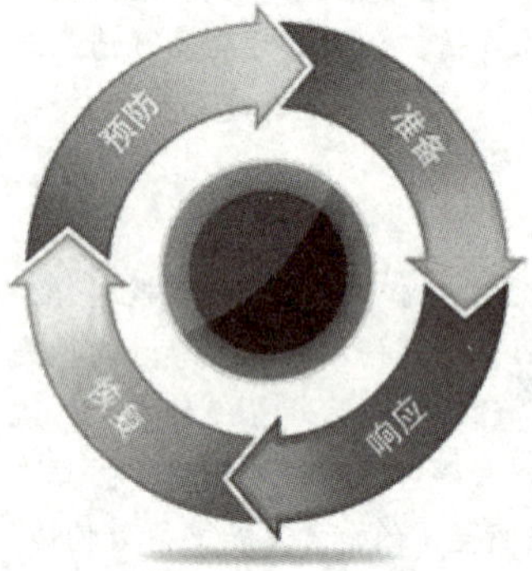

图 9-1　应急实施过程

突然发生的需要紧急处理的事件通常被人们简称为“紧急事件”，或者“突发事件”。

应急实施过程如图 9-1 所示。

“应急”应回答以下几个问题。

（1）由哪些人来应对？

（2）可能出现哪些种类的突发事件？

（3）突发事件严重程度如何划分？

（4）突发事件过程如何划分？

（5）在突发事件各个过程应如何应对？

二、提高铁路客运服务人员应急处置的沟通能力

无论是在每年春运期间还是在日常铁路旅客运输过程中，安全都是人们最为关心的永恒主题，这就要求我们对列车突发的应急事件有充分的思想准备和心理准备，并有充分的认识和有效的应对措施，因为对列车应急事件的处置，直接关系到旅客的生命安全和国家财产安全。及时上报，认真反馈是应急处置沟通应遵循的原则。

1. 铁路客运服务人员要具备处置紧急情况的业务素质

面对突发的紧急情况和应急事件，铁路客运服务人员必须具备处置应急事件的业务素质。这就要求每一名铁路客运服务人员熟悉列车车厢内的安全设施，以及安全结构设计，尤其是有关应急设备，必须做到熟练掌握灭火器的使用方法，熟悉各种应急和突发事件的处置预案，一旦列车上发生紧急情况，唯有熟练的操作才会给旅客的安全撤离争取宝贵的时间。此外，铁路客运服务人员还要有较强的沟通能力和组织能力，通过口语表述、肢体语言、表情语言

等，积极主动地向旅客宣传乘坐高速铁路列车的安全常识和应急处置逃生措施，使旅客明确和了解紧急情况发生后的处置程序。

2. 铁路客运服务人员要具备处置紧急情况的心理素质

作为一名铁路客运服务人员，首先要具备在紧急情况下保持清醒、镇定、沉着、冷静的心理素质，这是铁路客运服务人员能否对紧急情况做出准确判断，以及能否迅速采取果断行动的重要前提。这种心理素质外化出来的沉着冷静的表情和有条不紊的处置手段、口令等，不仅能够让旅客得到安抚，还能够使旅客更好地配合铁路客运服务人员做好紧急疏导工作，这一点也是确保在紧急情况下做好人员安全转移的重要前提。

3. 铁路客运服务人员要具备处置紧急情况的决断能力

列车上一旦发生紧急情况，铁路客运服务人员除了要保持沉着冷静的心态之外，还应当很好地结合自身所掌握的常识和业务知识，迅速对突发事件做出判断，并在此基础上确定应当采取的处置措施。因为在最危险的时刻，铁路客运服务人员就是事件现场的总指挥，旅客此时的希望很大程度上都寄托在铁路客运服务人员身上。铁路客运服务人员要为旅客做出表率，这需要其具备果断处置紧急情况的决断能力。

4. 铁路客运服务人员要具备处置紧急情况的组织能力

一旦在列车上发生意想不到的紧急情况，很有可能出现车厢内旅客的躁动、混乱、惊恐和不知所措。此时，铁路客运服务人员就要及时转换自己的角色，改温和的微笑为镇定的指挥，不但要组织好旅客，使其情绪保持冷静和稳定，还要保持车厢内的秩序井然有序，在紧急情况发生后确保旅客的生命财产安全。

5. 铁路客运服务人员要在处置紧急情况时保持团队精神

铁路客运服务人员能否在紧急情况发生时，与其他工作人员步调一致、协同作战、有效处置，对应急事件的处置起着至关重要的作用。紧急情况发生后，每一名铁路客运服务人员都应清楚自己所处的位置，以及应当履行怎样的职责，大家只有相互配合、相互帮助、相互协作，才能保证应急处置的高效率，否则，各自为战，互不通气，最终将有可能造成更大的损失。

三、铁路危机公关

1. 铁路企业危机

铁路企业危机是指意想不到的、危及铁路企业财产和名誉的重大事件。铁路企业运用公关手段，处理铁路企业危机的过程被称为铁路企业危机公关。铁路企业危机的原因与类型很多，常见的有服务瑕疵型危机、事故赔偿纠纷型危机、管理不良型危机、反宣传事件型危机、责任事故（重大伤亡）型危机，等等。

2. 铁路企业危机的特点

铁路企业危机一般有以下特点。

1）突发性

铁路企业危机常常在铁路企业毫无准备的情况下瞬间发生，它会带来极大的混乱和恐慌。如 2011 年的甬温线动车追尾事故，对铁路企业、铁路客运服务人员和旅客来说都是完全出乎意料的。

2）严重危害性

危机不仅给铁路企业带来巨大损失，而且很可能给公众带来恐慌，造成旅客伤亡，给社会造成直接经济损失。

3）扩散性

危机常常成为社会舆论关注的“热点”和“焦点”，它更是新闻媒体报道的最佳“新闻素材”，有时甚至牵动公众的“神经”。

“好事不出门，坏事传千里”，一个负面消息的传播足以抵消千百篇正面的报道。

正是由于铁路企业危机易扩散的特征及受舆论关注的特性，作为企业的新闻官员在整个危机处理的过程中扮演着重要的危机传播控制者的角色。

3. 铁路企业危机公关方法

铁路企业危机公关，最重要的环节就是新闻发布。

在进行危机公关时，召开新闻发布会或记者招待会是一个很好的方式。第一，它以面对面的方式，对待公众和传媒，进行双向的沟通，其是真诚面对公众的形式。第二，在一个集中的时间内向媒体说明情况，可以缓解新闻媒体、公众询问的压力。第三，它有助于媒体将企业真正地视为信息来源的主要渠道，从而以企业可以控制的信息填补信息“真空”，防止失实信息的产生与扩散，使企业掌握传播的主动权。

当然，在危机的处理中，召开新闻发布会或记者招待会，比起企业在平时召开新闻发布会会有所不同，也要难得多。企业要面对媒体和公众的质询，有时甚至是恶意的刁难。

4. 危机期间铁路客运服务人员的媒体沟通技巧

危机出现后，借助新闻媒体，铁路企业通过发布和危机有关的信息，尽量减少损失，及早防止事件向不利方向发展，稳定受害人员及家属的情绪。

应对新闻媒体是指铁路企业接受媒体采访、提问等。应对媒体的目的是统一信息口径，善待新闻界代表，防止不利于铁路企业危机处理的报道。与没有危机情况的新闻发布会比较，危机公关新闻发布会侧重于媒体关系的协调沟通及信息的主动控制。

1）危机期间进行媒体沟通的必要性

（1）记者可能已经聚集在事故现场或者铁路企业办公地点外，要求获得更多的信息或要求进行采访。

（2）与媒体沟通会为铁路企业提供一个很好的机会，可对所发生的事故做出评述，并使媒体真正了解事故的情况及铁路企业正在采取何种弥补损失的措施。

（3）铁路企业与媒体沟通，向社会传达道歉和遗憾态度。

（4）举行新闻发布会最重要的是可以帮助铁路企业把握主动权并直接控制与事故有关的信息的发布。

2）铁路企业与媒体沟通的准备工作

危机发生后，一旦确定与媒体沟通的时间，就要尽早通知，同时要迅速做好有关的准备工作。相关准备工作如下。

（1）确定沟通时长。在危机期间，与媒体沟通的时间应在 20 分钟以上，45 分钟以内。如果时间过短，会令会议的价值受损并使媒体不满。

（2）准备好真实、准确的新闻稿。

（3）准备好与危机事件有关的背景资料。如果来不及准备危机事件的背景资料，可以将铁路企业的介绍、历史发展等资料提供给参会记者。

（4）准备好会议中需要展示并介绍的图片、模型、表格等。

（5）准备好记者有可能提出的问题的答案。

（6）准备好会议需要的设备和记者发送信息使用的设备，如扩音设备、传真机、电话、电子计算机、复印机、电源等。

（7）为记者提供相关生活保障。

（8）做好其他准备工作，如熟悉媒体日常工作时间等。

3）对与媒体沟通人员的要求

危机期间，沟通人员是铁路企业的信息发布员，是高铁企业的正式代表。由于要面对镜头，应该衣着整洁，精神焕发，冷静沉着，表达得当，稳重端正。危机期间对沟通人员的要求如下。

（1）必须接受过专业培训。

（2）尽可能向媒体提供充分信息。即使不是很了解重大事件的始末，沟通人员也可以向媒体人员提供有用的背景资料，这有助于获得记者好感。

（3）应尽早确定和媒体相处的策略，并通知所有铁路企业高层领导。

（4）面对媒体，铁路企业应当尽量争取各种可能的帮助，以处理好各种问题和多方面的关系。

（5）掌握整体情况，这样才能答复媒体人员的提问。

（6）充分运用事先准备的资料。面对媒体人员时，应灵活利用地图、照片、表格等辅助资料说明事件发生的始末。

（7）应遵守对媒体做出的承诺。

（8）获得信息后应尽早告知媒体，即使是片段的信息。

4）危机期间与媒体沟通的“八不要”

（1）不要推测危机的结果，特别是伤亡人员的数量。

（2）不要使用行话，以免媒体人员听不懂，而花费很多时间去解释。

（3）不要刻意推卸责任。

（4）不要发布不准确的消息。

（5）不要要求媒体人员一定要刊登什么，一定不要刊登什么。

（6）不要抱怨铁路企业领导及同事如何。

（7）不要指责临阵退缩的同事。

（8）如果铁路企业没有什么可以隐瞒的，不要轻易采取低姿态。

5）铁路企业与媒体沟通后的善后工作

（1）报道与事实不一致时，应及时指出并要求更正。

（2）利用危机处理过程中的一些积极因素或结果，创造新闻由头，再次吸引新闻媒体来报道。

（3）危机基本结束之后的新闻报道，主要是给公众形成一个良好的形象，同时铁路企业可以采取一系列对社会负责的行为，以增强公众对铁路企业的信任。

任务四　新闻发布会

一、新闻发布会认知

1. 新闻发布会的概念

新闻发布会是现代新闻发布活动的典型形式，新闻发布会是政府或某个社会组织定期、不定期或临时举办的信息和新闻发布活动，直接向新闻界发布政府政策或组织信息，解释政府或组织的重大政策和事件。高速铁路新闻发布会是指铁路企业进行信息传播，对外发布重大事件，解释说明相关事件而举行的重大新闻发布活动。高速铁路新闻发布会是铁路企业树立企业形象的重要载体。

2. 铁路新闻发布会

铁路新闻发布会有正规的形式，须符合一定的规程，根据发布会所发布的内容精心选择召开的时间和地点；邀请记者、新闻界（媒体）负责人、行业部门主管、各协作单位代表及政府官员参加；实现了时间集中、人员集中、媒体集中，通过报刊、电视、广播、网站等大众传播手段的集中发布，迅速将信息扩散给公众。铁路新闻发布会通常由铁路企业确定的新闻发言人自己主持，即新闻发言人承担发布会活动中的新闻发布、点请记者提问、回答问题等所有环节的工作。铁路新闻发布会的基本程序是先由发言人发布新闻，然后再回答记者提问。

小分享

五位高铁一线科研工作者“亮相”国新办发布会

新华社北京2019年10月25日电（记者樊曦）国务院新闻办公室25日召开中外记者见面会，邀请五位高铁一线科研工作者作为发布会的主角，向公众讲述他们在高铁科技创新方面的历程。

这五位高铁一线科研工作者分别是中国铁路设计集团有限公司副总工程师、全国工程勘察设计大师王长进；中国铁道科学研究院集团有限公司机车车辆研究所副所长、铁科院复兴号总体技术及核心系统研发团队负责人张波；中国铁道科学研究院集团有限公司电子所首席研究员、12306技术部主任单杏花；中国国家铁路集团有限公司工程管理中心工程三部部长兼京雄高铁建设指挥部指挥长杨斌；中国国家铁路集团有限公司工电部信号专业主管、高铁列车控制系统项目总工程师莫志松。

作为中国国家铁路集团有限公司“百千万人才”工程专业领军人物，王长进带领团队创建了中国高速铁路精密工程测量技术体系，参与了北京至天津城际铁路、北京至上海高速铁路、哈尔滨至大连高速铁路等重点项目的勘察设计工作。

张波长期从事机车车辆技术研究工作，参与了我国所有新型高速列车试验研究。2012年起，张波带领团队参与了时速 350 公里复兴号研发创新的整个过程，形成了具有完全自主知识产权的动车组平台。

单杏花长期从事铁路客票发售票和预订系统的研究、开发和推广工作，全程参与了中国铁路从手工售票向计算机售票、从车站独立售票到全国联网售票、从传统的线下售票到 12306 互联网售票的转变。作为铁路客票、客运营销决策、12306 互联网售票、手机售票、客票电子支付、车票实名制等客运相关研究领域的技术带头人，她带领团队用过硬的技术打造了铁路售票平台，为铁路客运信息化发展作出了突出成绩。

杨斌长期以来一直从事铁路工程建设技术管理工作，在高速铁路建设的智能建造、路基、桥梁、隧道、无砟轨道、防风、防沙、信息化、环保、水域施工等技术领域成绩突出，曾参与京沪高铁、兰新高铁、京雄城际等铁路建设工作，目前负责京雄城际铁路智能关键技术的研究和建设管理工作。

莫志松是中国国家铁路集团有限公司电务专业技术领军人物、自主C3列车控制系统项目总工程师，长期负责列车控制系统技术攻关团队，在构建中国列车控制系统（CTCS）技术体系、打造全自主设备平台、研发智能高铁自动驾驶控制系统、全面提升铁路现代化装备水平等方面作出了突出贡献。

二、铁路新闻发布会的时机与主题

（1）恰当的时机：事件前一个月或两个月左右，如春运工作12月5日召开，10月中旬召开新闻发布会。

（2）合适的主题：主题应集中、单一，不能同时发布几个不相关的信息。

小分享

新闻发布会与记者招待会的区别

新闻发布会，也有人把它叫记者招待会，其实这两者是有区别的。新闻发布会侧重于发布新闻，如企业作出了某项重要的决策、研制生产了某种新产品或推出了某项对社会有重要影响的革新项目。企业若想通过大众媒介把这些信息广泛地传播出去，就可以举办新闻发布会。

记者招待会则有所不同，它不一定是有新闻要发布，它的主要目的是和新闻媒介、公众进行沟通。任何企业在与社会各界的交往中，都会遇到很多错综复杂的问题，如本单位与外单位发生了法律纠纷，企业受到了公众的批评、受到了社会舆论的谴责、受到了新闻媒介的公开指责、受到了某一其他社会组织的指责等。当这些问题发生之后，企业为了挽回影响并争取舆论界的支持，就有必要召开记者招待会。

三、新闻发布会发言人

代表铁路企业形象的铁路企业新闻发言人对公众的认知会产生重大影响。如其表现不佳，铁路企业的形象无疑也会令人不悦。

铁路企业新闻发言人一般应具备以下条件。

（1）铁路企业新闻发言人应该在铁路企业身居要职，有权代表企业讲话。

（2）铁路企业新闻发言人应具有良好的外形和表达能力。铁路企业新闻发言人的知识面要丰富，要有优秀的语言表达能力。

（3）铁路企业新闻发言人要有执行原定新闻发布计划并加以灵活调整的能力。

（4）铁路企业新闻发言人要有现场调控能力，可以充分控制和调动新闻发布会现场的气氛。

小分享

新闻发布会中的注意事项

（1）新闻发布会在进行过程中，应始终围绕会议主题进行。例如，当记者的提问离主题太远时，发言人要通过回答问题将话题引到会议的主题上来。

（2）对于不愿发表和透露的内容，应委婉地向记者作出解释，记者一般会尊重，不可以“我不清楚”或“这是保密的问题”来简单处理。

（3）遇到回答不了的问题时，应告诉记者获得圆满答案的途径，不可不计后果地随意说“无可奉告”或“没什么好解释的”，这会引起记者的不满和反感。

（4）不要随便打断或阻止记者的发言和提问。即使记者带有很强的偏见或进行挑衅性发言，也不要激动和失态，说话应有涵养，切不可拍案而起，针锋相对地进行反驳。

铁路企业新闻发布会工作人员必须注意对待记者的态度，接待质量如何将直接关系到发布消息的成败。与新闻界合作应以“真诚、主动”为方针，切不可因为铁路企业在社会上有了一定的声誉就趾高气扬，认为记者有求于己。对记者的接待，不论以何种方式，相关工作人员都必须时刻牢记记者的双重性。首先，作为人，记者希望接待人员对他尊重、热情，并了解他的姓名，供职的单位甚至他的作品；其次，作为专业人士，记者希望给他提供工作的便利，应尽量满足他们的合理要求。

项目十

熟练运用客运服务“沟通技巧”

项目导语

旅客出行选择的多元化对铁路客运服务水平提出了更高的要求，铁路旅客运输的服务内容有了质的飞越。列车有终点，服务无止境，只有根据旅客的需求提供更加精细化、人性化的服务，才能大幅度提升铁路旅客运输的竞争力。

在铁路客运服务工作中，语言与沟通技巧会直接影响客运服务工作的质量。熟练运用语言与沟通技巧，既是开展铁路客运服务工作的需要，也体现出一个人的思想、道德和修养水平。铁路客运服务人员对旅客说话必须注意语言的规范性、礼节性、完整性、准确性、逻辑性、策略性，说话的声调要温和、亲切、谦逊。

对铁路客运服务人员来说，掌握良好的语言礼仪是实现优质服务的必备条件之一。“良言一句三冬暖，恶语伤人六月寒”，铁路客运服务人员更应该准确掌握规范的语言与沟通礼仪。随着大数据时代的来临，自媒体的蓬勃发展，语言与沟通的失误可能会成为负面信息的源头，进而影响铁路的声誉。优雅的举止、文明的语言、和蔼的态度能使旅客心情舒畅，即使出现分歧，通过温和、文雅、彬彬有礼的语言，也可以避免冲突的发生，从而树立铁路部门良好的企业形象。

知识点

- 客运服务工作中语言与沟通技巧的运用原则；
- 客运服务工作中语言表达方式和技巧；
- 客运服务工作一般规范用语；
- 客运服务接触点语言与沟通规范。

技能目标

- 了解客运服务工作中语言与沟通技巧的运用原则；
- 掌握客运服务工作中语言的表达方式和技巧；
- 熟练运用客运服务工作一般规范用语；
- 熟练运用客运服务接触点语言与沟通规范。

项目结构框图

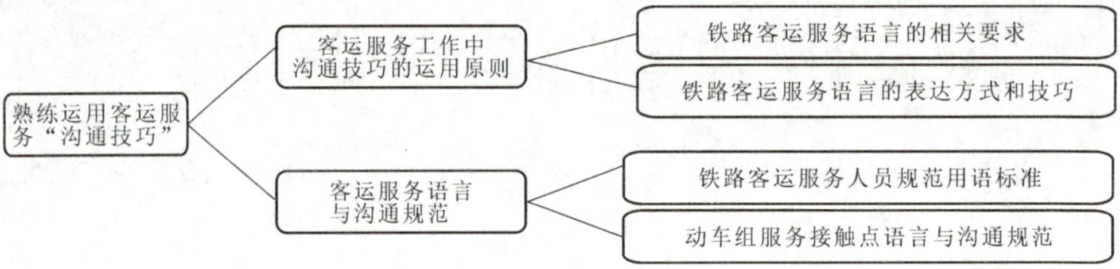

任务一　客运服务工作中沟通技巧的运用原则

一、铁路客运服务语言的相关要求

在高速铁路列车运行过程中，铁路客运服务人员遵循“无干扰”的服务理念。标准化服务是铁路的特色，“无干扰”服务是旅客的需要。为了保证旅客运输的服务质量，铁路部门长期执行的是标准化作业，“无干扰”服务理念在做到“无需求无打扰”的同时，更要注意做到在旅客有需求时能及时提供相应的服务。高速铁路列车推行“四轻、三动”的无干扰服务法，“四轻”为说话轻、走路轻、动作轻、开关门轻；“三动”为旅客坐我勤动、旅客静我少动、旅客睡我轻动。

中国是一个地域辽阔面积巨大的国家，“十里不同音，百里不同语”，乘车的旅客来自天南海北，为此，在为旅客服务时必须使用标准普通话与旅客进行沟通和交流。在工作中，应遵循以下基本要求。

1. 服务用语要文明规范

铁路客运服务人员在讲好标准普通话的基础上，要讲究语言礼仪，重视语言艺术的学习和应用，做到口齿伶俐、吐字清晰、语言简练、自然大方、声音柔和、语调平稳、谈吐文雅，从而为旅客提供优质的服务。熟练运用热情洋溢的迎宾语、提示旅客注意的关切语、调节车厢气氛的幽默语、要求旅客配合的敬请语，才能凸显一名合格铁路客运服务人员的服务才能。

（1）对旅客要做到勤为主、话当先，服务中要有“五声”（见到旅客有“迎声”；旅客询问有“答声”；旅客协助有“谢声”；服务不周有“歉声”；旅客离开有“送声”）。

（2）遇到旅客要面带微笑，主动向旅客问好、打招呼。切忌用“喂”来招呼旅客。

（3）接待旅客时要用礼貌的语言向旅客表示问候和关心，应当“请”字当头，“谢”字不离口，表现出对旅客的尊重。

（4）与旅客对话时应该保持 1 米左右的距离，讲话时应态度和蔼，语言亲切、自然，表达得体准确，音量适中，以对方听得清楚为宜。回答旅客问题要迅速、准确。

（5）对于旅客的无理要求，要能沉住气，耐心解释，婉言谢绝。当旅客表示感谢时，应微笑、谦逊地回答：“不用谢，您太客气了！”在行走过程中遇有旅客问话时，应停下脚步，认真回答。

（6）要恰当地使用礼貌用语，常用礼貌用语如下。

①十字文明敬语：“请”“您好”“对不起”“谢谢”“再见”。

②称呼语：“先生”“女士”“夫人”“同志”“叔叔”“阿姨”“小朋友”“那位先生”“这位女士”等。

③欢迎语：“欢迎您乘坐本次列车”“祝您旅途愉快”等。

④问候语：“您好”“早上好”“中午好”“晚上好”“晚安”等。

⑤告别语：“再见”“祝您一路顺风”“欢迎您再次乘坐本次列车”等。

⑥道歉语：“抱歉”“请原谅”“失礼了”“让您久等了”“谢谢您的提醒”“真是对不起”等。

⑦道谢语：“谢谢”“非常感谢”等。

⑧应答语：“是的”“好的”“我明白了”“这是我应该做的”“不必客气，照顾不周的地方请多多包涵”等。

⑨征询语：“请问您有什么需要帮忙的吗？”“需要我帮您做些什么吗?”“您还有其他需要吗？”等。

⑩满足旅客需要时的礼貌用语：“当然可以”“我马上送来”，等等。

不能满足旅客需求时的抱歉语：“很抱歉，没能帮到您”“很遗憾，您提出的要求是可以理解的，请让我们考虑一下，我们尽力而为”“对不起，我们的××已经用完，请您选用××可以吗？”“非常抱歉，我们这里没有××”，等等。

处理错误、过失时的礼貌用语：“很抱歉，可能出了点问题，实在对不起，我马上去查明情况，给您一个满意的答复”，等等。

2. 言语要有礼有节

铁路客运服务人员与旅客说话时应做到“十要十不要”。

（1）要生动亲切，不要干涩死板。

（2）要谦虚诚恳，不要傲慢矜持。

（3）要注意对象，不要不讲分寸。

（4）要注意场合，不要随意乱说。

（5）要委婉灵活，不要简单生硬。

（6）要吐字清晰，不要含糊吞吐。

（7）要沉着大方，不要过分拘谨。

（8）要音调柔和，不要过高过低。

（9）要语速平稳，不要过快过慢。

（10）要自信有礼，不要卑躬屈膝。

3. 热情、周到要适度

热情、周到的服务必须把握好尺度。例如：迎接旅客上车时，应该适当帮助旅客提行李或者照顾小孩上车，做到轻拿轻放，力量适度，以免损坏行李、撞伤旅客，引起旅客的不满或投诉。另外在扶老携幼和整理行李时一定要事先征询旅客的意见，不能自作主张，随意挪动，以免引起旅客的不满。

4. 面对旅客投诉要冷静

在客运服务工作中被旅客投诉是难免的。在接待旅客投诉时，铁路客运服务人员最需要做的是冷静、耐心，认真倾听，不和旅客争辩，即便是旅客的不对，也要控制自己的情绪，做到“礼让三分”，用心倾听旅客所讲的话，在旅客把话说完之前，不要随意打断旅客。也不要有任何心不在焉、不耐烦的表情。对于没听清楚的地方要礼貌地请旅客重复一遍，以便了解事实真相，恰当处理。

二、铁路客运服务语言的表达方式和技巧

有声语言是指服务人员的口头服务用语，在为旅客服务的过程中，铁路客运服务人员使用服务语言要恰当，过于生硬的语言会引起旅客的反感或者逆反情绪。所以在进行语言表达时，应当注意表达方式和技巧。

1. 征求式语气

征求式语气是铁路客运服务人员在服务工作中最常用到的，常用于需要旅客配合工作等情况。例如“您好，我能帮您把行李安置到行李架上吗？”在向旅客提出要求时，铁路客运服务人员用征求旅客意见的口气去询问，询问时要灵活机动，语气温柔和蔼，让旅客感觉自己得到了应有的尊重，旅客自然会配合铁路客运服务人员开展工作。

2. 商讨式语气

商讨式语气是铁路客运服务人员在进行沟通协调时经常用到的一种交谈方式。如“如果您方便的话，能不能与后排的一位旅客换一下座位？”。商量的语气让旅客得到了充分的尊重，并乐于配合或协助完成一项工作。在使用商讨式语气交谈时，一定要注意意思的表达，避免让旅客理解为“他重要，我就不重要”，应先肯定商讨的对象，然后再提出需要商讨的问题，并要让旅客受到尊重的同时觉得自己也做了件助人为乐的好事。

3. 委婉式语气

铁路客运服务人员在服务过程中，常会遇见一些不能直面解答的问题，对于此类问题，可用委婉式语气与旅客交谈。如“请您原谅，安全锤是在紧急情况下才能使用的，所以请您不要随意玩耍”。对于无理取闹的旅客，铁路客运服务人员要有足够的耐心，用委婉的语气对其进行劝导。

4. 恳求式语气

恳求式语气一般用于铁路客运服务人员处于弱势时，通过恳求的语言“以情动人”，瓦解对方攻势，缓和对方的情绪。

作为一名铁路客运服务人员，要有会正确处理人际关系的能力和讲究语言艺术的能力，除了注意表达方式之外，还必须讲究语言服务技巧。

旅客经常会问许多问题，有时铁路客运服务人员也需要向旅客进行说服工作，例如铁路规章的解释、铁路旅行常识的介绍、旅客不文明行为的纠正，等等。说服，是以求得对方的理解和行动转化为目的的对话活动。首先要有真诚、尊重的态度，表明自己所述是真实可信的，并引出话题，让对方多发表意见，自己少讲，随时利用语调和手势表示赞同，配合对方所流露出的情绪，做出符合对方的适当反应，使谈话能顺利展开。针对听者的基本素质状况、所处的地位、当时的心态，接受能力来进行沟通，这样就能做到说话得体，容易产生共鸣，令人接受，使人理解。在工作当中，向旅客发问要注意发问的目的和内容，要考虑对方是否能够回答你提出的问题和愿意回答你提出的问题，因此要观察旅客的表情、反应、确定发问的内容和方式。

旅客由于不熟悉铁路规章或者不小心，或者缺乏自觉性，产生某些过失行为，是难免的，如果当着大家的面批评他，很容易伤害旅客的自尊心使其难堪，产生不愉快进而发生纠纷。所以，不论是回答旅客的提问还是纠正旅客的不雅行为，都要有礼貌，讲道理，巧用婉转、含蓄的语言进行回答，避免因直言快语引起失敬和失和。解释铁路规章的出发点还是要为旅

客服务，而不是用铁路规章来束缚旅客。反驳不用粗话，自卫不带谩骂，要出言机智，有礼有节，使旅客心悦诚服。

任务二　客运服务语言与沟通规范

一、铁路客运服务人员规范用语标准

1. 查验车票身份信息用语

需要查验车票身份信息时可以对旅客说：“您好，请出示您的身份证件。”

对持有效票证的旅客，查验后应说：“谢谢！请收好。”

2. 温馨提示用语

开、关车门时说：“列车就要开车了，站在车门附近的旅客，请到车厢里边按席位就座，车门即将关闭，请不要倚靠车门，注意安全。”

向旅客进行防盗提示时说：“各位旅客，请看管好随身携带的贵重物品，防止丢失。”

3. 车门立岗时标准用语

在车门立岗迎接旅客上车时说：“您好，欢迎乘车。”

遇雨、雪天气时说：“您好，欢迎乘车，请注意脚下。”

旅客携带行李较大时说：“您好，为了方便您下车，大件行李请放置在车厢两端大件行李存放处，谢谢配合。”

在车门立岗送别旅客时说：“再见，欢迎您再次乘坐本次列车（感谢您选乘动车组列车旅行，期待与您再次相逢）。”

4. 途中作业时标准用语

制止旅客吸烟时说：“您好，请不要在动车组列车任何区域吸烟，感谢您的合作!”

整理行李架时说：“您好，为了确保安全，避免行李掉落，砸伤周围旅客，我帮您调整一下行李。”

制止衣帽钩挂包（小茶桌放重物）时说：“您好，衣帽钩（小茶桌）承重有限，为了避免发生意外，请您将物品放在行李架上。”

制止儿童在车厢内跑动时说：“请您照顾好您的孩子，不要让孩子在车厢内跑动，以免发生意外。”

为和坐动车组的旅客更换清洁袋时说：“您好，为您更换一下清洁袋。”

收取杂物时说：“您好，请问这个您还需要吗？我帮您清理一下吧。”

提示旅客正确使用电茶炉时说：“您好，如果您要取用开水，请等待绿灯亮起。”“您好，取用开水时请不要接太满，以免烫伤。”

为动车组商务座、一等座旅客送食品时说：“您好，这是为您准备的餐点（食品），请慢用！”

5. 列车广播用语

1）始发前通告

动车组列车始发前通告用语如下。

（1）女士们、先生们：欢迎乘坐本次列车。本次列车由××开往××方向。请不要携带危险物品乘车。大件行李请放置在车厢两端的大件行李存放处，动车组列车全程对号入座。

（2）女士们、先生们：严禁在动车组列车任何区域吸烟，根据《铁路安全管理条例》等法律法规，在动车组列车上吸烟需承担法律责任。

（3）女士们、先生们：列车就要开车了，站在车门附近的旅客请到车厢里边按席位就座。

（4）女士们、先生们：车门即将关闭，请不要倚靠车门。

2）始发介绍

（1）女士们、先生们：欢迎乘坐动车组列车旅行，祝愿各位旅客旅行愉快，一路平安！

（2）女士们、先生们：列车工作人员将进行席位核对，请您出示车票及有效身份证件，感谢您的配合。

（3）女士们、先生们：请您爱护列车设备设施，列车上带有红色标记的开关、电器按钮、灭火器、紧急破窗锤、紧急制动阀等设备设施，请不要随意触碰，感谢配合！

3）途中及终到报站通告

（1）女士们、先生们：列车下一站到达××站。请下车的旅客提前做好准备，动车组列车全程任何区域均禁止吸烟。

（2）女士们、先生们：××站就要到了，下车的旅客请整理好行李物品做好下车准备。下车时要注意列车与站台间隙。

（3）女士们、先生们：列车已经到达××站，下车的旅客请您在列车运行方向的左边车门处按顺序下车。由于停车时间短，继续旅行的旅客，请不要下车散步和吸烟。

（4）女士们、先生们：下一站是终点站××站，请提前做好下车准备，动车组列车全程任何区域均禁止吸烟。

（5）女士们、先生们：列车已经到达终点站××站，请按顺序依次下车。下车时，请注意列车与站台间隙。

4）终到通告

女士们、先生们：列车即将到达终点站，请您提前整理好携带的物品。请收起小桌板，调整座椅靠背和脚踏板。下车时请注意列车与站台间隙，防止踏空摔伤。感谢您选乘动车组列车旅行，期待与您再次相逢！

二、动车组服务接触点语言与沟通规范

1. 铁路客运服务人员通用语言与沟通规范

铁路客运服务人员通用语言与沟通规范如表 10–1 所示。

表 10–1　铁路客运服务人员通用语言与沟通规范

顺号	服务接触点	服务内容	服务标准	沟通规范用语
1	立岗	迎送旅客	在规定位置立岗，迎接旅客上车，保持微笑，使用手势以引导方向	您好，欢迎乘车，请注意脚下安全，小心站台空隙（落差）。××号车厢在左（右）手边
2			两列车同站台，立岗时提示车次，防止旅客上错车	您好，欢迎您乘坐××次动车组列车，本次列车由××站开往××站，请注意车票车次，不要上错列车
3			在规定位置立岗，送别旅客，微笑、鞠躬	请慢走，注意脚下安全，小心站台空隙，欢迎您下次乘车

续表

顺号	服务接触点	服务内容	服务标准	沟通规范用语
4	引导旅客	引导就座	察觉旅客寻找席位困难时，主动帮助，指引位置，并帮助其安置行李	（1）您好，（看票）您的座位在这边，请跟我来。 （2）您好，您的位置在××排××号，我带您过去吧
5		席位错误调整	发现旅客乘坐位置错误，须立即妥善解决，指出正确位置，必要时帮助其拿行李	先生（女士）您好，我能看一下您的车票吗?抱歉，这里是××车××排××座，您的座位是××车××排××座，您的座位在那边，需要我帮忙吗?
6	车厢整容	摆放行李	发现旅客摆放行李位置不当，或存在安全隐患时，主动上前帮助安置。确保行李架摆放整齐，平稳牢固，大不压小、重不压轻，较重的大件物品和铁器等放入大件行李存放处	（1）您好，为了避免行李掉落下来，砸伤周围旅客，我帮您调整一下行李吧。 （2）女士/先生，您好，这里是行李架的接缝处，中间有两根支架，请不要在支架上摆放行李，以免行李滑落，谢谢您的配合。 （3）女士/先生，您好，请稳妥摆放行李，不要放在行李架连接处凸起的地方，以免物品掉落砸伤您或周围旅客，感谢您的配合
7			发现旅客行李过大，阻碍通道时，主动劝说旅客将行李放置在大件行李存放处，并指引方向，帮助安置，同时提示旅客妥善看管	（1）女士/先生，您好，行李放在这里影响通行，请将行李放入大件行李存放处。 （2）女士/先生，您好，请问这个行李是您的吗?这个行李超出行李架太多，为了您和其他旅客的安全，请您将行李放在车厢最后一排座席后面或者车门口的大件行李存放处，途中到站时请留意，以防其他旅客错拿行李，下车时不要将行李遗忘在列车上，感谢您的配合。 （3）请问，这是哪位旅客的婴儿车?……您好，女士，婴儿车是不可以放到行李架上的，很容易掉落，砸伤旅客，车厢两端设有大件行李存放处，您可以把车放到那里，感谢您的配合
8		提示安全使用小桌板	发现旅客将较重的行李或将儿童（婴儿）放置在小桌板上时，要主动劝阻、提示，并说明原因	（1）女士/先生，您好，小桌板（茶桌）承重有限，为了避免发生意外，请您将物品放在行李架上，好吗? （2）女士/先生，您好，打扰了，请您爱惜车上的设施设备，感谢您的配合。 （3）女士/先生，您好，小桌板的承受能力有限，请不要让小朋友坐在小桌板上，以免发生意外。如需对婴儿进行护理，请到××号车厢的无障碍卫生间，那里设有婴儿护理台
9		提示安全使用衣帽钩	发现旅客将重物挂放在衣帽钩上，要主动劝阻、提示，并说明原因	您好，衣帽钩承重有限，仅限于挂衣服和帽子，请将您的包放在行李架上，感谢您的配合

续表

顺号	服务接触点	服务内容	服务标准	沟通规范用语
10	巡回服务	给旅客让路	服务中与旅客相遇应主动侧身面向旅客礼让，并附带礼让手势	（1）您先请。 （2）请您先过。 （3）您好，这边请
11		越行旅客	停步，等旅客示意或配合后越行	对不起（劳驾），借过一下，谢谢
12		干扰声明	巡回服务不得以干扰到旅客时，要主动致歉，态度和蔼	（1）您好，不好意思，打扰到您了。 （2）抱歉，打扰一下
13		征询用语	察觉旅客有困难，主动询问	（1）女士/先生，您好，我能为您做些什么吗? （2）女士/先生，需要我帮忙吗?
14		安全提示	发现旅客有倚靠车门、手扶门框等不安全行为或卫生间地面积水（存在摔伤隐患），要主动提示，态度和蔼，音量适中	（1）女士/先生，您好，为了您的安全，请不要倚靠车门。 （2）女士/先生/小朋友，您好，为了避免挤伤手指，请不要手扶门框。 （3）女士/先生，您好，请照看好您的孩子，防止滑倒摔伤
15		危险品检查	发现旅客携带品可疑时，引导旅客到乘务室（独立空间）开包检查，保护旅客隐私，注意语气	您好，为了列车安全，请配合我们到乘务室开包安检，谢谢您的配合
16		防盗提示	发现旅客贵重物品外露，或没有安置好随身物品时，及时提醒，防止物品丢失被盗	您好，请您妥善保管随身携带的贵重物品，防止丢失被盗，谢谢配合
17		超员提示	发生列车超员时，均衡疏导旅客，帮助旅客提拿行李，说明请旅客配合的原因，防止动车组受重集中，影响列车运行	（1）对不起，本车厢已处于超员状态，请大家配合一下，前往××号车厢，以免当前车厢超员过多，列车无法正常运行，耽误您的旅行，感谢您的合作! （2）列车现在已经超员，请大家往车厢里面走，保持车门通道畅通，感谢您的配合
18		重点服务	（1）加强对重点旅客的关注，委托同行人和周围旅客帮忙照看，语言要简练、清晰。 （2）重点旅客如厕前，主动帮助，进行安全提示，告之紧急呼叫按钮的位置，确保安全。 （3）为行动不便的重点旅客送开水。倒水不宜过满，主动帮助旅客打开小桌板，防止烫伤	（1）您好，您现在是不是感觉比刚才好多了?还需要我为您做点什么吗?如果有需要，请随时通知我们!（对旁边旅客）您好，如果这位旅客身体不适，麻烦您立即通知我们，谢谢! （2）请您抓好扶手，注意安全。遇有特殊情况，请按下紧急呼叫按钮（SOS），我们将及时给予帮助。 （3）您好，请用开水，小心烫。 （4）您好，需要续杯吗?

续表

顺号	服务接触点	服务内容	服务标准	沟通规范用语
19	巡回服务	到站提醒	遇广播机故障或超员时，面对大多数旅客进行集中通告，吐字清晰。 终到站前，做好宣传，为快速恢复车容创造条件	各位旅客，××站快要到了，请下车旅客提前做好准备，到车厢两端车门口等候下车。 您好，列车就要到达终点站了，请您调直座椅靠背、收起小桌板、脚踏板，感谢您的配合
20		设备故障提醒	卫生间、电茶炉故障不能修复时，及时悬挂故障提示牌，引导旅客到邻近车厢使用相关设备并致歉	女士/先生，抱歉，这个卫生间（电茶炉）发生故障，暂时无法使用，请您到××车使用卫生间（电茶炉），给您带来的不便，请谅解
21	查验车票	验票通告	在广播宣传后，进行口头通告，声音不宜过高，以两格座椅旅客能听见为准。按列车长指示同步相对（相背）方向进行查验车票工作	各位旅客，列车现在开始验票，请您出示车票及身份证件，感谢您的配合。（验票完毕）请收好
22		验票应答、禁烟提示	验票前先使用交互系统，根据车内客流情况确认就座旅客或座席剩余情况。查验车票时需双手接票，并及时解答旅客问询，告之前方站下车旅客到站时间。同时，对旅客进行禁烟安全宣传	请收好您的车票。到达××站的时间是××时××分。请不要在车内任何区域吸烟，包括卫生间，感谢您的配合，祝您旅途愉快
23		补票（费）提示	对票证、减价不符、携带品超重及旅客有补票、延长乘坐区间等业务办理需求的，要解释清楚，及时通知列车长处理。遇到不理睬、不配合的旅客，不能计较，可略微提高音量，态度应和蔼	（1）女士/先生，抱歉，根据铁路规章，您需要补交票款/差价/携带品运费，感谢您的配合。 （2）女士/先生，请出示您的车票，如果您还没有来得及买票，可以办理补票手续
24		儿童超高	发现并确认儿童超高时，告知监护人补票，必要时到身高测量处进行测量，态度和蔼。如儿童鞋底较厚，应减去鞋底厚度	（1）女士/先生，恭喜您，您的孩子又长高了，根据规定，身高 1.2~1.5 米的儿童需要购买儿童票。 （2）女士/先生，您的孩子身高已经超过 1.5 米了，请您为孩子补票
25		应对旅客对验票的不良反应	妥善处理旅客对验票的不良反应，安抚旅客情绪，坚守原则，耐心解答	（1）旅客：为什么总查票？ 乘务人员：女士/先生，您好，实名制查验车票主要是核对您的车次和到站，避免您误乘列车或坐错席位，请您支持并配合我们的工作，谢谢！ （2）旅客：为什么不查别人的票，查我的？ 乘务人员：为了减少对旅客的干扰，我们仅核验交互系统显示空余座位上的旅客的车票，您现在坐的座位显示无人，所以我们需要核对一下您的车票，谢谢您的配合

续表

顺号	服务接触点	服务内容	服务标准	沟通规范用语
26	设备使用提示	供水服务	遇旅客取用开水时，告知电茶炉的操作方法和安全注意事项，必要时帮助旅客接水，做好演示	（1）女士/先生!您好，列车连接处有电茶炉，按红色按钮取水，请注意安全，不要接得过满，请盖好杯盖，避免烫伤。 （2）女士/先生!您好，接开水的时候不要接太满以免烫伤自己或他人，注意不要让小孩触碰开水。 （3）您好!如果您要泡面（茶），请多等待一会儿，水温就会升高
27	设备使用提示	供水服务	发现旅客不会使用感应水龙头时，告知方法并手动演示	女士/先生，您好，洗手池采用的是感应水龙头，您将手接近水龙头，就会自动出水
28	设备使用提示	充电提醒	旅客用电、充电时，主动介绍电源插座位置（结合实际车型），告知旅客不要使用大功率电器，并看管好物品，防止物品丢失和被盗	（1）女士/先生，您好!车厢两端的墙壁和洗脸间壁板上设有插座，充电时请您看管好物品，以免丢失。 （2）女士/先生，非常抱歉，我们每节车厢有×个充电插座，分别设置在车厢两端和洗脸间壁板上，离开座位使用插座时，请您随身携带贵重物品，以免丢失。 （3）女士/先生，车厢电源载荷有限，请您不要使用大功率电器，感谢您的配合。 （4）女士/先生，您好!充电插座在座席下方，充电时请您看管好贵重物品，充电完成后不要遗忘个人物品，感谢您的配合
29	设备使用提示	调节座椅	旅客准备调节座椅靠背时，主动告知并演示使用方法，提醒旅客调节座椅靠背前应事先提醒身后旅客，避免发生纠纷	女士/先生，您好!您的座椅靠背可以调节，调节时请按座椅扶手上的按钮，向后倚靠。操作时，请事先提醒后排旅客。在您前方座椅靠背口袋里设有清洁袋，供您放置杂物使用
30	设备使用提示	座椅转向	列车到达图定转向站后，乘务人员配合广播进行口头宣传，并为有旋转座椅意向的旅客做好演示和提示工作，防止旅客物品丢失或损坏	女士们、先生们，列车运行前方即将到达××站（转向站），列车到站后将转换方向运行。届时，您可踩下座椅外侧下部的旋转脚踏，轻轻推动座椅靠背旋转180°。旋转座椅前，请注意将自己的行李物品安放稳妥，防止损坏
31	设备使用提示	集便器提示	主动提示如厕或倒垃圾旅客不要向集便器丢弃杂物，防止真空集便器堵塞，影响厕所使用	女士/先生，您好!动车组列车卫生间采用的是真空集便器，您在使用时，请不要将废弃物扔进便器内，以免造成堵塞，影响使用
32	解答问询	接受问询	旅客询问时或询问前，态度应诚恳、热心	您好，请问需要帮助吗?有什么可以帮您的?

续表

顺号	服务接触点	服务内容	服务标准	沟通规范用语
33	解答问询	首问首诉	本岗位无法解答时，要先致歉，指引旅客至相应胜任岗位解答，并做好问题交接	抱歉，女士/先生，这个问题我不太清楚，您稍等，我去问一下列车长或×××，再给您答复可以吗?
34		换乘疑问	旅客询问不出站便捷换乘事宜时，使用规范用语，耐心解答，确保旅客快速、准确换乘	女士/先生，您好!如果您已购买了换乘车票，可以从换乘通道直接换乘，离××站换乘通道最近的车厢是×号车厢，您可以先在×号车厢门口等候下车，按照便捷换乘标识和车站工作人员的引导在站内换乘
35		处理旅客意见	旅客提出车内温度（广播音量）不合适时，要积极响应，迅速解决问题	请稍等，我马上通知机械师或×××处理，把温度（音量）调节一下
36		满足需求	态度诚恳	好的，我们马上帮您解决
37		接受提议或建议	虚心接受，认真倾听或记录	（1）感谢您为我们提出的宝贵意见，我会如实反馈的。 （2）非常感谢您对我们工作的关注，我会立即将这些宝贵意见向列车长反映，谢谢您! （3）您好，感谢您的建议，我们会积极跟上级部门反馈，解决问题
38		面对表扬	虚心致谢，可鞠躬致意	（1）感谢您对我们工作的认可。 （2）这是我们应该做的，谢谢您!
39		不能满足需求	诚恳致歉，耐心解释，态度积极	女士/先生，您好!很抱歉列车条件有限不能满足您的需求，我们会将您反映的问题及时向上级部门反馈，感谢您的理解!
40	接受投诉	服务中遇有旅客投诉、质疑时	服务中遇旅客投诉（因设备故障、突发事件、服务质量等原因），要诚恳致歉，先解决问题，再解释	（1）您好!对于发生的问题我们感到非常抱歉，我们现在正在积极处理，尽快给您一个满意的答复。 （2）抱歉，我们的工作还存在不足之处，我们一定努力完善，感谢您提出的建议。 （3）女士/先生，抱歉，给您添麻烦了，请您谅解。 （4）女士/先生，对于刚刚发生的事情，我们感到非常抱歉，我们会尽力帮助您解决，给您带来不便希望您能谅解，感谢您对我们工作的支持!
41	劝阻旅客的不当行为	禁烟宣传	重点对饮酒旅客、如厕旅客、停站时准备到站台吸烟旅客进行提示。告知旅客不要使用自喷式压力容器（香水喷雾等），以免卫生间烟感报警器报警	（1）您好!请不要在卫生间内使用喷雾香水或防晒喷雾，否则可能会造成烟感报警。 （2）您好!动车组列车全列禁烟，为了您和他人的安全，请不要在列车上任何区域内吸烟，感谢您的配合! （3）您好!动车组列车禁止吸烟，吸烟会导致列车减速、停车，请您不要在动车组列车上吸烟，谢谢您的配合。 （4）您好!××站停车×分，时间很短，请您抓紧时间熄灭香烟，尽快上车

续表

顺号	服务接触点	服务内容	服务标准	沟通规范用语
42	劝阻旅客的不当行为	劝阻越席行为	不卑不亢，提示旅客乘坐一等座（特等座、商务座）需要补差价或返回原席位	您好!请出示您的车票。……女士/先生，您持的票是二等座的车票，乘坐一等座（特等座、商务座）需要补收差价，我们可以联网帮您看一下还有没有空余席位!抱歉，女士/先生，联网帮您看过了，一等座（特等座、商务座）已经全部售完了，请您回到二等座就座。这边请，感谢您的配合!
43		劝阻公免越席	劝导持通勤、公免票旅客返回原席位	您好！请您到二等座就座，感谢您的配合
44			持票人仍坚持越席乘车时，表明态度，说清楚下一步的处理方案	您好!如您真想在本席位就座，我们将按规定补收票价并对您的票证进行登记，同时向上级部门反馈，感谢您的配合
45		提示旅客打电话或说话时注意控制音量	单独提示旅客音量不宜过高	女士/先生，打扰一下，请您说话声音稍微小一点好吗，以免打扰其他旅客休息，感谢您的配合
46		劝阻摆弄车辆设备的旅客	对摆弄安全锤、紧急制动阀(按钮)等车辆设备的旅客要立即用手势制止，必要时将旅客请到僻静处所	先生（女士，小朋友），请不要触碰车上的安全设备，发生意外是要追究相关责任的，谢谢
47		劝阻旅客浪费用水的行为	发现旅客洗手时用水过多，应委婉地劝阻，及时引导旅客使用擦手纸，当发现洗脸间地面水迹较多时，应及时使用卫生间专用抹布擦净	女士/先生，您好!列车存水有限，请您节约用水，感谢您的配合
48		劝阻儿童在车厢内跑动	对乘车儿童应重点关注，主动提示家长或同行成年人有关儿童乘车的注意事项。发现儿童在车厢过道单独行走、打水、上厕所等时，应主动询问并提供必要的帮助	女士/先生，请照顾好您的孩子，不要让孩子在车厢内单独跑动，攀爬座椅，手扶门缝，触碰电茶炉等，以免发生意外，感谢您的配合
49		劝阻儿童哭闹	儿童哭闹时，提醒监护人处理	女士/先生，请您将孩子带到车厢连接处抚慰，感谢您的配合，祝您旅途愉快!
50		劝阻儿童干扰司机行为	加强邻近值乘司机室车厢和区域的巡视，及时要求家长或同行成年人劝阻儿童吵闹、奔跑嬉耍等行为	女士/先生，您好!这里邻近司机室，为了不影响司机驾驶，让我们保持安静好吗?(遇有小孩哭闹不止的，可提示：麻烦您将孩子带到车厢连接处抚慰)，以免干扰司机工作。谢谢您的配合!

续表

顺号	服务接触点	服务内容	服务标准	沟通规范用语
51	劝阻旅客的不当行为	对于违反铁路乘车管理规定的严重不当行为，要对旅客进行正式交涉，告知后果	对于以下行为，应告之后果，严肃处理：遇强占他人座位；无票乘车、越站（席）乘车且拒不补票或下车；因不文明行为不听劝阻或其他原因与其他旅客发生冲突；故意用身体或者物品阻挡列车车门关闭；在非紧急情况下，故意损毁列车设施设备或擅自开启列车车门和操纵列车紧急制动设备；殴打、辱骂列车工作人员；依据相关法律法规应予以行政处罚的；在动车组列车上吸烟或在其他列车的禁烟区域吸烟	女士/先生，您现在的行为可能会（或已经）造成列车晚点（影响列车安全运行、影响其他旅客乘车、给国家财产带来损失等，可根据具体事件说明），请配合我们的工作，停止××行为，如果继续侵害铁路或其他旅客的合法权益，我们将报警处理，由公安部门依据相关法律法规对您采取必要的措施，并纳入征信系统，请您考虑一下可能产生的后果，停止现在这种行为
52	征信管理	将失信旅客纳入征信系统前告知旅客	语言表述准确，面对面告知旅客，全程留有影像记录	××旅客，您的××行为违反了国家发改委等八部门联合发布的《关于在一定期限内适当限制特定严重失信人乘坐火车 推动社会信用体系建设的意见》的规定，我们将记录您的身份信息，在一定期限内限制您购票，并按规定向国家、地方政府相关部门和有关征信机构提供铁路旅客信用信息。 为避免对您个人信用造成影响，请您自觉遵守国家法律规定和铁路有关规定，自觉维护铁路旅客运输秩序。谢谢配合
53	应急处置	处置误乘旅客	应保持耐心，语气缓和。安抚误乘旅客情绪，告知解决方案	您好，我们很理解您的心情，请不要着急，我们会安排您在前方站下车。请您带好行李。到站后，车站客运工作人员会给您安排后续行程，请出示您的车票和证件，方便我们开具交接凭证
54		晚点解释	列车晚点时，应安抚旅客并致歉（与列车长统一口径）。旅客询问列车晚点情况时，铁路工作人员要耐心细致回答，维护旅客知情权，不得使用“不知道”“没点”等不负责任用语或有不耐烦表现	（1）很抱歉，由于天气或××原因，我们的列车晚点了，我们会及时为您提供最新消息。 （2）列车由于设备故障晚点运行（开车），预计晚点××分，工作人员正在积极抢修，请耐心等候，由此给您带来的不便，我们深表歉意，敬请谅解，谢谢
55		晚点处置	列车晚点时，应掌握中转旅客信息，做好记录，积极协调，为中转旅客联系换乘，提供最优化的旅行变更方案	请问您需要在哪里中转下车?……好的，我们会积极为你联系换乘列车，请放心

续表

顺号	服务接触点	服务内容	服务标准	沟通规范用语
56	应急处置	晚点送餐	因列车晚点，接收到调配食品后，应按照“先重点、后普通”的原则，由客运、餐服人员向旅客有序发放	旅客们，由于列车晚点延误了您的旅行，我们深表歉意!现在列车为大家准备了应急食品，我们将按顺序送餐，老人、儿童优先，请您稍候
57		停电提示	列车运行中停电，逐车做好宣传工作，告知旅客不要使用明火照明，以确保列车安全	为保证大家的安全，请在原位就座，不要使用明火照明，请照顾好身边的老人和儿童，看管好您的随身物品
58		应急指挥	列车出现险情，需要疏散时，面向大多数旅客进行指挥工作，声音洪亮，并指引方向	（1）旅客们，请不要惊慌，不要拥挤，请在列车工作人员引导下有序撤离。请大家协助老人、儿童和行动不便的旅客。（火情疏散时增加：请用湿毛巾或衣物捂住口鼻，低头行走。） （2）为了大家的安全，请听从我的指挥，从这边走，到×号车厢下车
59		灭火器使用	遇火情紧急，需要旅客帮助灭火时，边示范边口述灭火器的使用方法	请您取出灭火器，拔出保险销，将喷嘴对准火源根部，按下压把灭火
60		紧急逃生	列车停稳后，需要从车窗疏散时，快速指导旅客使用安全锤破窗逃生	请使用紧急破窗锤击打车窗上方红心部位，破窗逃生
61		换乘列车	因动车组故障组织旅客换乘列车时，通过手势指引下车方向，确保换乘有序、无旅客携带品遗落。使用临时渡板换乘时，旅客前往具体车门	旅客们，本次列车因故障无法运行，需要换乘其他列车，请整理好随身携带的物品，按先后顺序下车后换乘(或从××号车厢车门换乘)
62			因动车组故障组织旅客换乘列车后，提示旅客按座席号对号入座，主动引导，妥善安置携带品，迅速恢复车内秩序	请换乘旅客按照车票上的座席号对号入座。如果您车票上的座席号与原有车厢发生变化时，请通知列车工作人员处理
63			通过渡板在区间换乘时，组织旅客快速通过，一次一人，注意安全	旅客们，通过渡板换乘时，要注意脚下安全，因渡板承重有限，一次只限一人通过，谢谢配合
64		车门故障	车门故障无法开启，导致旅客无法下车时，须组织旅客到可开启车门处下车，以免造成晚点	抱歉，车门发生故障，请大家到邻近车门下车
65		空调故障	空调故障需要开门运行时，做好防护，提醒旅客不要靠近车门，确保安全	请不要靠近车门及防护网，以免发生意外，感谢您的配合

续表

顺号	服务接触点	服务内容	服务标准	沟通规范用语
66	应急处置	列车未全部进入站台	列车进站过程中，立岗乘务员发现列车没有全部进入站台，立岗车门已经开启且不“搭”站台时，应立即阻拦旅客下车	各位旅客，请不要下车，车门没有停靠站台，请退后等待列车再次启动
67		救援连挂	使用动车组或内燃机车救援动车组实施连挂前，做好宣传，防止碰撞过程造成旅客摔伤	旅客们，本次列车将实施救援连挂，可能会产生车体震动，为了您的安全，请回到原座位，收起小桌板。检查随身物品是否放置平稳、牢固，感谢您的配合

2. 动车组商务座服务人员语言与沟通规范

动车组商务座服务人员语言与沟通规范如表 10–2 所示。

表 10–2　动车组商务座服务人员语言与沟通规范

顺号	服务接触点	服务内容	服务标准	沟通规范用语
1	立岗	迎送旅客	在规定位置立岗，迎接旅客上车，面带微笑，并使用手势引导方向	您好，欢迎乘车，请注意脚下安全。商务座在您的右（左）手边
2			两趟列车同站台时，语言提示，防止旅客上错车	您好，欢迎乘坐××次动车组列车，商务座旅客这边请!
3			终到立岗，面带微笑 鞠躬送别	请慢走，注意脚下安全（注意站台空隙），欢迎您再次乘车!
4	始发问候	见面致意	列车始发开车后，进入商务座，面向旅客方向，15°鞠躬问候，面带微笑，目视旅客	各位旅客，欢迎您乘坐本次列车，旅途中有需要可以随时按下呼叫按钮，我会及时为您提供服务，祝您旅途愉快
5	始发、途中验票	核票登记	查验车票时，要逐人进行提示，声音以一人听到为宜。双手接递车票	请您出示车票、身份证件……谢谢您的配合
6			核对上车旅客座席号、乘车区间并告之旅客到站时间	您好，到达××站的时间是××时××分
7	提供赠品	掌握需求	征求旅客意见，得到答复后，做好登记，告知旅客稍等	您好，我们为您准备了××（饮品、小食品、旅行用品），请问您需要哪种?
8		发放赠品	热饮拆袋并用沸水冲开，倒入杯子 7 分满位置。袋装食品发放顺序从推车运行前方开始依次为旅客发放	这是您的××（饮品、小食品、旅行用品）。（热饮提示）小心烫，请您慢用

续表

顺号	服务接触点	服务内容	服务标准	沟通规范用语
9	供餐	点餐	开餐前40分钟，通过专项服务项目单请旅客点餐。得到答复后，复述一遍，做好记录，告知旅客约需30分钟送餐	列车为您准备了配餐，有……，请问您需要哪一种? 好的，××一份，请稍候，我们将在30分钟内为您送餐
10		送餐	从运行前方开始使用托盘依次将加热好的配餐发放给旅客	您好，这是您点的配餐，请慢用
11		回收餐具	回收餐具，须征得旅客同意，遇旅客协助时，要致谢	打扰了，您还需要吗?(得到答复后)回答：好的，谢谢
12	送水	送水续杯	商务座全程为旅客送开水，要主动接杯，倒水时不能过满。提示旅客妥善安置水杯，盖好杯盖，防止烫伤	您好!您还需要续杯吗? 请您拧紧杯盖，防止烫伤，谢谢
13	途中提示	到站前提示	途中各站到站前5分钟，按照记录对商务座旅客逐人进行提示。帮助重点旅客拿行李	女士/先生，您好，××站快要到了，请您带好随身物品，提前做好下车准备
14		使用手机提示	对使用手机的旅客进行安全提示，以免手机掉入座位缝隙造成手机或座椅设备损坏	请您妥善保管手机，不要放在座椅边缘，以免掉落在座椅夹缝内；如手机掉落到座椅夹缝，请不要擅自调节座椅，请立即通知工作人员处理
15	解答问询	呼叫应答	旅客使用呼唤应答器呼叫时，及时将设备复位，根据提示的位置，询问相关旅客，及时解决旅客需求，对无法解决的问题，及时通知列车长到场处理	您好，请问您需要什么帮助?

3. 餐饮服务人员语言与沟通规范

餐饮服务人员语言与沟通规范如表10–3所示。

表10–3 餐饮服务人员语言与沟通规范

顺号	服务接触点	服务内容	服务标准	沟通规范用语
1	供餐服务	点餐服务	询问旅客用餐需求，记录席位号和用餐时间	女士/先生，您好，本次列车供应××套餐和××套餐，请问您需要哪一种?……好的，我马上为您加热
2		送餐提醒（有送餐条件时）	协助旅客打开小桌板，放置餐食。安置妥当后，微笑示意，并退步离开	（1）您好，这是您的××套餐和例汤，请小心，汤有点烫，祝您用餐愉快。 （2）女士/先生，您好，这是您刚刚点的一份××套餐，请您慢用，祝您用餐愉快

续表

顺号	服务接触点	服务内容	服务标准	沟通规范用语
3	供餐服务	送餐提醒（有送餐条件时）	套餐中有带刺鱼肉时，提醒旅客，防止意外	女士/先生：请慢用，小心鱼骨。祝您用餐愉快
4			为旅客提供热饮时进行适当提示	（1）请小心饮用。 （2）小心烫
5	餐吧车服务	用餐高峰提示	劝阻用餐完毕旅客离开，并让出餐位，供他人使用，维护用餐秩序	女士/先生，您好!现在是用餐高峰，如您已经用餐完毕，请让出餐位给其他需要用餐的旅客，感谢您的配合
6	售货服务	提供发票	旅客索要发票，须按照消费额度提供，并提示旅客清点	女士/先生，您好，这是您的购物发票，面额×××。请您确认
7		推车提醒	遇有旅客或其携带品在售货车必经路线时，提示旅客让行，得到允许后通过	（1）您好，借过一下，谢谢。 （2）您好，方便挪动一下行李吗?
8	解答问询	首问首诉	服务中回答旅客相关询问、提议、疑惑时，表明身份和业务范围，指引至胜任岗位处理，并做好问题交接	抱歉（对不起），女士/先生，我是餐饮服务人员，对您的问题不太清楚，请您稍等，我问一下相关人员，再给您答复可以吗?
9	网络订餐（特产）配送	配送作业（有席位号）	餐饮服务人员根据车站递交的派送单的顺序逐一向旅客分发商品，以免遗漏，需通过车票或手机号核验旅客身份	您好，请问您是××先生么，这是您在网络上订购的餐食/特产，请您慢用/请您查收
10		配送作业（无席位号）	餐饮服务人员要求旅客凭手机号码后5位领取特产	您好，为了确认您的订单，我们需要核对您手机号的后5位，请您配合
11		异常处理	旅客没有收到订餐或特产的原因是商家没有配货时，须向旅客说明原因	女士/先生，您好，经查询，您没有收到订餐或特产的原因是商家未配货，请您直接与商家联系
12			旅客收到了订餐或预订的特产，但与订单不符（为商家原因导致）	您好，经查询，订单不符问题为商家责任，请您直接跟商家取得联系
13			旅客未收到订餐或预订的特产的原因不明时，做好安抚工作，查明原因	请稍等，我们马上查明原因，然后为您处理
14			订餐或特产包装破损、缺失，告知旅客后续处理方案	您好，我们将拍照上传，稍后系统会自动退款到您的账户

参 考 文 献

[1] 袁绍东，曲琴，曹颜红．高速铁路客运公共关系与沟通技巧[M]．北京：北京交通大学出版社，2025.

[2] 兰云飞，吕佳，梁晓芳．城市轨道交通服务礼仪：M⁺ Book 版．北京：北京交通大学出版社，2016.

[3] 蓝志江，雷莲桂．高速铁路乘务工作实务．北京：北京交通大学出版社，2015.

[4] 张英姿．高速铁路客运服务礼仪．北京：北京交通大学出版社，2017.

[5] 马利娟，隋东旭．高速铁路客运服务语言与沟通技巧[M]．北京：北京交通大学出版社，2019.

[6] 李晓芳．高铁客运公共关系实务[M]．成都：西南交通大学出版社，2016.

[7] 贾俊芳．铁路客运服务[M]．北京：中国铁道出版社，2009.

[8] 陈先红．现代公共关系学[M]. 2 版．北京：高等教育出版社，2017.